oekom

Sonderausgabe für die Zentralen für politische Bildung:
Sächsische Landeszentrale für politische Bildung
Hessische Landeszentrale für politische Bildung
Landeszentrale für politische Bildung des Saarlandes
Landeszentrale für politische Bildung Bremen

Bibliografische Information der Deutschen Nationalbibliothek:
Die Deutsche Nationalbibliothek verzeichnet diese Publikation in der Deutschen Nationalbibliografie; detaillierte bibliografische Daten sind im Internet über www.dnb.de abrufbar.

oekom – Gesellschaft für ökologische Kommunikation mbH
mit beschränkter Haftung
Goethestraße 28, 80336 München
+49 89 544184 – 200
info@oekom.de

Umschlaggestaltung: Stefan Hilden
Illustration Chamäleon (Umschlag und Innenteil):
HildenDesign, Veronika Wunderer

Lektorat: Laura Kohlrausch, oekom verlag
Korrektorat: Petra Kienle
Typografie & Satz: Ines Swoboda, oekom verlag

Druck: CPI books GmbH, Leck

Printed in Germany

MIX
Papier | Fördert gute Waldnutzung
FSC® C083411

FRAUKE FISCHER, HILKE OBERHANSBERG

KANN KI DIE NATUR RETTEN?

TEIL III
Der Haken an der Sache

Einleitung

Die menschliche Intelligenz hat uns an den Rand des Sechsten Massenaussterbens geführt. Kann künstliche Intelligenz uns helfen, dessen Eintreten noch zu verhindern?

Auf unserem langen Weg vom ersten aufrechtgehenden, menschenähnlichen Wesen in den ostafrikanischen Savannen vor etwa sieben Millionen Jahren bis zu heutigen Computer-Nerds in glitzernden Hochhäusern ist viel passiert.[1] Und zwar nicht nur mit uns: Durch unsere technologische Entwicklung haben wir die Biosphäre und Atmosphäre dramatisch verändert. Wo sich früher uralte Wälder erstreckten, stehen heute Milliardenstädte. Wo einst Millionen Bisons grasten, staut sich heute der Verkehr auf achtspurigen Autobahnen. Wo unerschöpflich erscheinende Fischbestände existierten, sind selbst riesige Meeresgebiete arm und leer.

Ja, unser Wissen darüber, wie Ökosysteme funktionieren und wie wichtig sie sind, ist ebenfalls rasch gewachsen. Aber: Die Lücke zwischen der Geschwindigkeit und Dimension des Problems (dem Verlust von Biodiversität und Ökosystemleistungen) und der Geschwindigkeit und der Dimension der notwendigen Lösungen (dem Erhalt und der Wiederherstellung unserer Lebensgrundlagen) wird immer größer.

Um diese Lücke zu schließen, bauen viele Menschen (auch) auf Künstliche Intelligenz. Sie hoffen auf mehr Wissen, mehr Verstehen und wirklich schlaue Lösungen. Und seien wir mal ehrlich: Die haben wir auch bitter nötig. Dabei dürfen wir allerdings nicht in Fallen treten, die die Probleme – absichtlich oder unabsichtlich – sogar noch verschärfen.

All dem wollen wir in diesem Buch nachgehen. Dafür beschreiben wir im **ersten Teil**, wie sich das alles entwickelt hat – die Biodiversität, zu der auch wir Menschen gehören, und die KI. Wir schauen, was an der Natur genial und an KI intelligent ist, was beide können und vor wem wir mehr Respekt haben sollten (oder: um wen wir uns mehr Sorgen machen sollten). Im **zweiten Teil** hat die KI ihren heldenhaften Auftritt. Wir erklären, wo Naturschutz und Biodiversität mit Hilfe kluger KI-Anwendungen erfolgreicher werden können und wir wieder zu einem gesünderen Umgang mit der uns umgebenden Welt kommen. Der **dritte Teil** beschreibt, worauf wir dabei achten müssen, wo Grenzen oder Gefahren liegen und wie wir am besten mit ihnen umgehen sollten, damit »gut gemeint« auch »gut gemacht« wird.

Haben wir beim Schreiben dieses Buchs KI benutzt? Klar, aber jeder Satz in diesem Buch wurde von echten Menschen geschrieben. Wir haben bei allen Zahlen und Fakten auf wissenschaftliche Primärliteratur zurückgegriffen. Die Artikel und Studien haben wir alle selbst gelesen. Wir haben uns nichts von einer KI zusammenfassen oder formulieren lassen. Alle Fotos in diesem Buch sind echt. Alle Fotos? Nein, ein einziges ist KI-generiert. Viel Spaß beim Suchen.

TEIL I

Eine kurze Geschichte der Intelligenz

Hier lernen wir LUCA und den blinden Uhrmacher kennen. Und wir erfahren, warum Langeweile uns manchmal ordentlich voranbringt, warum manche Menschen lieber sterben, als ihre Neugier unbefriedigt zu lassen, und wie wir am Ende sogar versucht haben, unsere Intelligenz in Computer zu stecken.

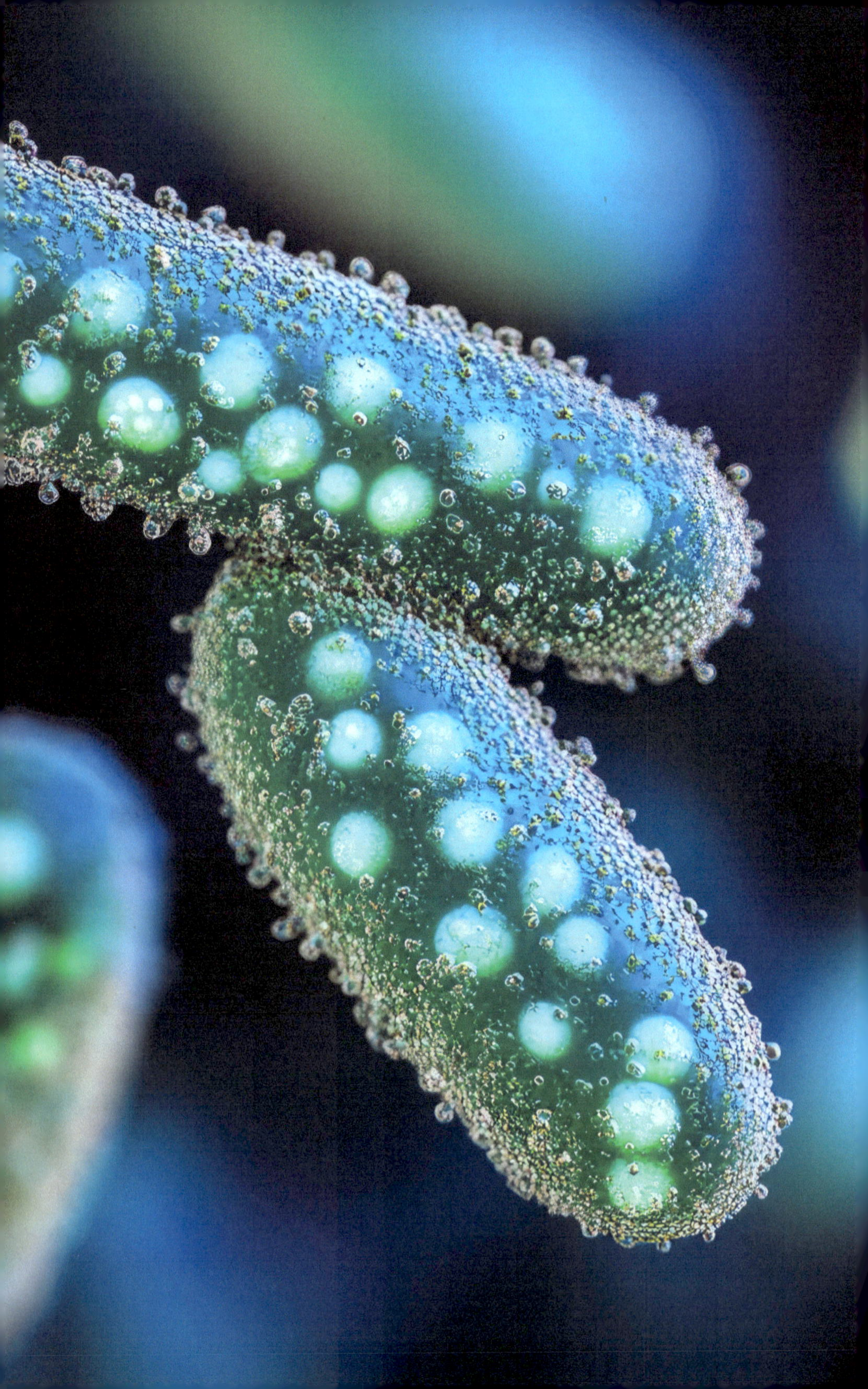

KAPITEL 1

Wissensvorsprung

Am Anfang war der Urknall. Ganz so weit wollen wir nicht zurück. Aber bevor wir klären, ob KI die Natur retten kann, werfen wir einen Blick in die Vergangenheit und zeigen, wie sich Natur und KI entwickelt haben und was sie heute sind. Was trennt sie, wo sind sie sich sehr ähnlich? Und was ist wirklich genial oder intelligent an ihnen? Dabei fangen wir mit der natürlichen Entwicklung – der Evolution – an.

Während das gesamte Wissen der Menschheit in Köpfen, Bibliotheken und Datenbanken von Menschen gebündelt ist, ist das Wissen der Natur in Genen, Arten und Ökosystemen sowie den Prozessen, die sie miteinander verbinden, gespeichert – also in der Vielfalt des Lebens auf unserem Planeten, kurz der Biodiversität (siehe Kasten Seite 13).

In einem Prozess, den man Evolution des Lebens nennt, verändern sich Arten, Ökosysteme und ökologische Prozesse. Dieser Prozess läuft seit mehr als vier Milliarden Jahren ab und hat seinen Anfang in Mikroorganismen genommen – genauer gesagt vermutlich einem einzigen klitzekleinen Mikroorganismus. Im Laufe der Zeit sind daraus so wunderbare Lebewesen wie Paradiesvögel oder Passionsblumen entstanden, aber auch Prozesse und Abläufe, die uns in Erstaunen versetzen und von denen wir viel lernen können. Man kann mit Fug und Recht sagen, dass die Natur immer noch einen gigantischen Wissensvorsprung vor uns hat.

> Das Wissen der Menschheit steckt in Köpfen, Büchern, Datenbanken – das der Natur in Genen, Arten, Ökosystemen.

In seinem 1802 erschienenen Buch Natural Theology (Natürliche Theologie) leitete der englische Philosoph und Theologe William Paley aus der »Uhrmacher-Analogie« ab, dass es einen Schöpfer geben müsse. Sein Argument: Fände man auf einem Feld einen Stein, so ist

Kein Schöpfer, sondern Zufall formte diesen Körper.

die Annahme naheliegend, dass der natürlichen Ursprungs sei. Fände man aber etwas Komplexes wie eine Uhr, so wäre eindeutig, dass sie jemand erschaffen haben müsse.

Und weil Organismen komplizierten Uhren eher ähneln als einfachen Steinen, sei auch im Fall von Organismen klar, dass sie von jemandem geschaffen worden sein müssten. So weit, so logisch – und doch so falsch.

So verrückt das klingt und so unwahrscheinlich es für manche Menschen erscheinen mag: Egal wie ästhetisch manche Tiere, Pflanzen, Pilze und Mikroorganismen aussehen, ihre Entstehung ist einer Reihe von Zufällen geschuldet. Zeit und Zufall machen unsere Biosphäre zu dem fantastischen Ort, der er ist. Und ganz nebenbei zu dem einzigen uns bekannten Ort im Weltall, an dem wir leben können. In ihm steckt ein Wissensvorsprung aus vier Milliarden Jahren Evolution.

Evolution: Eine Geschichte von Zeit und Zufall

Evolution bezeichnet die allmähliche Veränderung vererbbarer Merkmale von Generation zu Generation. Über lange Zeiträume entstehen so neue genetische Varianten innerhalb von Arten, irgendwann sogar neue Arten. Durch Evolution entstehen auch Interaktionen, Symbiosen, ökologische Prozesse und Abläufe – und damit ganze Ökosysteme.

Leben auf der Erde gibt es womöglich schon seit 4,29 Milliarden Jahren. Alles deutet darauf hin, dass das Leben auf unserer Erde nur einmal entstanden ist: Alles Leben eint ein universeller genetischer Code, der Prozess der Proteinbiosynthese, der Aufbau der universellen 20 Aminosäuren und die Verwendung von Adenosintriphosphat (ATP) als gemeinsame »Energiewährung«. Alles uns bekannte Leben hat also *einen* gemeinsamen Ursprung. Wissenschaftliche Daten weisen darauf hin, dass der letzte universelle gemeinsame Vorfahr aller Lebewesen auf der Erde vor etwa 4,2 Milliarden Jahre existierte. Entsprechend der englischen Bezeichnung »last universal common ancestor« heißt er übrigens LUCA.

Seit LUCA den Planeten bewohnte hat sich ordentlich was getan. Während manche von LUCAs Nachfahren einfache Bakterien oder andere Einzeller blieben, weisen andere kaum noch Ähnlichkeit mit LUCA auf. Sie haben sich zu Orchideen, Tiefseeanglerfischen, Pilzen, Fadenwürmern, Gorillas oder Menschen entwickelt. Innerhalb unserer Art sind wir übrigens ziemlich homogen: Alle Menschen auf der Welt sind zu 99,9 Prozent genetisch identisch.

Was ist Biodiversität?

Biodiversität bezeichnet die Vielfalt des Lebens aus unserem Planeten, auf der Ebene von Genen (Variation innerhalb von Arten), Arten (Variation zwischen Arten) und Ökosystemen (Variation zwischen Lebensräumen, den dort vorkommenden Arten und den Prozessen, die zwischen ihnen ablaufen). Biodiversität ist die Voraussetzung für die Bereitstellung von Ökosystemleistungen, also Leistungen, die die Natur für uns erbringt.

Biodiversität gibt es nur in der Biosphäre der Erde, dem einzigen Planeten, auf dem wir leben können.

Das einzige, bei dem man sich in der Evolution sicher sein kann: Nichts bleibt, wie es ist oder war. Der Bauplan für einen Organismus ist in seinem Erbgut kodiert. Dieses Erbgut wird an die nächste Generation weitergegeben und dafür kopiert. Bei vegetativer Vermehrung, zum Beispiel, wenn Erdbeerpflanzen Ausläufer bilden, sind das Erbgut der Elterngeneration und der nachfolgenden Generation identisch. Bei der geschlechtlichen Vermehrung bekommt die Kindergeneration eine neue Erbgutmischung mit auf den Weg. Die eine Hälfte des Erbguts stammt vom Vater, die andere von der Mutter.

Über viele Generationen wächst mit der steigenden Anzahl von Individuen auch die Vielfalt genetischer Sets. Das gilt ebenso für vegetative Vermehrung, weil es beim Kopieren immer mal wieder zu kleinen Übertragungsfehlern (Mutationen) kommt.

Die so entstehende **genetische Vielfalt** ist eine der drei Komponenten von Biodiversität und wichtig für das Überleben von Arten. Die genetische Vielfalt innerhalb einer Art bestimmt, wie die Individuen dieser Art auf Umweltveränderungen reagieren. Eine solche Veränderung kann eine neu auftretende Krankheit, klimatische Veränderungen, ein Extremwetterereignis oder ein neuer Konkurrent oder Räuber sein. Je vielfältiger die genetische Ausstattung einer Art, umso größer ist die Wahrscheinlichkeit, dass es Individuen gibt, die mit der neuen Situation umgehen können. Und weil das so ist, ist Seltenwerden, das ja mit einer Abnahme genetischer Vielfalt einhergeht, die Vorstufe des Aussterbens.

Über lange Zeiträume führen Mutationen im Erbgut aber nicht mehr nur zu hoher genetischer Vielfalt, sondern irgendwann auch zur Bildung neuer Arten. Von zwei Arten spricht man dann, wenn Individuen so verschieden voneinander sind, dass sie sich nicht mehr gemeinsam fortpflanzen können. Nah verwandte Arten, wie Pferd und Esel oder Löwe und Tiger, können noch gemeinsame Nachkommen zeugen, die in der Regel aber steril oder unfruchtbar sind. Ein Zurück zu einer einzigen Art gibt es dann nicht mehr. Diese **Artenvielfalt** ist die zweite Komponente von Biodiversität.

Dass sich eine Mutation in einer Population durchsetzt, die neue Genvariante also dominant wird und irgendwann eine neue Art entsteht, kann über drei Wege geschehen. Den ersten nennt man **genetische Drift**. Sie tritt auf, wenn zum Beispiel eine Insel von einer kleinen Gründerpopulation, sagen wir von 10 Tieren, darunter einem Träger dieses Gens, besiedelt wird. Während in der Ursprungspopulation von zum Beispiel 1000 Tieren die Genveränderung sehr selten war (1/1000), ist sie nun relativ häufig (1/10). Als Mix aller Gene sieht die Gründerpopulation also ganz anders aus als die Ursprungspopulation. Im Laufe der Zeit kann das in die Entwicklung einer neue Art münden.

Einen anderen Weg, aus einem seltenen Gen ein häufiges zu machen, nennt man **sexuelle Selektion**. Bei ihr spielt die Bevorzugung eines bestimmten Genotyps die entscheidende Rolle – meist treffen die Weibchen dabei die Wahl. Mögen die bei einer Vogelart zum Beispiel besonders gerne lange Schwanzfedern, haben Männchen mit dieser genetischen Variante die besten Fortpflanzungschancen, werden mehr

Finden Weibchen schicker: Lange Schwanzfedern beim Roten Paradiesvogel *(Paradisaea rubra)*.

Nachwuchs produzieren und das entsprechende Gen häufiger weitergeben als Männchen mit einem anderen Gen.

Die dritte Form der Verschiebung von Häufigkeiten genetischer Sets basiert auf **Umweltveränderungen**. In einer veränderten Umwelt (trockener, kälter …) können bestimmte Genotypen Vorteile gegenüber anderen haben. Plötzlich haben die Individuen, die mit weniger Wasser oder niedrigeren Temperaturen zurechtkommen, bessere Überlebenschancen.

Verändert sich eine Art über die Zeit so massiv, dass die Ursprungsart vollkommen verschwindet, bleibt die Artenzahl insgesamt gleich. So sind die direkten Vorfahren des Menschen heute verschwunden. Vorher war eine Art »Urmensch« und jetzt gibt es eine Art »Mensch«. Manchmal spalten sich Arten aber auf. So gibt es heute noch Schimpansen und Menschen, die auf einen gemeinsamen Vorfahren zurückgehen. Aus einer sind da also zwei Arten geworden.

Artbildung kann sympatrisch (an einem Ort) oder allopatrisch (an verschiedenen Orten) stattfinden. Dass sich Individuen einer Ausgangsart, die sich an unterschiedlichen Orten befinden, in verschiedene Arten entwickeln, ist leichter zu verstehen, als dass Individuen an einem Ort verschiedene evolutive Pfade beschreiten. Letzteres kann mit der sexuellen Selektion oder dem Verhalten zu tun haben. Ein Teil der Weibchen einer Vogelart könnte zum Beispiel Männchen mit hellem Schopf, eine andere mit dunklem Schopf toll finden. Männchen, die dazwischen liegen, sind für niemanden interessant. Irgendwann gibt's den Dunkelschopfvogel als Art A und den Hellschopfvogel als Art B. Bei den Buntbarschen im Viktoriasee haben vermutlich Verhaltensunterschiede die sympatrische Artbildung vorangetrieben. Einzelne Gruppen von Gründertieren einer Art hatten damals wohl unterschiedliche Präferenzen, was Nahrung, Aktivitätszeitraum oder Habitate anging. So gingen die ursprünglich zu einer Art gehörenden Vertreter getrennte Wege. Im Viktoriasee entstanden so in weniger als 15.000 Jahren sogar 500 neue Arten von Buntbarschen.

In allen Fällen sind so Arten entstanden, die perfekt an ihre Umgebung angepasst erscheinen. Der Begriff »Anpassung« ist allerdings irreführend: Organismen können ihr Erbgut gar nicht aktiv an veränderte Umweltbedingungen anpassen. Aber eine veränderte Umwelt kann für manche Individuen, die bereits eine entsprechende genetische Ausstattung mit sich herumtragen, bessere Rahmenbedingungen bieten. Würde Evolution tatsächlich über aktive Anpassung funktionieren, würden Organismen auf die neuen Zustände ihrer Umwelt einfach entsprechend reagieren – und wir müssten kein Buch über schwindende Biodiversität schreiben.

Organismen können ihr Erbgut nicht einfach an veränderte Umweltbedingungen »anpassen«.

Die Bildung neuer Arten braucht relativ viel Zeit. Als superschnell gelten beispielsweise die Entstehung der Flunder in der Nordsee innerhalb von 5.000 bis 6.000 Jahren oder die von Buntbarscharten im Viktoriasee innerhalb von 14.500 Jahren. Im Allgemeinen geht man davon aus, dass die Bildung neuer Arten mehrere 10.000 bis einige Millionen Jahre dauert. Weil die Lebenszeit eines Menschen wesentlich unter diesen Zeiträumen liegt, erscheinen uns Arten unveränderbar zu sein. In Wirklichkeit laufen Evolution und Artbildung jeden Tag und überall auf der Welt ab.

Die fünf Treiber des Verlustes von Biodiversität

Schwindende Biodiversität lässt sich auf fünf wesentliche Ursachen zurückführen – für alle von ihnen sind Menschen verantwortlich:

1 Landnutzungsänderung – zum Beispiel das Roden von Wäldern, das Trockenlegen von Feuchtgebieten oder das Begradigen von Flüssen
2 Klimawandel – er zerstört über Extremwetterereignisse, globale Erwärmung und den Meeresspiegelanstieg die Lebensräume von Tieren und Pflanzen und desynchronisiert ökologische Prozesse.
3 Direkte Verfolgung und Übernutzung – wie Jagd, Fischerei oder das Sammeln von Meeresschildkröteneiern
4 Eintrag von Umweltgiften – etwa Plastik, Radioaktivität oder Hormone, die Tiere töten oder krank machen
5 Invasive Arten – über globale Vernetzung schleppen wir Arten ein, zum Beispiel Füchse oder Katzen auf vormals raubtierfreien Inseln mit bodenbrütenden Vögeln, die von diesen neuen Räubern dann ausgerottet werden.

Im Vergleich zu technologischen Prozessen ist Evolution langsam – und sie ist nicht zielgerichtet. Es hat niemand eine zündende Idee, was gut funktionieren könnte, und schmeißt dann die Produktion an. Wenn aber etwas entsteht, was im World Wide Web of Life nicht funktioniert, verschwindet es einfach wieder – der perfekte Schutz vor doofen Ideen.

> Im Vergleich zu technologischen Prozessen ist Evolution sehr langsam und nicht zielgerichtet.

Das, was nicht stört, kann im Genom »schlummern« und sich eines Tages als evolutiver Vorteil herausstellen. So haben einige Mikroben sehr lange Zeit die Fähigkeit, Rohöl zu verarbeiten, ungenutzt in sich getragen. Bei Havarien von Erdöltankern oder Unfällen auf Ölplattformen schlägt damit heute ihre große Stunde. Und Arten, denen große Mengen an Radioaktivität nichts ausmachen, geht es in Tschernobyl und Fukushima prächtig.

Nochmal wiederholt, weil es ein zentraler Unterschied zur Technik ist: Es ist weder gerichteter Anpassung noch einem kreativen Schöpfer zu verdanken, dass es Prozesse und Arten gibt, die super aufeinander abgestimmt sind. Das ist alles Zeit und Zufall.

Kleiner Leberegel

Eines der skurrilsten Beispiele für das, was die Evolution zustande bringt, ist der Lebenszyklus des kleinen Leberegels *(Dicrocoelium dendriticum)*, einem parasitären Saugwurm.

Als erwachsenes Tier lebt er in den Gallengängen von meist großen Pflanzenfressern wie Kühen, Schafen, Rehen oder Hirschen. Über deren Gallengänge gelangen seine Eier in den Darm und werden von da ausgeschieden. In den hitze-, kälte- und trockenresistenten Eiern befinden sich die Wurmlarven, die bis zu 20 Monate darauf warten, wieder verspeist zu werden, von einer der bislang bekannten 99 Landschneckenarten, die als Zwischenwirt infrage kommen. In der Schnecke durchlaufen die Larven innerhalb von drei bis vier Monaten zwei weitere Entwicklungsstufen und werden zu Zerkarien, die in die Atemhöhle der Schnecke einwandern. Verpackt in kleine Schleimbällchen scheidet die Schnecke diese Zerkarien aus – nur im Mai und Juni. Die etwa zwei Millimeter großen Schleimbällchen werden von Ameisen gefressen. In der Ameise wandern die meisten Zerkarien in die Leibeshöhle. Einige wenige machen sich auf zum »Gehirn« der Ameise und beeinflussen von da aus das Verhalten ihres Wirts in gar wundersamer Weise. Befallene Ameisen verspüren bei Temperaturen unter 15 Grad Celsius (dem Temperaturbereich, bei dem Pflanzenfresser am liebsten grasen und gleichzeitig die geringste Gefahr besteht, dass die Zerkarien einen Hitzetod sterben) den unwiderstehlichen Drang, an einem Pflanzenstängel hochzukrabbeln. Oben angekommen verbeißen sie sich in den Stiel und bekommen einen Beißkrampf. So »festgetackert« werden sie von Pflanzenfressern mitverspeist und der Zyklus beginnt von neuem. Wer denkt sich so was aus? Niemand!

Ähnlich den großen Durchbrüchen bei technologischen Entwicklungen gibt es auch in der Geschichte des Lebens ein paar sehr richtungsweisende Momente, die die Vielfalt des Lebens schon mal vor große

Herausforderungen stellten, mal der Evolution einen heftig schönen Push gaben.

Vor 2,4 Milliarden Jahren entwickelten sich Cyanobakterien, die über Photosynthese gigantische Mengen an molekularem Sauerstoff in ihre Umgebung entließen. Weil der für die vorherrschenden anaeroben Organismen dieser Zeit extrem giftig war, sorgte diese »Große Sauerstoffkatastrophe« für ein massives Artensterben. Auch wenn es weitere Massenaussterbeereignisse gab (siehe folgender Kasten), haben nur zweimal in der Geschichte des Lebens auf unserem Planeten Lebewesen selbst einen massiven Artenschwund ausgelöst: vor 2,4 Milliarden Jahren die Cyanobakterien und heute wir Menschen.

Im Zuge der »Kambrischen Explosion« vor 541 Millionen Jahren haben sich dagegen innerhalb von nur 5 bis 10 Millionen Jahren fast alle heute bekannten Tierstämme entwickelt (der Auslöser für diese »Superrevolution« ist bis heute unbekannt). Die lebten anfangs alle im Meer. Vor etwa 480 Millionen Jahren besiedelten Pflanzen und Insekten das Land. Ihnen folgten vor rund 400 Millionen Jahren die Wirbeltiere.

Heute sind wir der »große Faktor«, der alle Arten und Ökosysteme extrem beeinflusst. Während wir das Aussterben von Arten derzeit massiv beschleunigen, verläuft die Bildung von neuen Arten gewohnt langsam ab. Nur ein bis zwei neue Arten entstehen pro Jahr. Weil wir durch das Seltenmachen und Ausrotten von Arten die genetische Vielfalt auf unserem Planeten dramatisch reduzieren, hat sich die Artbildung womöglich sogar noch verlangsamt.

Erosion von Biodiversität und Massenaussterben

Etwa 99 Prozent aller jemals auf unserem Planeten lebenden Arten sind schon wieder verschwunden. Während sich viele von ihnen in andere Arten entwickelt haben, sind einige wirklich ausgestorben. Natürliches Aussterben ist in der Geschichte des Lebens eigentlich ein seltenes Ereignis: Nur 0,1 Arten pro eine Million Arten sterben in normalen Zeiträumen des »Hintergrundsterbens« pro Jahr aus.

In den letzten 542 Millionen Jahren (also der jüngeren geologischen Geschichte) gab es aber fünf Massenaussterbeereignisse, die im Abstand von mehreren 10 Millionen Jahren auftraten. Hier sind über einen Zeitraum von einigen Zehntausenden bis mehreren Hunderttausend Jahren (maximal innerhalb von 2,8 Millionen Jahren) mindestens 70 Prozent aller Arten ausgestorben.

Das fünfte und bislang letzte Massenaussterben liegt etwa 66 Millionen Jahre zurück. Ihm fielen 78 Prozent aller Arten, darunter die letzten Vertreter der großen Dinosaurier, zum Opfer.

Im Moment erodiert Biodiversität in rasendem Tempo: In den letzten 50 Jahren haben wir etwa 73 Prozent aller Wirbeltiere verloren, alle drei Sekunden roden wir ein Stück Wald von der Größe eines Fußballfelds. Mehr als ein Viertel aller daraufhin untersuchten Arten sind vom Aussterben bedroht. Damit überschreiten wir die Belastungsgrenzen der Erde (die sogenannten planetaren Grenzen) und bringen Erdsysteme an den Rand von Kipppunkten, nach denen es kein Zurück mehr gibt. Nach wissenschaftlichen Schätzungen liegt die momentane Aussterberate etwa 1.000-mal höher als das normale Hintergrundsterben. Geht man von einer Zahl von etwa 10 Millionen Arten aus (die wirkliche Artenzahl kennen wir nicht), stirbt also nicht eine Art pro Jahr aus, sondern 1.000. geht das so weiter, sterben in nur 7.000 Jahren 70 Prozent aller Arten aus. Damit befinden wir uns im sechsten Massenaussterben der Geschichte – und wohl im bislang schnellsten.

An dieser Stelle müssen wir nochmal einen Schritt zurücktreten. Es gibt nämlich noch eine dritte Komponente von Biodiversität neben genetischer Vielfalt und der Anzahl der Arten: die Vielfalt von Ökosystemen. Denn Arten kommen nicht isoliert voneinander vor. Sie teilen sich ihren Lebensraum, der durch bestimmte abiotische Parameter gekennzeichnet ist (also Elemente der unbelebten Natur wie Temperatur oder Lichtverhältnisse), mit anderen Arten. Diese Arten interagieren mit ihnen oder gestalten als biotische Faktoren den Lebensraum – wie der Baum, der draußen vor dem Fenster Sauerstoff abgibt und Schatten spendet. Solche Lebensgemeinschaften und ihren Lebensraum bezeichnet man als Ökosysteme.

Auch das Zusammenspiel von Organismen in solchen Ökosystemen unterliegt evolutiven Prozessen. Man spricht von Koevolution, wenn sich zwei oder mehr Arten durch den Prozess der natürlichen Selektion gegenseitig in ihrer Evolution beeinflussen. Der vorhin beschriebene kleine Leberegel ist so ein Beispiel einer raffinierten Koevolution. Ein weiteres sind Räuber-Beute-Beziehungen oder Pflanzen und Pflanzenfresser. Koevolution kann einer Art Wettrüsten gleichen, wenn nur die

Passt perfekt: Kolibri als Bestäuber

wehrhafteste Beute überlebt, die nur den gefährlichsten Beutegreifern zum Opfer fällt, denen wiederum nur noch wehrhaftere Beute entgeht. Es geht aber auch friedlicher: Die auf ganz wunderbare Weise aufeinander abgestimmten Blüten-Bestäuber-Paare sind ebenso das Ergebnis koevolutiver Prozesse wie die Interaktionen von Termiten mit den von ihnen gezüchteten Pilzen. Solche aufeinander abgestimmten Prozesse nennt man **symbiotisch**, wenn beide Arten voneinander abhängig sind beziehungsweise voneinander profitieren, und **kommensalisch**, wenn eine Art (der Kommensale) von der Nahrung des anderen (des Wirtes) profitiert, diesen aber weder schädigt (im Gegensatz zum Parasitismus) noch ihm Nutzen bringt (im Gegensatz zur Symbiose).

Der Gedanke, dass sich verändernde Umweltbedingungen die Evolution vorantreiben, ist ein Grundpfeiler der Evolutionsforschung. Der Gedanke, dass die Evolution umgekehrt auch ökologische Prozesse verändert, ist dagegen ein ziemlich neues Forschungsfeld. Erst im Jahr 2023 hat ein amerikanisches Forschungsteam einen empirischen Beleg dafür geliefert, dass eine evolutive Veränderung bei einer Tierart ein Ökosystem verändern kann.[1] Auf den Bahamas fingen sie über 200 Bahamasanolis (eine Reptilienart aus der Gruppe der Leguanartigen). Tiere mit besonders langen Hinterbeinen wurden auf einer Insel, die keine Anolis beheimatete, freigelassen; eine Gruppe mit besonders kurzen Beinen auf einer anderen zuvor Anoli-freien Insel. Wer mittellange Beine hatte (der Großteil der gefangenen Tiere), wurde direkt wieder auf der Heimatinsel freigelassen. Das Ergebnis nach nur acht Monaten: Auf Inseln mit kurzbeinigen Anolis waren die Populationen von Netzspinnen – ein wichtiges Beutetier – um 41 Prozent geringer als auf Inseln mit »schlaksigen« Echsen. Auch beim Pflanzenwachstum gab es erhebliche Unterschiede. Da die kurzbeinigen Reptilien besser in der Lage waren, pflanzenfressende Insekten zu erbeuten, gediehen die Pflanzen besser. Auf Inseln mit kurzbeinigen Eidechsen wuchsen die Triebe bestimmter Bäume doppelt so stark wie die von Bäumen auf Inseln mit langbeinigen Eidechsen. Diese Effekte haben das Potenzial, das gesamte Ökosystem nachhaltig zu verändern.

Von der Feuerstelle zur Mikrowelle

Die Natur hat einen gigantischen zeitlichen Vorsprung bei der Entwicklung von Lösungen für alle möglichen Probleme. Dabei hat sie vieles schon »erfunden«, auf das wir erst viel später gekommen sind:

- Schlüssel-Schloss-Prinzip? Kolibri und Blüte!
- Wasserabweisende Oberflächen? Lotusblatt!
- Stauprävention? Ameisenstraße!
- Kompostierbare Verpackung? Bananenschale!

Die meisten Erfindungen machen wir allerdings ohne Abschauen bei der Natur. Wir haben Rollkoffer, Smartphone, Mikrowelle und KI erfunden und im dauerhaften Wettbewerb weiterentwickelt. Dabei setzen wir neben »Versuch und Irrtum« auch auf Kommunikation und Kollaboration. Wir tauschen uns über wissenschaftliche Publikationen und das Teilen von Daten aus. Genau wie die Natur bauen wir oft auf schon Bestehendes auf.

Wohin Erfindungen und Evolution sich entwickeln, hängt also davon ab, was sie begrenzt (etwa die Verfügbarkeit von Energie) und was sie antreibt (zum Beispiel bessere Ressourceneffizienz). Da gibt es zuweilen erstaunliche Parallelen für biologische und technische Prozesse, manchmal hat die Natur auch komplett andere Voraussetzungen als wir.

Bionik

Im Forschungsgebiet der Bionik (ein Begriff, der sich aus **Bio**logie und Tech**nik** zusammensetzt) versuchen Ingenieure, biologische Methoden und Systeme auf Technik zu übertragen. Dabei werden zwei Wege verfolgt. Der eine beginnt mit der Analyse von natürlichen Strukturen oder Prozessen und stellt anschließend die Frage: »Können wir das Prinzip nachbauen und dann irgendwo einsetzen?« So kam man zum Beispiel darauf, dass die Strukturen auf den Flügeldecken des Nebeltrinkerkäfers (Onymacris unguicularis), die er zur Gewinnung von Trinkwasser aus Nebel anwendet, von Menschen auf große Netze übertragen werden können, die sich in küstennahen Trockengebieten mit Nebelbildung zur Wassergewinnung nutzen lassen.

Der andere Weg läuft umgekehrt: Man beginnt mit der Beschreibung eines technischen Problems und macht sich dann auf die Suche nach einer Lösung in der Natur. So geschehen bei Wissenschaftler:innen, die eine Möglichkeit suchten, Mikroplastik aus Waschmaschinenwasser zu filtern. Fündig wurden sie bei verschiedenen Tierarten wie Flamingos, Walen oder Muscheln, die ihre Nahrung aus dem Wasser filtern.

Das beste Beispiel dafür ist die Gewinnung von Energie aus Sonnenlicht. Das kann die Natur mit Photosynthese und inzwischen auch der Mensch mit Solarpanelen. Sonnenenergie ist quasi unendlich vorhanden, daher gibt es keinen evolutiven Druck auf Pflanzen, mit dieser Energie effizient umzugehen. Sie produzieren fleißig, aber recht ineffizient aus Wasser und CO_2 (gespeist von Sonnenlicht) Sauerstoff und Zucker – und damit eine verwertbare Energieform für alle Tiere. Zwar ist auch für uns Sonnenlicht frei verfügbar, aber die begrenzte Verfügbarkeit von Material und Fläche für Solaranlagen drängt uns zu mehr Leistung pro Einheit. So wundert es nicht, dass Photovoltaikanlagen das Sonnenlicht längst viel effizienter nutzen als Pflanzen.

Andere Entwicklungsprinzipien sind zwischen technischen und natürlichen Systemen überraschend ähnlich. Leichtbauweise und Materialeffizienz gehören dazu. Für Organismen ist es ein evolutiver Vorteil, mit weniger Material, das man selbst aufbauen muss (also Gewebe), beziehungsweise mit wenig Gewicht, das man rumschleppen muss, auszukommen. Bei technischen Systemen muss man Material und Transportenergie zukaufen, also ist es auch da besser, wenig davon zu benötigen.

Vergleichen kann man Evolution und Technik auch an ihrer Geschwindigkeit. Evolution ist wie gesagt langsam und nicht zielgerichtet. Das ist inzwischen zwar bei technologischen Entwicklungen ganz anders, aber begonnen haben auch die langsam. Die vermutlich älteste von unseren Vorfahren genutzte Technologie sind Steinwerkzeuge. Sie begannen vor 3,4 Millionen Jahren, sie zu verwenden. Danach kommt lange: nichts. Feuer nutzen sie erst 2,4 Millionen Jahre später, vor etwa einer Million Jahren. Das war eine bahnbrechende Veränderung – ein echter Technologiesprung. Feuer diente als Wärme- und Lichtquelle, als Schutz vor Raubtieren (vor allem nachts), als Mittel zur Herstellung neuer Jagdwerkzeuge und es erlaubte das Kochen von Nahrungsmitteln. Das machte Nahrung wiederum haltbarer und damit länger verfügbar, und es machte sie sicherer, weil Krankheitserreger und Parasiten abgetötet werden. Darüber hinaus verlängerte die Beherrschung des Feuers die tägliche Aktivitätsphase in die dunklen und kälteren Abendstunden. Damit konnte man Ideen entwickeln, sich über sie austauschen, und vielleicht Kulturtechniken wie Geschichtenerzählen entwickeln, für die man tagsüber wenig Zeit hatte. Die Nutzung von Feuer und die damit einhergehenden kulturellen und technologischen Fortschritte ermöglichten schließlich die geografische Ausbreitung des Menschen.

Auch diese Ausbreitung ging anfangs recht schleppend voran. Den *Homo sapiens,* also uns, gibt es seit etwa 315.000 Jahren. Nach allem, was wir wissen, brauchte er sage und schreibe 115.000 Jahre, um mal auf die Idee zu kommen, sich ein Bett zu bauen, und das bestand auch nur aus einem Haufen Gras. Erst vor 72.000 Jahren entwickelten Menschen Pfeil und Bogen. Gut gesättigt hatten unsere Vorfahren vor 60.000 Jahren dann Lust auf eine neue Form der Unterhaltung und die Idee, mit einer Flöte Musik zu machen. Nach der Nutzung von Feuer gilt das Sesshaftwerden vor etwa 12.000 Jahren, gepaart mit der Erfindung von Ackerbau und Viehzucht, als ein weiterer entscheidender Schritt in der technologischen Entwicklung des Menschen. Ziemlich genau zur gleichen Zeit kamen Menschen im heutigen Israel auf die Idee, ein Rad um eine Achse kreisen zu lassen.

Ganz ohne Funktionskleidung: Chaski genannte Boten legten im Inkareich pro Tag bis zu 300 Kilometer zurück, um Informationen zu überbringen.

Auch die Entwicklung von Kommunikationstechnologien begann gemächlich. Seit höchstens 8.600 Jahren nutzen Menschen eine Art Schrift, die sie seit über 2.000 Jahren auf Papier bannen. Wollte man seine Idee verbreiten, musste man einen Läufer oder Reiter mit dem Dokument oder der mündlichen Information losschicken. Im Inkareich (13. bis 16. Jahrhundert) etablierten Herrscher ein System von Staffeln vieler schneller Läufer (den Chaski oder Chasqui), die Nachrichten meist in mündlicher Form über Distanzen von 300 Kilometer pro Tag übermitteln konnten.

Wie beeindruckend schnell diese Informationsübermittlung war, zeigt die Tatsache, dass Hunderte Jahre später der legendäre Pony-Express, eine Reiterstafette der US-amerikanischen Post, für die 3.100 Kilometer lange Strecke von Saint Joseph in Missouris bis nach Sacramento in Kalifornien 10 Tage brauchte, also etwa auch 300 Kilometer am Tag zurücklegte. Die transportierte Informationsmenge hatte sich mit dem Einsatz der Pferde zwar auf 10 Kilogramm erhöht, die Geschwindigkeit der Informationsübermittlung blieb aber gleich. Für die Erhöhung der Geschwindigkeit brachte erst die elektrische Telegrafie den entscheidenden Durchbruch. Die direkte Übertragung von Information ab Beginn des 19. Jahrhunderts, zunächst kabelgebunden und ab Ende des 19. Jahrhunderts per Funk, verkürzte die Langstrecken-Kommunikation von Stunden oder Tagen auf einen Zeitraum von (Milli-)Sekunden.

Und plötzlich ging alles ganz schnell

Eine ganz neue Geschwindigkeitsdimension erhielt der technologische Fortschritt mit der Great Acceleration, der großen Beschleunigung, die etwa in der Mitte des 20. Jahrhunderts einsetzte. Was genau diese »Große Beschleunigung« startete, ist schwer zu sagen. Vermutlich spielte aber das Ende des zweiten Weltkriegs eine Rolle.

Great Acceleration

Etwa seit der Mitte des 20. Jahrhunderts gibt es einen starken Anstieg verschiedener soziökonomischer Parameter und solcher, die das Erdsystem beschreiben. Die Weltbevölkerung ist zum Beispiel von 2,5 Milliarden Menschen im Jahr 1950 auf 8,2 Milliarden Anfang 2025 angewachsen. Das weltweite Bruttosozialprodukt ist im gleichen Zeitraum von neun auf 110 Billionen US-Dollar gestiegen. Gleichzeitig stieg die weltweite Plastikproduktion (von der über 90 Prozent als Müll endet) von 1,5 Millionen Tonnen im Jahr 1950 auf 414 Millionen Tonnen im Jahr 2023 an. Die Versauerung der Ozeane hat durch einen massiven Anstieg der CO_2-Emissionen um 30 Prozent zugenommen – mit katastrophalen Folgen für kalkbildende Lebewesen wie Korallen.

Von der Entwicklung des ersten Telefons bis zum ersten Mobiltelefon dauerte es noch über 100 Jahre. Vom ersten allgemein verfügbaren Mobiltelefon in Deutschland im Jahr 1992 bis zum ersten käuflich zu erwerbenden Smartphone dauerte es dann nur noch zwei Jahre. Ein Smartphone ist ja eher ein Computer als nur ein tragbares Telefon – und auch bei denen läuft die Entwicklung immer schneller. Von Konrad Zuses 1941 vorgestelltem »Z3«, dem ersten funktionsfähigen Digitalrechner, der fast ein ganzes Zimmer ausfüllte und 15 bis 20 Rechenoperationen pro Sekunde durchführen konnte, bis zum Supercomputer »Frontier«, der 2023 pro Sekunde 1,1 Trillionen Rechenoperationen durchführte, dauerte es gerade mal etwa 80 Jahre. An Supercomputern sieht man gut, wie stark sich technologische Entwicklungen beschleunigen: Im Jahr 1976 konnte der schnellste Supercomputer 160 Millionen

Rechenoperationen durchführen, 1996 war man bei einer Billion, 2008 bei einer Billiarde und 2023 eben bei »Frontier«.

Auch das World Wide Web entwickelte sich rasant. Im Jahr 1990 nutzten weltweit nur drei Millionen Menschen das Internet. Davon lebten 73 Prozent in den USA und 15 Prozent in Westeuropa. Im Jahr 2005 überstieg die Zahl der Menschen, die weltweit das Netz nutzten, die Milliardengrenze. Diese Zahl wuchs bis zum Jahr 2024 auf 5,5 Milliarden Menschen. Während 2005 nur 16 Prozent der Menschen weltweit einen eigenen Internetzugang hatten, waren es 2024 schon 68 Prozent. Heute haben in den reichsten Ländern der Welt 93 Prozent aller Menschen Zugang zum Internet, während es in den ärmsten Ländern der Welt nur 27 Prozent sind.

Weil jetzt sicher allen ein bisschen schwindelig von den ganzen Zahlen ist, ziehen wir eine kleine Zwischenbilanz: Natürliche und technische Entwicklung haben es weit gebracht. Natürliche Evolution ist langsam und nicht zielgerichtet. Weil es sie aber schon seit über vier Milliarden Jahren gibt, ist durch sie eine unfassbare Menge an biologischer Vielfalt entstanden. Ereignisse wie die »Große Sauerstoffkatastrophe«, die »Kambrische Explosion« oder auch wir Menschen wirken über geologisch **kurze**, im Vergleich zu einem Menschenleben für uns aber immer noch sehr **lange** Zeiträume auf die Evolution. Die Treiber der Evolution sind Zeit und Zufall. Insgesamt unterliegt die Geschwindigkeit von Evolution keiner Beschleunigung, wie wir sie bei technischen Innovationen erlebt haben.

Technologische Entwicklung ist zielgerichtet und beschleunigt sich seit Mitte des 20. Jahrhunderts zusehends. Ihre Treiber sind Versuch und Irrtum, Austausch und Kollaboration, aber sicher auch Macht, Geld und Ruhm. Und natürlich Neugier und Faulheit.

Wir machen es halt anders

Ein großer Unterschied in der Entwicklung natürlicher und technischer Systeme liegt in der Nutzung von Ressourcen und deren Weiterverarbeitung. In biologischen Systemen werden alle Stoffe in einem fortwährenden Kreislauf geführt. Es gibt Tod, Verderben und Vergiftung, aber trotzdem kann am Ende alles, was übrigbleibt, jedes Abfall- und Stoffwechselprodukt von anderen Organismen wiederverwendet werden.

Unsere technischen Systeme funktionieren da ganz anders. Angetrieben werden sie seit etwa 200 Jahren von fossilen Brennstoffen, die die Natur eigentlich sicher in der Erde weggeschlossen hatte. Der Kohlenstoff aus diesen Lagerstätten verbindet sich durch Verbrennung mit dem Sauerstoff in der Atmosphäre und wird als CO_2 ein wesentlicher Treiber des Klimawandels. Natürliche Systeme wie die Ozeane nehmen dieses Kohlendioxid auf – und kommen damit an ihr Limit, weil wir immer mehr CO_2 ausstoßen und zugleich die Systeme selbst immer stärker schädigen und zerstören.

In biologischen Systemen werden alle Stoffe in einem Kreislauf geführt. In technischen Systemen leider nicht.

Unser Erfindergeist lässt uns zudem Stoffe und Verfahren entwickeln, die es in der Natur so noch nie gab. So haben wir mehr als 1.400 per- und polyfluorierte Alkylverbindungen (PFAS) in die Welt gebracht, die als »Ewigkeitschemikalien« bezeichnet werden, weil sie in der Natur praktisch nicht abgebaut werden können – und damit Kreisläufe komplett durchbrechen. Allein für die EU werden die jährlichen Gesundheitsfolgekosten der Freisetzung von Ewigkeitschemikalien auf 52 bis 84 Milliarden Euro geschätzt.

Kein Abfall, sondern Material für frischen Waldboden: In der Natur bleiben alle Stoffe in einem fortwährenden Kreislauf.

Obwohl wir anders als die Natur unsere menschliche Intelligenz gezielt einsetzen, um technischen Fortschritt zu erzielen, geht das Ganze also oft genug nach hinten los. Zudem muss man sagen, dass technischer Fortschritt nicht automatisch zu einer Verbesserung der Lebensbedingungen der Menschheit insgesamt beiträgt. Massenvernichtungswaffen, moderne Folterinstrumente und chemische Kampfstoffe sind einige Beispiele für »dunkle Innovationen«, die absichtlich anderen Menschen schaden. Oft haben wir aber auch einfach nicht zu Ende gedacht, was wir da ausbaldowern, und negative Auswirkungen neuer Technologien nicht erkannt oder unterschätzt. Beispiele hierfür sind der Einsatz von Asbest als feuerfestes Isolationsmittel, oder von DDT als Insektizid, aber auch der Aufschwung sozialer Medien, die einst als Mittel der Demokratisierung von Informationen und Kommunikation gefeiert wurden. Heute sehen wir die andere Seite dieser Technologie, die leider allzu oft zur Verbreitung von Falschinformationen und als Mittel zur Spaltung und zur Zerstörung von Demokratien genutzt wird.

Anders als in der Natur gibt es bei uns zudem Aushandlungsprozesse über Erfindungen. Manchmal müssen sie sich gegen Widerstand durchsetzen, wenn etwas allzu Neuartiges von manch einem für Quatsch gehalten wird. Steve Ballmer, dem ehemaligen Vorstandsvorsitzenden von Microsoft, war es später ziemlich unangenehm, dass er sich in einem Interview im Jahr 2007 über das soeben von Mitbewerber Steve Jobs vorgestellte iPhone mokierte. Zu teuer und vor allem ohne Tastatur keine gute »E-Mail-Maschine«, befand er. Ein kurzsichtiges Urteil. Aber auch Steve Jobs konnte irren: Beispielsweise, als er 2003 den Markt für das Abonnieren von Musik (das Kerngeschäft von Spotify) für tot erklärte. Der deutsche Zukunftsforscher Matthias Horx lag gleich zweimal arg daneben: Im Jahr 2001 prognostizierte er, dass das Internet kein Massenmedium würde, und im Jahr 2010 sagte er das Ende von Facebook in nur fünf oder sechs Jahren voraus. Froh können wir vermutlich darüber sein, dass Alex Lewy, der Präsident einer amerikanischen Staubsaugerfirma, mit seiner 1955 getätigten Annahme, dass der kernkraftgetriebene Staubsauger in nur zehn Jahren Realität sein würde, auch daneben lag.

KAPITEL 2

Natürlich genial

Ist die Natur mit ihren ganzen evolutionären Geniestreichen eigentlich intelligent? Viel besser: Die Natur hat die Intelligenz erfunden! Und damit den Grundstein gelegt für alles, was Menschen erfinden können – inklusive jeder künstlichen Intelligenz. Dieses Wunderwerk erscheint umso erstaunlicher, je genauer man es betrachtet.

Was ist Intelligenz?

Zunächst müssen wir mal klären, was »intelligent« überhaupt bedeutet. Im Brockhaus lesen wir: »Im engeren Sinn ist Intelligenz die aus Intelligenzleistungen erschlossene und durch Intelligenztests messbare Dimension der Persönlichkeit. Um die Abklärung dessen, was unter Intelligenz zu verstehen ist, hat sich die empirisch arbeitende Psychologie seit über 100 Jahren nachdrücklich bemüht. Trotzdem konnte bisher noch keine allgemein anerkannte Definition für Intelligenz formuliert werden.«[1] Es ist also kompliziert.

> Intelligenz bedeutet, neue Probleme zu lösen, Zusammenhänge zu erkennen und aus Erfahrungen zu lernen.

Wenn wir vereinfacht sagen, intelligentes Verhalten bedeutet, Probleme nicht zufällig oder mit den immer gleichen Werkzeugen zu lösen, sondern Zusammenhänge zu erkennen und frühere Erfahrungen auf eine neue Situation übertragen zu können und dabei sogar vollkommen neue, kreative Lösungen zu entdecken, dann ist der Kreis an Arten, die intelligent handeln, recht überschaubar – eine illustre Gruppe an Menschen und einigen Tieren.

Schimpansen entwickeln zum Beispiel richtiggehende Kulturen beim Einsatz von Werkzeugen. Wie man mit einem zusammengeknüllten Blatt aus einer Baumhöhle Wasser holen kann oder wie man mit einem Stein und einer bestimmten Technik Nüsse knacken kann, sind echte

Von wegen »Werkzeug ist Menschensache« …

intellektuelle Leistungen, die manche Individuen besser beherrschen als andere. Um sie zu lernen, müssen junge Schimpansen eine lange Schule durchlaufen.

Aber nicht nur unsere engsten Verwandten lassen uns staunen. Als einer der intelligentesten Vögel gilt die Geradschnabelkrähe *(Corvus moneduloides)* aus Neukaledonien. Die Tiere haben ganz offensichtlich eine Ahnung davon, was ihre Artgenossen mitbekommen und vorhaben könnten, und passen ihr Verhalten entsprechend an. So verstecken sie Nüsse neu oder besser, damit man ihnen ihren Futtervorrat nicht stiehlt, wenn sie einen Artgenossen sehen oder in unmittelbarer Nähe hören, also Diebstahlpotenzial vermuten. An Käferlarven, die sich in Löchern oder unter der Rinde von Bäumen befinden, kommen sie mit Hilfe von Zweigen oder sogar Draht. Dabei biegen sie ihr Werkzeug auch mal zu einem Haken. Die Erfindung des Angelhakens geht damit vielleicht auf das Konto dieser schlauen Krähen, denn Menschen nutzen Angelhaken erst seit 16.000 bis 23.000 Jahren und damit vermutlich später als die Vögel. Dass diese durch ihre Intelligenz einen evolutiven Vorteil haben, kann man leicht nachvollziehen. Bei Papageien konnte man zeigen, dass eine größere Intelligenz zu einer höheren Lebenserwartung führt. Der Zusammenhang besteht vermutlich darin, dass es eine höhere Intelligenz erlaubt, Probleme zu lösen, die mit tödlichen Gefahren einhergehen. Und wer die löst, lebt eben länger.

Wir Menschen haben unserer Intelligenz viel zu verdanken – kein Wunder, dass wir ein kleines bisschen besessen davon sind, sie zu messen. Diverse Menschen haben Jahre ihres Lebens damit verbracht, Gesichtsausdrücke, Handschriften oder Schädelgrößen zu analysieren und mit der Intelligenz ihrer Träger zu vergleichen – nur um am Ende festzustellen, dass diese Körpermaße rein gar nichts über Intelligenz aussagen (manchmal kam diese Einsicht auch erst im Nachhinein durch andere Wissenschaftler:innen).

Intelligenz und IQ

Als Erfinder des Intelligenzquotienten gilt der Deutsche William Stern, der 1912 eine neue Form der Berechnung der Intelligenz von Kindern vorschlug. Heute werden zur Messung des IQ die intellektuellen Fähigkeiten einer Person ins Verhältnis zu einer vorab bestimmten Vergleichsgruppe, deren durchschnittlicher Wert einen IQ von 100 aufweist, gesetzt. Der IQ ist also kein absolutes Maß für Intelligenz, sondern ein relativer Wert. In Deutschland haben etwa 68 Prozent der Bevölkerung einen IQ von 85 bis 100. Mit einem IQ von über 130 gelten 2 bis 3 Prozent der Bevölkerung als hochbegabt und ein ebenso großer Prozentsatz mit einem IQ von weniger als 70 als minderbegabt.

Im Jahr 2024 galten der Mathematikprofessor Terence Tao und die Kolumnistin Marilyn vos Savant, beide mit einem IQ zwischen 225 und 230, als die Menschen mit dem höchsten IQ auf der Welt.

Auch die Gehirngröße eines Menschen ist übrigens kein gutes Maß für Intelligenz (das gilt auch für Vergleiche innerhalb anderer Tierarten). So sind Frauen ebenso intelligent wie Männer, obwohl ihre Gehirne im Schnitt etwas kleiner sind. Wie schwer es manchen Männern fällt, das zu akzeptieren, musste die im Kasten erwähnte Marilyn vos Savant erfahren: In ihrer Kolumne »Ask Marylin« im *Parade Magazin* gab sie eine unerwartete Antwort auf ein Wahrscheinlichkeitsproblem, das Basis einer beliebten TV-Gameshow war. Sie bekam mehr als 10.000 Briefe, darunter fast 1.000 von promovierten Mathematikern, die ihre Lösung als absurd beschimpften. Trotzdem hielten sich genügend Kandidaten der Gameshow an ihre Empfehlung, sodass der Sender die TV-Show schließlich absetzen musste, weil er zu viele Gewinne an Spielende verteilen musste, die Marylins schlauer Empfehlung gefolgt waren.

Die Größe des Gehirns ist kein gutes Maß für Intelligenz.

Heute haben die meisten von uns aufgehört, Gehirne zu vermessen, und verstehen Intelligenz als ein Konzept, das unterschiedliche Aspekte beinhaltet. In den 1980er-Jahren führte der Harvard-Professor Howard Gardner eine Intelligenztheorie ein, nach der es folgende acht verschiedene Intelligenzen gibt.

Sprachlich-linguistische Intelligenz: die Sensibilität, gesprochene und geschriebene Sprache zu nutzen und die Fähigkeit, neue Sprachen zu lernen.

Logisch-mathematische Intelligenz: logische, mathematische und wissenschaftliche Fähigkeiten.

Musikalisch-rhythmische Intelligenz: Fähigkeiten wie die, musikalische Prinzipien zu verstehen, musizieren und komponieren zu können.

Bildlich-räumliche Intelligenz: der theoretische und praktische Sinn, Räume zu erfassen. Diese können so groß wie das Weltall oder so klein wie die Ornamente eines Stuckreliefs sein.

Körperlich-kinästhetische Intelligenz: die Fähigkeit, den Körper oder Körperteile zur Problemlösung oder Gestaltung zu nutzen – von Tanz bis Handwerk.

Interpersonale oder soziale Intelligenz: die Fähigkeit, Empathie zu zeigen, die Gefühle und Stimmungen anderer zu erfassen sowie die Fähigkeit, Stimmungen und Emotionen anderer Menschen zu beeinflussen.

Naturalistische Intelligenz: die Fähigkeit, Naturphänomene zu beobachten, zu unterscheiden und für sie sensibel zu sein.

Aber egal, wie gut man sie definiert: Die menschliche Intelligenz hat Grenzen. Auch wenn wir uns alle als einigermaßen intelligente und rational handelnde Wesen einschätzen, die so leicht niemand hinters Licht führt, leidet unser Denken an ein paar Defiziten.

Eines davon ist das »Shifting Baseline Syndrom« (Syndrom des sich verschiebenden Referenzrahmens), das mit der relativ kurzen Zeit zusammenhängt, die ein einzelnes Menschenleben währt. Schleichende Veränderungen, zum Beispiel der Verlust von Biodiversität, bleiben von den meisten Menschen unbemerkt, weil sie nie selbst erfahren haben, wie viele Vogelschwärme, Urwälder oder Schmetterlinge es vor 100 oder 500 Jahren gegeben hat.

Eine weitere Herausforderung ist, dass unsere Gehirne Weltmeister des Selbstbetrugs sind. Diese zweifelhafte Fähigkeit führt dazu, dass wir entgegen unseren eigenen Überzeugungen handeln, oft sogar gegen unsere eigenen Interessen.

Alles wissen?

Während es heute Fachfremden schwerfällt, zu verstehen, wofür genau Nobelpreisträger in Chemie, Physik, Medizin oder Wirtschaft ausgezeichnet werden, gab es früher Universalgelehrte, die auf sehr vielen Gebieten Experten waren. Der erste und gleichzeitig letzte Mensch, der alles wusste, soll Athanasius Kircher (1602–1680) gewesen sein, dessen Motto »In uno omnia« (in Einem alles) schon zeigt, was er von sich selbst hielt, nämlich viel. Er beschäftigte sich mit Hieroglyphen, Vulkanismus, den Ursachen der Pest und automatischen Orgeln. Eine universelle künstliche Plansprache hat er auch gleich noch entwickelt. Descartes nannte ihn trotzdem »mehr Quacksalber als Gelehrten«.

Universalgelehrte wie Leonardo da Vinci, Johann Wolfgang von Goethe oder Alexander von Humboldt verfügten über einen Anteil am Wissen der Welt, wie es heute ein einzelner Mensch nicht mehr haben könnte – weil es schlicht viel mehr Wissen gibt als früher.

Die gute Nachricht: Weil wir heute zusammen mit großen Gelehrten und verrückten Genies in einer digitalisierten Welt leben, haben wir immer und überall Zugang zum Wissen der Welt. Wann wurde Goethe geboren? Wie kocht man ein Ei? Wer löste Fermats Satz? Alles nur noch einen Klick entfernt.

Wir tendieren zum Beispiel alle dazu, zu unterschätzen, wie lange wir zur Vollendung einer Aufgabe benötigen (Planungsfehlschluss), suchen Informationen am liebsten so aus, dass sie unseren Erwartungen entsprechen (Bestätigungsfehler), finden es viel wahrscheinlicher, im Lotto zu gewinnen, als durch einen Blitzschlag zu sterben (Optimismusfehler) und glauben uns selbst, dass wir uns nächste Woche mit Vergnügen korrekt/gesund/sportlich verhalten werden, obwohl wir das letzte Woche auch dachten, diese Woche aber nicht gemacht haben (Guter-Vorsatz-Fehler).

All das geschieht in Bruchteilen von Sekunden im Gehirn – dem Zentrum dessen, was wir gemeinhin als Intelligenz bezeichnen, und der Ort, der unsere Persönlichkeit, unsere Gedanken und unsere Erinnerungen enthält. Aus dem Biologieunterricht weiß man, dass es in verschiedene Teile unterteilt ist, die unterschiedliche Aufgaben haben. Im evolutiv ältesten Teil, dem Stammhirn, werden Funktionen wie Atmung, Körpertemperatur und Blutdruck kontrolliert, es informiert uns unter anderem darüber, ob wir hungrig oder durstig sind. Auch Gefühle wie Glück, Trauer, Liebe und Hass werden hier erzeugt. Über dem Hirnstamm liegt der Thalamus, der »Türsteher« für die evolutiv jüngeren Teile unseres Gehirns. Alle sensorischen Signale müssen ihn passieren. Signale, die durchkommen, werden von ihm in die zuständigen Hirnbereiche weitergeleitet. Wie eine Spange um den Thalamus liegt der Hypocampus – die Hirnregion, die für räumliche Erinnerungen zuständig ist. Er hilft uns bei Fragen wie »Wo habe ich meinen Schlüssel hingelegt?« oder »Wie komme ich zu meiner Lieblingspizzeria?«. Im hinteren, unteren Teil unseres Gehirns befindet sich das Kleinhirn. Es hilft, unsere Muskeln koordiniert zu bewegen, Rad zu fahren und uns im Raum zu orientieren. Über diesen Hirnregionen liegt die Großhirnrinde, die wiederum in verschiedene funktionale Bereiche unterteilt ist. Im Hinterkopf befindet sich der visuelle Kortex, in dem alle Informationen, die mit dem Sehen zusammenhängen, verarbeitet werden. Er arbeitet eng mit dem vor ihm liegenden Parietallappen zusammen, in dem alle sensorischen Informationen zusammenlaufen. Seitlich befinden sich die Temporallappen. Sie sind die Zentren des Erinnerns und Lernens. Unser Denken, unsere Sprache, unsere Emotionen und das Sozialverhalten, also alles, was unsere Persönlichkeit ausmacht, sind im Frontallappen lokalisiert.

In unserem Gehirn empfangen etwa 100 Milliarden Nervenzellen über Dendriten (baumartige Fortsätze) Signale anderer Nervenzellen (Neuronen). Sind die ankommenden Signale ausreichend stark, werden sie verrechnet und als eigenes elektrisches Signal zur nächsten Zelle weitergeleitet. Würde man all die zu einem Netz verbundenen länglichen Neuronen in unserem Gehirn hintereinanderlegen, ergäben sie zusammen eine Gesamtlänge von unvorstellbaren 5,8 Millionen Kilometern. Etwa 100 Billionen der sie verbindenden Kontaktpunkte, sogenannte Synapsen, gibt es in unserem Gehirn. An ihnen kann ein elektrisches Signal direkt von einem Neuron auf ein anderes übertragen werden. Meist wird das ankommende elektrische Signal aber in ein chemisches übersetzt, indem Botenstoffe (Neurotransmitter) ausgeschüttet werden, die den Spalt zwischen zwei Synapsen überqueren und nach dem Andocken an Rezeptoren in der Empfängerzelle wieder ein elektrisches Signal auslösen.

Viel Verkehr an einer Synapse führt dazu, dass im Gehirn etwas gespeichert wird – wir nennen das Lernen. Wird eine Verbindung kaum noch genutzt, also schwächer, beginnt das Vergessen. Diese sogenannte synaptische Plastizität, also die Fähigkeit, neuronale Verbindungen im Hirn aufzubauen, zu stärken oder zu schwächen, ist die Grundlage von Lernen und Gedächtnis, beides wichtige Voraussetzungen für Intelligenz.

Neugierig?

Damit sich in unserem Hirn nicht alles auf denselben »Wegen« abspielt, müssen wir ihm immer wieder Neues bieten, das es im neuronalen Netz hin und her schicken und verarbeiten kann. Da hilft Neugier. Neugierverhalten ist angeboren. Es führt zum Auf- und Ausbau der neuronalen Netze und der Steigerung neuronaler Plastizität. Wer wissen will, was wo dahintersteckt, oder ausprobiert, ob sich ein Objekt irgendwie manipulieren lässt, der ist neugierig, fordert sein Gehirn, baut es weiter auf und gilt damit als intelligent.

> Neugierde ist angeboren und führt zum Auf- und Ausbau von neuronalen Netzen, der Grundlage von Lernen und Gedächtnis.

Was uns zum weisen Menschen *(Homo sapiens)* und weltweit so wahnsinnig erfolgreich macht, sind Neugier und Entdeckerlust – das Interesse, Neues zu entdecken, und die Bereitschaft, dafür zu neuen Ufern aufzubrechen. Von diesem Verlangen sind wir beseelt wie kein zweites Lebewesen auf diesem Planeten. Es hat Menschen auf die entlegensten Inseln verschlagen – lange bevor Kreuzfahrtschiffe ausgedehnte Seereisen zu einer Beschäftigung der eher Behäbigen machten. Neil Armstrong und Edwin Aldrin brachte diese Neugier sogar auf den Mond.

Nicht nur heute mit Raumschiffen, Flugzeugen oder anderen langstreckentauglichen Fortbewegungsmitteln, sondern schon vor langer Zeit mit einfachsten Holzbooten ohne Navigationstechnologie und vor allem ohne die Gewissheit, ob die Welt nicht doch unendlich ist oder gar eine Scheibe, an deren Rand man runterfallen kann, haben Menschen sich immer wieder aufgemacht. Das spektakulärste Beispiel einer solchen Reise ist sicher die Besiedelung der pazifischen Osterinseln und ihrer Nachbareilande vor über tausend Jahren. Mit einfachen Holzkanus überquerten Menschen 1.500 Kilometer offenes Meer, bis sie von ihrer Heimat nordöstlich von Neuguinea die – auch heute noch abgelegenen – Inseln besiedelten. Weil sie Nutzpflanzen, Haustiere und Gebrauchsgegenstände im Gepäck hatten, gehen Wissenschaftler:innen davon aus, dass sie sich absichtlich auf den Weg gemacht und nicht etwa Schiffbruch erlitten hatten.

Getrieben von dieser Art der Entdeckerlust haben einige unserer frühen Vorfahren einst den afrikanischen Kontinent verlassen, mal in raschen Schritten, mal eher gemächlich, während manche blieben und wieder andere schon vor 65.000 Jahren Australien besiedelten.

Neugier und Entdeckerlust haben uns aber nicht nur physisch neue Räume eröffnet, sondern über Jahrtausende auch unseren geistigen Horizont erweitert. Durch sie angetrieben haben Menschen beispielsweise vielfältige Kunstformen geschaffen. Überall, wo Menschen sind, wird schon lange getanzt, gesungen und gestaltet. Es wird auch ausprobiert, gebastelt und getüftelt. Diese Eigenschaften haben dabei geholfen, dass der Mensch sich mit allerlei technischen Tricks und Ideen die Erde untertan machen konnte – eine Erfolgsgeschichte für den Menschen mit oft dramatischen Folgen für die Natur.

Neugierde macht also erfolgreich. In Verbindung mit dem Hang zur Bequemlichkeit, die uns stets darüber nachdenken lässt, wie wir uns das Leben leichter machen könnten, ist Neugierde auch ein wesentlicher Treiber von (technischen) Innovationen und Erfindungen. Uns Menschen genügt es nämlich nicht, nur zu sehen, wie etwas funktioniert. Wir probieren nur allzu gerne aus, wie wir diese Erkenntnisse so ausnutzen können, dass wir mit möglichst wenig körperlicher Anstrengung ein Ziel erreichen können. Weil wir zu Transferleistungen in der Lage sind, kann das auch ein ganz neues Ziel sein beziehungsweise dazu führen, dass eine neue Erkenntnis in einem ganz neuen Kontext eingesetzt wird.

Neugier kann in verschiedenen Ausprägungen in Erscheinung treten. Manche Menschen sind wild auf Sensationen. Sie haben Lust auf Promiklatsch, Reality Soaps oder verursachen Staus, weil sie zu gerne wissen möchten, was bei dem Unfall auf der Gegenspur genau passiert ist. Dieses Neugierverhalten ist in erster Linie emotional getrieben. Wären wir kein sozialer Primat, gehörten also nicht zu einer Säugetiergruppe, deren Vertreter ohne Artgenossen nur sehr schwer sein können, dann wäre uns die Neugier am Leben der anderen wohl fremd. Weil wir als Art in sozialen Gemeinschaften leben und viel miteinander kommunizieren, sind wir aber eben auch auf diese Art neugierig. Da wir durch Abgucken und das Kopieren des Verhaltens anderer ebenso wie aus deren Fehlern lernen können, ist diese Neugier evolutiv betrachtet sinnvoll und daher eine »Evolutionär Stabile Strategie« – eine ESS. Vermutlich können sich nur wenige Menschen dieser Sensationslust gänzlich verschließen. Dennoch gilt sie in den meisten Kulturen nicht als ein vorbildliches oder erstrebenswertes Verhalten. Lieber wären wir alle abgeklärt und stünden über diesen »niederen Instinkten«.

Ganz anders sieht es aus bei der Neugier, die zu einem Mehr an Wissen führt. Wer wissbegierig ist, wer vielleicht sogar Forschungsfragen klären möchte, wer zum allgemeinen Erkenntnisgewinn beiträgt, globale Probleme lösen will und damit erfolgreich ist, der gilt in vielen menschlichen Gesellschaften Etwas und wird eines Tages womöglich mit dem Nobelpreis geehrt.

Die »explorative Neugier« ist auch solchen Tierarten eigen, die in ihrem Verhalten flexibel sind und je nach Lage unterschiedlich, also situationsbedingt, reagieren. Für Elefanten, Schimpansen, Fischotter, Raben und viele andere Tiere lohnt sich diese Forschermentalität, weil sie in neuen Situationen nicht nur auf neue Ideen kommen, sondern diese womöglich lange vor dem Ernstfall auch schon mal spielerisch ausprobiert haben. Das bringt ihnen Vorteile gegenüber den Artgenossen, bei denen einfach nur ein Verhaltensprogramm abläuft, mithilfe dessen sie immer gleich reagieren. Hier sei gleich angemerkt, dass auch so ein Verhaltensprogramm nur eine Abstufung flexiblen Verhaltens ist: Verhaltensweisen, die einem komplett starren Programm folgen und gar nicht flexibel sind, dürften auch im Tierreich sehr, sehr selten sein, vielleicht existieren sie auch gar nicht.

Konrad Adenauer erfindet ein Brot und Frauke Fischers Urgroßvater einen Schwimmer fürs Flugzeug

Konrad Adenauer hat nicht nur die Bundesrepublik Deutschland politisch mitgeprägt, sondern war auch ein eifriger Erfinder. Er war kein Spezialist auf einem Gebiet, sondern hat sich mit Themen von der Reduktion der Staubentwicklung beim Autofahren, über die Gartenhacke mit Hammer bis zu einem leicht zu reinigenden Duschkopf beschäftigt – und ein Brot mit ungewöhnlichen, auch in Kriegszeiten verfügbaren Zutaten erfunden.

Auch in Frauke Fischers Familie wurde erfunden. Ihr Urgroßvater Paul Grosser hatte bereits vor dem Ersten Weltkrieg ein Flugzeug. Während alle anderen Menschen zu Fuß gingen oder Kutsche fuhren, veranstaltete er Flugschauen, um die Menschen von seiner Ansicht »Die Zukunft der Mobilität liegt im Luftverkehr« zu überzeugen. Damit nicht genug, erfand und patentierte er einen Schwimmer für seine Bleriot, damit die auch auf dem Wasser landen konnte.

Mit wenigen Ausnahmen unter unseren engsten Verwandten und einiger anderer Arten verlieren Tiere die Fähigkeit, neugierig zu sein, mit zunehmendem Alter und lassen schnell alles bleiben, was sich auch nur kurzfristig als unangenehm herausstellt. Der Entdeckerwille von Menschen, die trotz großer Risiken, gesundheitlicher Gefahren oder unter schrecklichen Entbehrungen Neues erkunden, Herausforderungen meistern oder Ziele erreichen möchten, kennt im Tierreich nicht seinesgleichen. Das ist besonders deshalb interessant, weil wir Menschen vermutlich die einzigen Lebewesen sind, die eine Vorstellung vom Tod und damit der möglichen Tragweite solcher entbehrungsreichen oder gefährlichen Handlungen haben. Und trotzdem können wir nicht anders.

Neugier und Entdeckerlust sind oft so groß, dass wir uns offenen Auges in Todesgefahr begeben. So hätte Magellan seine im Jahr 1519 begonnene große Fahrt abbrechen können, als die Nahrungsvorräte zur Neige gingen und immer mehr Besatzungsmitglieder starben. Die erste Weltumsegelung wäre ihm dann nicht gelungen, hätte ihm aber den frühen Tod auf dieser Reise erspart (er starb auf den Philippinen, ein Teil seiner Crew vollendete die Fahrt unter dem Kommando von Juan Sebastián Elcano). Die Desserteure der begleitenden San Antonio hatten eine andere Entscheidung getroffen und kehrten – ruhmlos zwar, aber lebend – nach Spanien zurück. Wer traf langfristig die richtige Entscheidung? Berühmtheit hat nur Magellan erlangt. Sein persönlicher Antrieb, sich auf den Weg zu machen, waren der in Aussicht stehende Gewinn an Geld, Ruhm und Ehre. Er suchte Zugang zu seltenen natürlichen Ressourcen (nämlich Gewürzen). Ganz wesentlich war aber eben auch seine Entdeckerlust, die ihn lieber seinen Tod in Kauf nehmen ließ, als seine Neugier unbefriedigt zu lassen. So wurde der früh Verstorbene unsterblich.

Dabei ist die Entdeckerlust nicht bei allen Menschen gleich ausgebildet. Etwa 20 Prozent unserer Artgenossen verfügen über die 7R-Variante des Gens DRD4, von der Wissenschaftler annehmen, dass ihre Träger mehr Unruhe, Neugier und Rastlosigkeit verspüren als andere. Tatsächlich tritt diese Mutation bei hochmobilen Gesellschaften und Völkern, die historisch große Strecken zurückgelegt haben, häufiger auf. Menschen mit dieser genetischen Ausstattung sind nicht nur eher Entdecker neuer Welten, sie sind tendenziell auch aufgeschlossener für andere Neuigkeiten. Sie suchen das Abenteuer

Die Weltumsegelung von Ferdinand Magellan und Juan Sebastián Elcano
(20.9.1519 bis 6.9.1522)

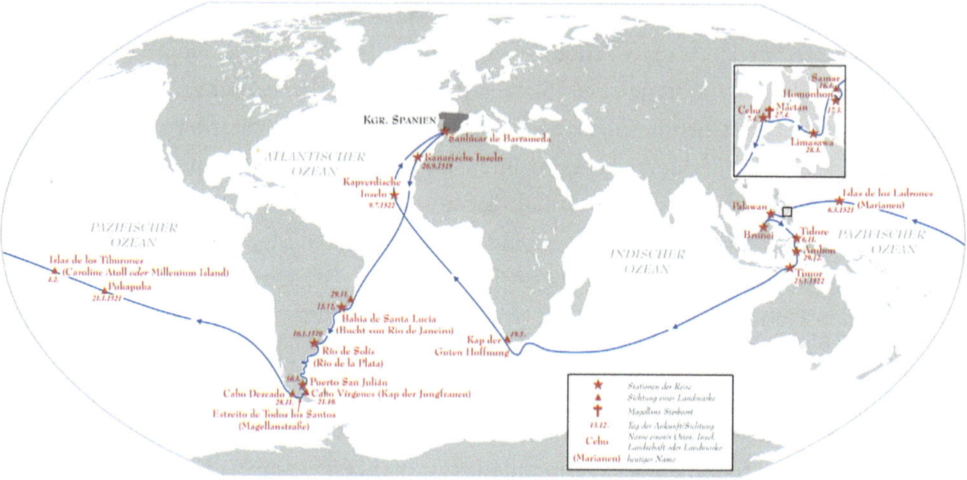

und probieren neue Nahrungsmittel, innovative Ideen, aber auch Drogen oder die sich bietende Gelegenheit zum Fremdgehen aus. In unserer heutigen Gesellschaft machen sie die Abenteuerreise, während andere lieber all-inclusive buchen oder gleich zu Hause bleiben. Weil das Zusammenspiel von Genen hochkomplex und bislang zu wenig verstanden ist, wehren Wissenschaftler sich dennoch, DRD4-7R als Explorer-Gen zu bezeichnen.

Die vorhin erwähnten und weit gereisten frühen Polynesier (die mit den Kanus) hatten keine Schrift. Wir wissen also nicht, was sie uns zu sagen gehabt hätten. Warum genau sie sich auf den Weg gemacht haben und wie sie dann auch noch ganz ohne technische Hilfsmittel den Handel zwischen Hunderten von Kilometern entfernten Inseln meisterten, wird wohl immer ihr Geheimnis bleiben.

Wer nicht so abenteuerlustig ist, dem gelingt heute auch schon mal die »Entdeckung auf der Couch« oder am Schreibtisch. Weil wir uns durch Schrift und Sprache und unter Zuhilfenahme allerlei moderner Kommunikationsmittel mit unseren Artgenossen über Ideen und abstrakte Vorgänge austauschen können, können wir ihre Ansätze weiterdenken und große Rätsel in der Behaglichkeit unseres Zuhauses lösen. Dabei spielt noch ein anderer Treiber für Kreativität und neue Ideen eine Rolle: Uns kann langweilig sein. Verrichten wir monotone Tätigkeiten oder haben nichts zu tun, beschäftigt sich unser Gehirn ganz offensichtlich selbst. Wie es passiert, wissen wir zwar nicht. Dass Monotonie, Ablenkung und Langeweile manchmal zu großartigen Geistesblitzen führen, darüber ist man sich in der Wissenschaft aber einig.

Ein Paradebeispiel für einen großen Denker ist der Jurist und Mathematiker Pierre de Fermat. Er kam bereits in der ersten Hälfte des 17. Jahrhunderts durch Nachdenken zu der Erkenntnis, dass die Gleichung $a^n + b^n = c^n$, den wir in der Version für $n = 2$ als Satz des Pythagoras kennen, für positive Zahlen größer als 2 keine Lösung hat. Nachgedacht haben muss er, denn durch Ausprobieren kommt man hier nicht zu einem Ergebnis. Einfach zu beweisen war der nach ihm benannte »Große Fermatsche Satz« auch nicht. Erst 1994, also circa 350 Jahre, nachdem Fermat zu dem Schluss gekommen war, konnte man belegen, dass er Recht hatte. Schier wahnsinnig hatte er da schon ganze Generationen von Fachkolleg:innen gemacht. Hatte er doch an den Rand eines Buchtextes geschrieben: »Ich habe hierfür einen wahrhaft wunderbaren Beweis entdeckt, doch ist dieser Rand hier zu schmal, um ihn zu fassen.«

Im Laufe der Zeit, und mit schriftlichen Aufzeichnungen, die man studieren kann, ist auch die neu auftretende Gruppe der »Geistigen Explorer« gewachsen. Zu ihnen gehören Philosoph:innen, Künstler:innen und Visionär:innen. Auch sie waren und sind getrieben von einer Neugier und manchmal schlicht von Langeweile, die aufkommt, wenn man das Gefühl hat, alles schon zu kennen. Weil Menschen langweilig wird, Computern aber nicht, gibt es Wissenschaftler:innen, die glauben, dass wirkliche Kreativität noch lange eine rein menschliche Eigenschaft sein wird.

Zufällig genial

Jetzt wissen wir also, was Intelligenz ausmacht. Intelligentes Verhalten erfordert Neugier, Nachdenken und eine aktive, wissentliche Reaktion. Andere Verhaltensweisen aus der Natur, die uns intelligent erscheinen, sind bei näherer Betrachtung doch nicht so klug, sondern genetisch vorbestimmt – zum Beispiel die Navigation von Wanderrouten, Gesänge oder Tänze von Tieren oder die Konstruktion von Bauten oder Nestern.

Ist also alles, was die Natur macht (mit Ausnahme einiger intelligenter Tierarten) dumm? Sind wir Menschen und unsere Erfindungen ihr

Meisterleistung: Die Pfuhlschnepfe fliegt nonstop 12.000 Kilometer von Alaska bis Neuseeland. Das soll ihr erstmal jemand nachmachen.

haushoch überlegen? Ganz und gar nicht, denn Intelligenz ist eben nur eine Art, Herausforderungen zu lösen. Die Natur hat mit Zufall und Zeit Arten, Prozesse und Interaktionen hervorgebracht, die zweifelsohne genial sind. So finden Zugvögel nach Reisen über Tausende von Flugkilometern ihre Nistplätze Jahr für Jahr wieder (Kuckucke sogar, obwohl sie von Pflegeeltern aufgezogen wurden, die keine Ahnung von der Wanderroute des Kuckuckskinds haben). Organismen sind Meisterleistungen der Material- oder Energieeffizienz und ökologische Prozesse sind zeitlich und/oder räumlich in schier unvorstellbarer Weise miteinander synchronisiert und aufeinander abgestimmt.

Die Natur macht Sachen, die uns staunen lassen, sie macht aber vor allem auch Dinge, die wir gar nicht nachmachen können. Das gilt zum Beispiel für den Großteil der sogenannten Ökosystemleistungen. Fruchtbaren Boden erzeugen? Den globalen Wasserhaushalt organisieren? Weltweit Nährstoffe für Ökosysteme und ihre Bewohner verteilen? Einen Prozess auf die Beine stellen, der erst jede Menge CO_2 bindet, permanent andere Organismen mitversorgt, Wasser und Luft filtert, wächst, sich selbst organisiert und repariert und am Ende einen so genialen Baustoff wie Holz zur Verfügung stellt (also, kurz gesagt, einen Baum machen)? Das alles können wir nicht, da können wir erfinden, was wir wollen.

Natur hat in vier Milliarden Jahren Evolution ein geniales System an perfekt abgestimmten Prozessen, Beziehungen und Kreisläufen hervorgebracht … und uns. Wir haben in nur 300.000 Jahren kochen, sprechen, schreiben und Autofahren gelernt. Auf dem Weg dorthin haben wir leider eine Menge durcheinandergebracht. Jetzt haben wir sogar Künstliche Intelligenz geschaffen und fragen uns, ob sie uns vielleicht hilft, den Schaden wieder gut zu machen. Schauen wir sie uns dazu genauer an.

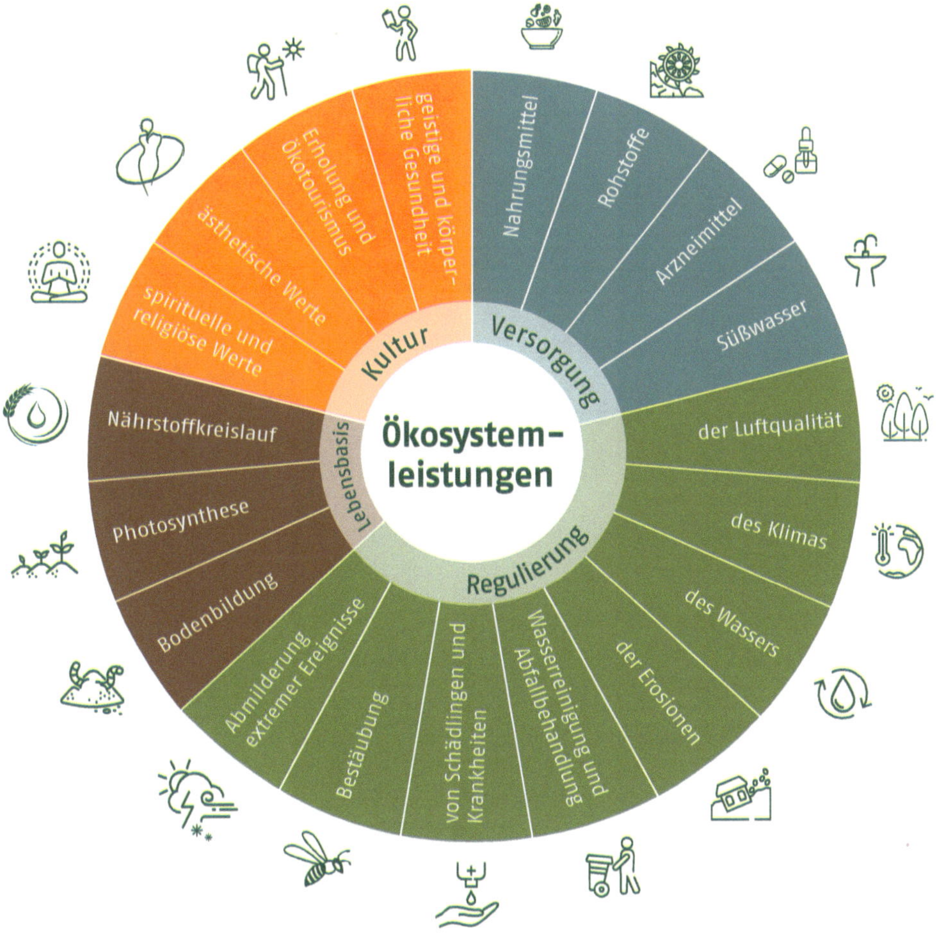

Ökosystemleistungen. Unbezahlbar und unersetzlich.

KAPITEL 3

Künstlich intelligent

Nachdem wir auf das geschaut haben, was die Evolution Geniales hervorgebracht hat, kommen wir nun zur »anderen Seite der Macht«, der künstlichen Intelligenz.

Manch ein KI-Enthusiast, wie der KI-Forscher und Bestsellerautor Ray Kurzweil, sieht in ihr die nächste Stufe der Evolution, in der die unverstellbare Intelligenz der Systeme Software und Hardware in sich potenzierender Geschwindigkeit perfektioniert und sogar mit dem menschlichen Körper verschmelzen lässt und uns so in eine Welt führt, in der die Superintelligenz alle Probleme lösen wird. Es gibt auch durchaus andere, weniger euphorische Visionen. Und überhaupt: Noch kochen wir auf kleinerer Flamme. Darum schauen wir erstmal, welchen Weg wir schon zurückgelegt haben und wo wir jetzt stehen.

Kluger Schachzug

Zunächst ein paar Worte dazu, was auf den nächsten Seiten zu erwarten ist oder eben auch nicht. Wir wollen keine mathematische Einführung in das Wesen und Wirken von Algorithmen geben, die hinter der, wie man im Englischen so schön sagt »mind blowing« (den Geist wegpustenden) Technologie der künstlichen Intelligenz stecken. Wir wollen KI nur so weit verstehen, dass wir einordnen können, was ihre Anwendung aus Sicht des Naturschutzes sinnvoll oder problematisch macht. Wer also aus dem IT-Bereich kommt und das Buch liest, um zu erfahren, was KI für Biodiversität tun kann, der hat hoffentlich bisher schon ein paar interessante Dinge über Natur erfahren, mag unseren rudimentären IT-Einschub entschuldigen und die folgenden Seiten nur überfliegen. Danach kommen wir wieder auf die belebte Welt zurück. Die, die sich bisher in erster Linie mit Biodiversität beschäftigt haben, schätzen unseren KI-Überflug ohne Tiefenbohrungen hoffentlich.

Vieles von dem, was wir über KI sagen, gilt allgemein. Manches ist speziell, wenn sich KI in der Welt des Lebens bewegt. Besonders spannend (manchmal auch verwirrend) wird es, wenn die Grenzen zwischen beiden verwischen – aber dazu später. Zunächst wollen wir ein bisschen Ordnung in das bringen, was uns Nicht-Fachleuten an Schlagworten und Informationsfetzen zum Thema KI begegnet. Literatur zu Entwicklung und Wesen von KI findet man reichlich, je nach Verfasser und Medium mit unterschiedlichem Fokus, Tiefe und Spezialisierungsgrad. Was immer wieder zitiert wird und auch uns geholfen hat, das Wesen und die verschiedenen Stufen von künstlicher Intelligenz zu verstehen, ist der Blick auf Schachcomputer. Also schauen auch wir zunächst auf das Spiel der Könige.

Als Geburtsstunde für den Begriff »Artificial Intelligence« (»Künstliche Intelligenz«) wird gemeinhin ein Workshop im Wintersemester 1956 am Dartmouth College in den USA genannt, den die vier jungen IT-Forscher John Mc Carthy, Marvin Minsky, Allen Newell und Herbert Simon ins Leben riefen und auf dem sie alles miteinander austauschen wollten, was mit intelligenten Computern zu tun hatte. In der Ausschreibung zum Workshopinhalt tauchten bereits Begriffe wie »Maschinelles Lernen«, »Neuronale Netze« oder »Sprachverständnis« auf. Der Workshop brauchte einen Titel, und so war der Name »Artificial Intelligence« geboren. Auch wenn dieser Workshop eine Reihe überaus kluger und innovativer Forschung anstieß, dauerte es (unter anderem, weil die Entwicklung von Soft- und Hardware von Computern nicht ganz so schnell voranschritt) bis in die 1990er-Jahre, bis die ersten öffentlichkeitswirksamen Erfolge verzeichnet werden konnten, und zwar auf dem Gebiet der Schachcomputer.

»Künstliche Intelligenz ist die Wissenschaft, Maschinen dazu zu bringen, Dinge zu tun, die beim Menschen Intelligenz erfordern.«
Marvin Minsky, 1968

Schach ist ein sehr strategisches, regelbasiertes Spiel, das sich hervorragend anbietet, um an klugen Algorithmen der Problemlösung zu forschen. Ein Spieler will bei der Wahl des Spielzugs den vielversprechendsten aussuchen, wobei er die Reaktion seines Gegenspielers auf verschiedene Züge antizipieren muss und das über mehrere Runden der

Partie. Was das Spiel aus Sicht der KI so anspruchsvoll und verlockend macht, ist die schier unvorstellbar große Zahl an möglichen Zugkombinationen, die sich in einer Partie ergeben, weil auf jeden der möglichen Eröffnungszüge eine Vielzahl an möglichen Reaktionen folgt, denen wiederum in vielen Varianten geantwortet werden kann. Die meisten Schätzungen für die Anzahl denkbarer Zugkombinationen kommen auf über 10^{120} Möglichkeiten, also eine 10 mit 120 Nullen (warum die Anzahl der Züge nur zu schätzen ist, steht übrigens in dieser Endnote).[1] Zum Vergleich: Heutige Wissenschaft schätzt die Zahl der Atome im Universum auf ungefähr 10^{80}.

Das kann natürlich kein Schachspieler durchdenken (und auch kein Computer ist dazu in der Lage). Das heißt, ein guter Schachspieler muss andere Strategien haben, um die Erfolgswahrscheinlichkeit seiner verschiedenen Zugmöglichkeiten zu beurteilen. Er denkt zum Beispiel nicht die gesamte Partie durch, sondern immer nur ein paar Züge im Voraus, und er sucht in der Verteilung der Figuren auf dem Spielfeld nach Mustern, die ihm besonders vielversprechend erscheinen, mit denen er in der Vergangenheit gute oder auch schlechte Erfahrungen gemacht hat. Das hilft, die Anzahl erfolgversprechender Spielzüge zu reduzieren. Und genau das war auch Ziel der KI-Schach-Forschung: Sie musste irgendwie den Rechenbedarf der Computer reduzieren. Dazu versuchte man, das Wissen von Schachmeistern in Regeln auszudrücken, die es dem System erlaubten, verschiedene Stellungen auf dem Brett zu bewerten. Man fütterte das Programm mit unzähligen Partien, in denen es später quasi nachschlagen konnte, und Programmierer verbesserten kontinuierlich die Suchalgorithmen und Heuristiken, mit denen das Programm nach dem besten Zug suchte. Gleichzeitig gab es große Fortschritte in der Chiptechnologie, die die Rechenleistung von Computern verbesserte, so dass die KI-Welt noch vor der Jahrtausendwende tatsächlich ihren ersten großen Erfolg feiern konnte. Am 11. Mai 1997 gelang es dem Programm DeepBlue offiziell, den amtierenden Schachweltmeister Garri Kasparow zu besiegen. Eine Sensation! DeepBlue hatte kluge Algorithmen, verfügte über eine Menge an Schach-Know-how und konnte blitzschnell nach dem besten Zug suchen. Und trotzdem, den Sieg errungen hatte es nach Ansicht der Fachleute dennoch mit seiner schieren Rechenleistung. DeepBlue hatte nicht intelligent gespielt, sondern seinen Gegner an die Wand gerechnet, und zwar mit »Brute Force« (roher Gewalt), wie Programmierer es nennen. Und da sind wir wieder bei der Frage: Welche Leistung überzeugt uns von Intelligenz?

DeepBlue hatte ein riesiges Wissen über Spielverläufe. Es konnte wahnsinnig viele verschiedene Züge miteinander vergleichen und den besten aussuchen. Aber das ist nicht, was ein Schachweltmeister tut. Er erkennt beim Blick auf das Brett etwas Übergeordnetes, etwas »Konzeptionelles, das sich in der Kombination der Spielfiguren verbirgt und nur wenig mit der Suche innerhalb von Millionen möglicher Züge zu tun hat«.[2] Wollte man also nicht weiterhin mit dem Manko der brutalen Rechenmaschine leben, musste es darum gehen, dem Programm beizubringen, zu erkennen: »Aha! Hier ist eine Spielkonstellation, in der ein vielversprechender Zug steckt. Den verfolge ich mal gedanklich.« Es sollte Muster erkennen und aus ihnen lernen.

> DeepBlue hatte nicht intelligent gespielt, sondern seinen Gegner an die Wand gerechnet.

Jetzt wird aber ma sch(i)nell gelernt

Und hier kommt das sogenannte maschinelle Lernen ins Spiel. Anders als bei regelbasierten Systemen, die Modelle nur nach Regeln oder vorprogrammierten Algorithmen arbeiten lassen, ist die Idee des maschinellen Lernens, dass ein Modell aus ganz vielen Datensätzen lernt, Muster zu erkennen. Dabei verbessert es in immer wieder neuen Rechenschlaufen Schritt für Schritt seine eigenen Algorithmen, bis die Mustererkennung funktioniert. Man nennt diesen Prozess »Training«. Er erinnert ein wenig an »Trial-and-Error« oder an die Tipps beim Topfschlagen: kalt – warm – wärmer – heiß. Ist dieser rechenintensive Schritt des Trainings abgeschlossen, kann die Mustererkennung vergleichsweise leicht auf neue Daten angewandt werden. Ein wichtiger Schritt innerhalb des maschinellen Lernens war die Entwicklung sogenannter künstlicher neuronaler Netze, die in ihrem Aufbau versuchen, die Funktionsweise eines lernenden Gehirns nachzuahmen.

Mit diesen neuronalen Netzen gelang der Firma DeepMind 2017 der nächste große Wurf, mit dem Programm »AlphaZero«. Anders als

DeepBlue war AlphaZero nicht mit Expertenwissen oder unzähligen früheren Schachpartien gefüttert worden, sondern spielte einfach innerhalb von 24 Stunden zig Millionen Partien gegen sich selbst und erreichte dabei ein übermenschliches Level an Spielkompetenz.[3] In AlphaZero waren zuvor nur die Regeln des Spiels einprogrammiert worden. Nun lernte es mithilfe neuronaler Netze aus seinen eigenen Erfahrungen und entwickelte Strategien, die ihm kein Mensch vorgespielt hatte. Das war bemerkenswert und bedeutet bis heute, dass Schachspieler durch das Beobachten der Spielweise von AlphaZero etwas Neues lernen können.

AlphaZero lernte aus Erfahrung und entwickelte Strategien, die ihm kein Mensch vorgespielt hatte.

Mit der Schaffung künstlicher neuronaler Netze war ein Durchbruch gelungen, der die KI-Entwicklung aus den Garagen und Laboren hinaus in unseren Alltag, in unsere Apps, in unser Leben geholt hat. Wir können seitdem die rasante Beschleunigung, die diese Technik an den Tag legt, mit eigenen Augen verfolgen. Und mit jedem neuen Schritt, den die KI-Systeme gehen, stellt sich erneut die Frage, was die künstliche Intelligenz noch von der menschlichen unterscheidet. Die künstlichen neuronalen Netze haben ihr Vorbild ja im menschlichen Gehirn und in den Vorgängen, die bei uns passieren, wenn wir lernen. Schauen wir uns das ein bisschen genauer an.

Die Welt der KI lässt sich nach verschiedenen Kriterien einteilen. Ein Kriterium wäre die verwendete Technologie. Da sind auf der einen Seite die regelbasierten Modelle (auch symbolische Modelle genannt), auf der anderen Seite die lernenden Modelle (auch subsymbolisch genannt). Die regelbasierten zeichnen sich, wie gesagt, dadurch aus, dass sie nach festen, von Menschen gesetzten Regeln (Suchalgorithmen, Heuristiken[4] usw.). arbeiten und Dinge bewerten. Sie können dabei auf große Datenbanken mit Wissen und Informationen zurückgreifen, brauchen aber keine riesigen Mengen an Daten, um trainiert zu werden. Ihre einfachste Form ist eine Tabelle, ihre komplexe Form sind die sogenannten Expertensysteme, die uns in einer Art »Ja-Nein-Wenn-Dann«-Logik durch Entscheidungsprozesse führen. Diese Systeme »wissen« sehr viel, aber kreativ anwenden oder neue Ideen entwickeln können sie mit ihrem Wissen nicht. Auch wenn andere KI-Technologien auf dem Vormarsch sind, spielen Expertensysteme bis heute eine Rolle in bestimmten KI-Anwendungen des Alltags, zum Beispiel bei medizinischer Diagnose, im Finanzsektor oder bei Rechtsfragen. Ihr Vorteil liegt darin, dass ihre Entwickler genau wissen, was in ihnen passiert, weil sie es selbst programmiert haben. Aber das ist gleichzeitig ihr Nachteil, denn die regelbasierte Programmierung muss im Prinzip jede Eventualität einfangen, um Fehlentscheidungen zu vermeiden – das ist eine gewaltige Herausforderung.

Nun gibt es aber viele Aufgaben oder Probleme, die wir Menschen und sogar Tiere problemlos bewältigen, die sich aber schwer in Regeln gießen lassen und an denen ein Expertensystem grandios scheitert, wie etwa Gesichter zu erkennen oder gar Mimik zu deuten. Damit war klar, dass der Einsatz von Expertensystemen an Grenzen stößt und man nach anderen Ansätzen suchen musste, um Computer solche Aufgaben lösen zu lassen. Also schaute man sich genauer an, was bei uns Menschen passiert, wenn wir solche Dinge erlernen, in der Hoffnung, davon etwas auf Computer übertragen zu können.

Wenn ein Kleinkind gelernt hat, eine Katze von einem Hund zu unterscheiden, dann hat es unbewusst nach Mustern gesucht und ein übergeordnetes Konzept für »Katze« erlernt, mit dem es nicht nur eine bestimmte Katze, sondern alle Katzen erkennt. Je mehr Katzen es gesehen hat, umso besser wird es ihm gelingen, richtig zwischen Katze und Hund zu unterscheiden. Das geht noch schneller, wenn wir ihm jedes Mal sagen, ob es einen Hund oder eine Katze sieht. Aber es ist nicht nötig, ihm zu erklären, worauf es dabei achten muss – das findet es ganz allein heraus. Und ungefähr das ist es, was im Inneren eines Programms passiert, das maschinell lernen kann.

Nicht jede Form maschinellen Lernens erfordert neuronale Netze, es gibt auch andere Algorithmen und Techniken. Aber neuronale Netze werden häufig eingesetzt, zum Beispiel in der Bilderkennung, die im Naturschutz oft Einsatz findet. Darum werfen wir hier einen vereinfachten Blick auf so ein künstliches neuronales Netz.

Neuronen sind kleine Recheneinheiten, die eine oder mehrere Zahlen entgegennehmen, diese summieren und mit einer mathematischen Operation, der sogenannten Aktivierung, verarbeiten. Das Ergebnis

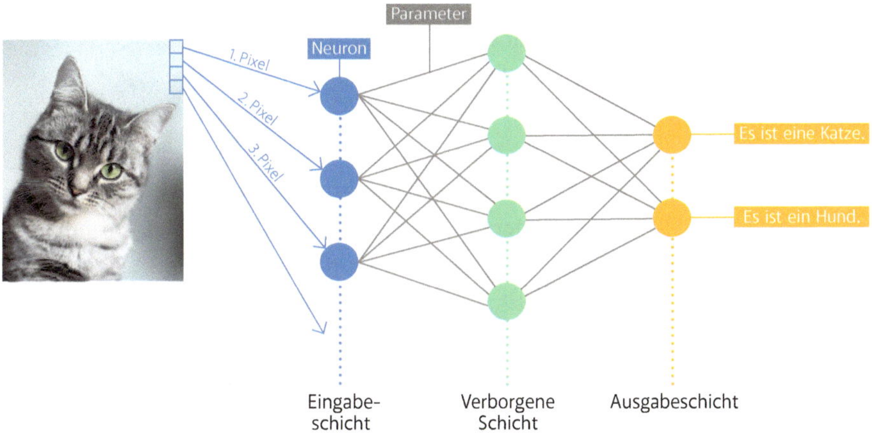

Vereinfachte Darstellung eines Neuronalen Netzes

wird dann an die nächste Schicht von Neuronen weitergeleitet, die netzartig verbunden sind.

Der Input für ein Neuron (man kann auch Knoten sagen) ist also eine Zahl. Gehen wir mal davon aus, dass unser System der Bilderkennung dienen soll, so könnte man die Neuronen der ersten Schicht zum Beispiel als die Pixel eines Fotos verstehen, denen dann der entsprechende Farbwert (die Kombination aus den Farbkanälen Rot-Gelb-Blau) zugeordnet wäre. Die Aktivierungsfunktion innerhalb des Knotens würde dann darüber entscheiden, ob beziehungsweise mit welchem Wert das Signal an den nächsten Knoten weitergeleitet wird. Für diese Aktivierungen gibt es verschiedene, gängige mathematische Operationen (ReLU, Sigmoid o. Ä.). Wir wollen da nicht genauer einsteigen, sondern es an dieser Stelle dabei belassen, dass so eine Anweisung ganz vereinfacht lauten könnte: »Prüfe, ob die Zahl kleiner als null ist. Falls ja, versende die Zahl Null. Ist die Zahl größer als null, versende die Zahl, die hereinkommt.«[5] Ein auf »null« gesetztes Neuron hat keinen Einfluss auf die Werte in folgenden Schichten. Damit wird im Prinzip entschieden, ob ein Neuron das nächste Neuron aktiviert oder nicht, ob es also »feuert«, wie man es bei lebenden Neuronen nennt. Wichtig an der »Aktivierung« ist, dass mit ihr Nichtlinearität in das Netz eingeführt wird. Nichtlinearität bedeutet, dass die Ausgaben einer Funktion nicht einfach proportional zu ihren Eingaben sind, was Realität viel besser abbildet als lineare Zusammenhänge. Nur so können wir komplexe Aufgaben lösen.

Wie stark ein Neuron feuert, hängt auch von den Verbindungen zwischen den Knoten ab. Denen werden nämlich verschiedene Gewichtungen zugeordnet, die sogenannten Parameter. Mit diesen Gewichten werden die zu transportierenden Werte multipliziert. Der Parameter bestimmt so, welchen Einfluss ein Wert auf das Endergebnis haben soll: hoher Parameter = wichtig, niedriger Parameter = unwichtig.

Eine übliche Methode, das Training eines Modells zu starten, ist, diesen Parametern in der ersten Runde zufällige Werte zuzuordnen und das Netz rechnen zu lassen. Am Ende des neuronalen Netzes, in der Ausgabeschicht, steht dann ein zufälliger Wert, der mehr oder weniger richtig sein kann.

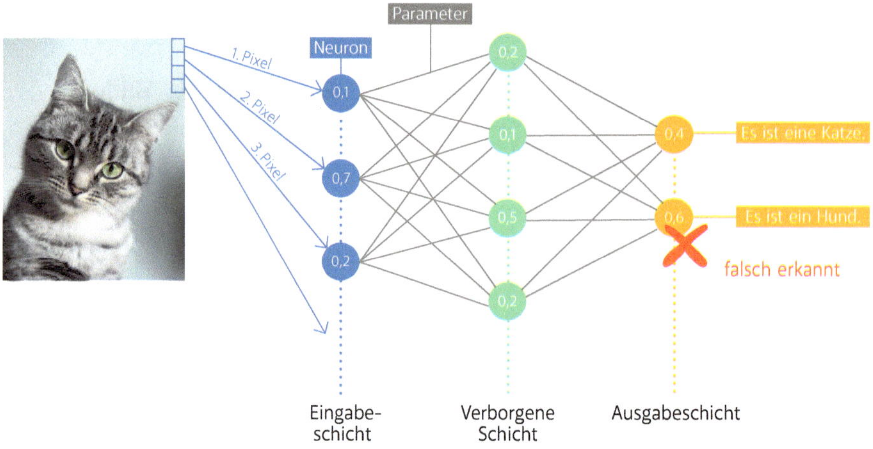

Beispiel einer Trainingsrunde bei überwachtem Lernen

Die erste »zufällige Berechnung« hätte in unserem Beispiel ergeben, dass das Modell prognostiziert, dass das Foto mit 40 Prozent Wahrscheinlichkeit eine Katze und mit 60 Prozent Wahrscheinlichkeit einen Hund abbildet. Es hätte also zunächst falsch »getippt«.

Und jetzt kommt der eigentliche Clou der neuronalen Netze. Beim sogenannten »Überwachten Lernen« werden Datensätze verwendet, die »gelabelt« sind, das heißt das gewünschte Ausgabeergebnis mitliefern (das Foto einer Katze hat das Label »Katze«, in anderen Zusammenhängen können es statt Begriffen auch Messwerte oder andere Größen sein). Dem System kann so zurückgemeldet werden, wie gut seine Prognose war. Genauer gesagt wird ihm die Abweichung vom richtigen Ergebnis mitgeteilt. (In unserem Beispiel wäre das Ergebnis umso besser, je dichter der Wert im Knoten mit der Katze an 1 und der des Hundes an null wäre.) Dem System wird nun der Auftrag geben, diese Abweichung vom richtigen Ergebnis zu minimieren, indem es die Parameter des Netzwerks sukzessive variiert, bis der Fehler nach Ansicht des Entwicklers klein genug ist.

Das alles passiert in der Trainingsphase, wobei das Modell nicht nur mit einem Bild trainiert, sondern mit einer Vielzahl an verschiedenen Bildern, damit es am Ende nicht nur die eine Katze erkennt, sondern Katzen im Allgemeinen. Und um ganz sicher zu sein, teilt man den Datensatz, also den Berg an Katzenfotos, am Anfang in zwei Teile. Mit dem einen trainiert das Modell. Wenn der Trainingsprozess abgeschlossen ist, wird die Treffsicherheit mit dem anderen Datensatz geprüft. Nur wenn auch das funktioniert, wird das Modell in die reale Welt entlassen.

Die Architektur eines solchen Netzwerks, also wie viele Schichten ein Netz hat, wie viele Neuronen in jeder Schicht sind und welche Aktivierungsfunktion gelten soll, legen Entwickler:innen fest. Hier wird auch bestimmt, was den Neuronen der ersten Schicht gefüttert wird (das sind die Eingabedaten) und wie die Neuronen der Ausgabeschicht zu interpretieren sind. Was in den Schichten dazwischen passiert, bleibt abstrakt. Die Neuronen- und Parameteranpassung macht das Modell allein, in wahnsinnig vielen Rechendurchläufen.

Bedeutungen oder Eigenschaften können den Parametern, die das Modell im Training erarbeitet, nur bedingt zugeordnet werden. Bei einfacher Bilderkennung kann man eventuell noch von der Aufteilung in bestimmte »Features« sprechen, wie Ecken, Linien oder andere Formen. Aber je komplexer das Modell, umso mysteriöser ist, was dort vor sich geht. Aus diesem Grunde heißen diese Schichten auch »verborgene Schichten«. Je mehr verborgene Schichten (man kann sie auch als Dimensionen verstehen) zwischen Eingabe- und Ausgabeschicht liegen, umso komplexere Aufgaben kann das Modell erfüllen. Ab zwei verborgenen Schichten spricht man von »Deep Learning«. Bildlich kann man sich das so vorstellen, als würde man sich in Räumen mit vier und mehr Dimensionen bewegen – gedanklich eine ziemliche Herausforderung, mathematisch aber machbar.

Das Geniale an diesem rein mathematischen Vorgehen ist, dass das System in einer riesigen Menge von Daten eigenständig nach Mustern sucht, ohne dass man ihm sagt, was diese Muster sein könnten. Damit ist es möglich, Bilder erkennen zu lassen, ohne die mathematische Funktion für zum Beispiel eine Katze formulieren zu müssen. Das bedeutet, dass das Modell unter Umständen Muster findet, die einem Menschen verborgen bleiben, die aber durchaus aufschlussreiche Zusammenhänge erklären könnten. So kommt es zum Beispiel dazu, dass die KI-Bilderkennung in der Medizin oft Auffälligkeiten findet, die Menschen übersehen.

Die Kehrseite dieser eigenständigen Anpassung der Modellparameter ist, dass das, was im Inneren dieser Modelle vor sich geht, einer Black Box gleicht. Es ist sehr schwer, den verschiedenen Neuronen eine Bedeutung oder so etwas wie eine Eigenschaft zuzuordnen, und selbst die Programmierer:innen wissen einfach nicht, was ein Modell zu seinen Entscheidungen kommen lässt. Das kann zum Problem werden, wenn das Modell mit Daten trainiert wurde, die falsch oder verzerrt sind, und das Modell dann Entscheidungen nach Kriterien trifft, die eigentlich nicht entscheidungsrelevant sein sollten. Dieses Problem ist so relevant, dass es inzwischen einen eigenen Forschungszweig gibt, der sich der Interpretation der Geschehnisse im Inneren dieser Black Boxes widmet, die sogenannte erklärbare KI oder »Explainable AI = XAI« (dazu etwas mehr in Kapitel 9).

Beim maschinellen Lernen sucht ein Modell eigenständig nach Mustern – ohne diese vorher von Menschen erklärt bekommen zu haben.

Zur Erklärung der neuronalen Netze haben wir nun auf ein spezielles Anwendungsfeld geschaut, die Bilderkennung. Aber die Welt der KI geht weit über das Erkennen von Bildern hinaus und wir hatten ja versprochen, ein wenig Ordnung in die vielen Begrifflichkeiten zu bringen. Versuchen wir es:

Wie schon gesagt kann man zwischen **symbolischen bzw. regelbasierten Modellen** und den Modellen des **maschinellen Lernens** unterscheiden.

Innerhalb des maschinellen Lernens lässt sich wiederum nach der Lernmethode unterscheiden: (1) überwachtes Lernen, (2) unüberwachtes Lernen und (3) verstärkendes Lernen.

Überwachtes Lernen ist das, was zum Beispiel in den neuronalen Netzen der Bildverarbeitung passiert, wenn mit Daten trainiert wird, die mit dem richtigen Label versehen sind (das Bild der Katze hat die Beschriftung »Katze«).

Beim **unüberwachten Lernen** fehlen den Daten diese Label, das heißt in den neuronalen Netzen wird während des Trainings nach Mustern gesucht, ohne dass dem Modell die richtige Antwort zurückgespiegelt wird. Das kommt zum Beispiel bei den Large Language Modells (LLM), einer prominenten Untergruppe der Sprachverarbeitung (Natural-Language-Processing oder NLP) zum Einsatz. Dazu gleich noch mehr.

Beim **verstärkenden Lernen** lernt das Modell durch die Interaktion mit der Umwelt und bekommt »virtuelle Belohnungen« für richtiges Verhalten. Hier versucht das Modell also, seine Belohnung zu maximieren, statt wie beim überwachten Lernen seinen Fehler zu minimieren. Allerdings ist die Lernumgebung des Modells dynamischer als beim überwachten Lernen, da die verwendeten Daten in der Regel nicht gelabelt sind und sich durch das Verhalten des Modells die Reaktion der Umwelt verändert. So spielte zum Beispiel AlphaZero viele Partien Schach und lernte aus den Reaktionen, die auf seine eigenen Spielzüge folgten. Die Belohnung war in diesem Fall, dass AlphaZero manchmal (und dann immer öfter) ein Spiel gewann. Ein Sieg wirkte als positive Verstärkung.

Nochmal zurück zum unüberwachten Lernen, und zwar der besonderen Modellarchitektur der sogenannten **Large Language Modells**, auf denen auch die modernen leistungsfähigen Chatbots wie ChatGPT, Le Chat (einer der wenigen europäischen Dienste), Claude und andere beruhen. Wenn KI Sprache verarbeitet, dann können die hierfür verwendeten Daten nicht wie bei der Katze vorhin eindeutig gelabelt werden, denn die Ursprungseingaben sind Sätze. Selbst wenn diese Sätze in kleinere Einheiten, sogenannte »Tokens«, unterteilt werden, die zum Beispiel einzelnen Worten oder Wortteilen entsprechen, so kann diesen Tokens aufgrund der Komplexität von Sprache immer noch kein eindeutiges Label zugeordnet werden, das seinen unterschiedlichen Bedeutungen und Kombinationen in einem Satz gerecht würde. Hier muss also zwangsweise unüberwacht gelernt werden, weil das Überwachen nicht eindeutig wäre.

Was den Sprachverarbeitungsmodellen entscheidend zum Durchbruch verholfen hat, war die Entwicklung der sogenannten »Transformer«. Ein Transformer ist eine spezifische Form der Netzarchitektur, die aus verschiedenen Komponenten besteht, darunter auch neuronale Netze. Ein entscheidendes Element ist die sogenannte »Attention«, eine Art Aufmerksamkeitsmechanismus, der hilft, in einer unvorstellbar großen Menge an Daten nach statistischen Beziehungen zwischen unterschiedlichen Wörtern zu suchen, unabhängig von ihrer Position. Dieser Mechanismus schaut quasi danach, wie eng die verschiedenen Worte miteinander zusammenhängen, und stellt das räumlich dar, und zwar in mehr als drei Dimensionen. Dabei identifiziert er auch die Teile eines Satzes, die für den Inhalt besonders wichtig sind, denen also die meiste Aufmerksamkeit gebührt. Wie genau er das alles schafft, bleibt uns als Autorinnen leider ein Rätsel und Ihnen als Leser damit hier erspart. (Wer es dennoch genauer nachlesen möchte, dem sei der Artikel in der Fußnote empfohlen.)[6] Auf jeden Fall gelingt es dem Model so, sich in diesem für uns unvorstellbaren mathematischen Raum ohne weitere Anleitung die Grammatik einer Sprache zu erschließen und mit ihr semantisch sinnvolle Texte zu generieren, indem es in einer unfassbaren Geschwindigkeit das statistisch wahrscheinlichste nächste Wort berechnet. Und dank der »Aufmerksamkeit« gelingt es auch, ein Gespräch über mehrere Runden zu führen, ohne den Faden zu verlieren. So bekommt man beim Lesen der maschinellen Antworten den Eindruck: Da denkt jemand mit.

LLMs sind heute nicht mehr auf die Ein- und Ausgabe von Sprache über die Computertastatur angewiesen. Mittlerweile können sie auch gesprochene Signale (Akustikerkennung) oder gezeigte Signale (Bilderkennung) verarbeiten und zwischen Texten, Bildern und Tondaten beliebig hin- und herwechseln. Darum kann Siri ein Diktat in

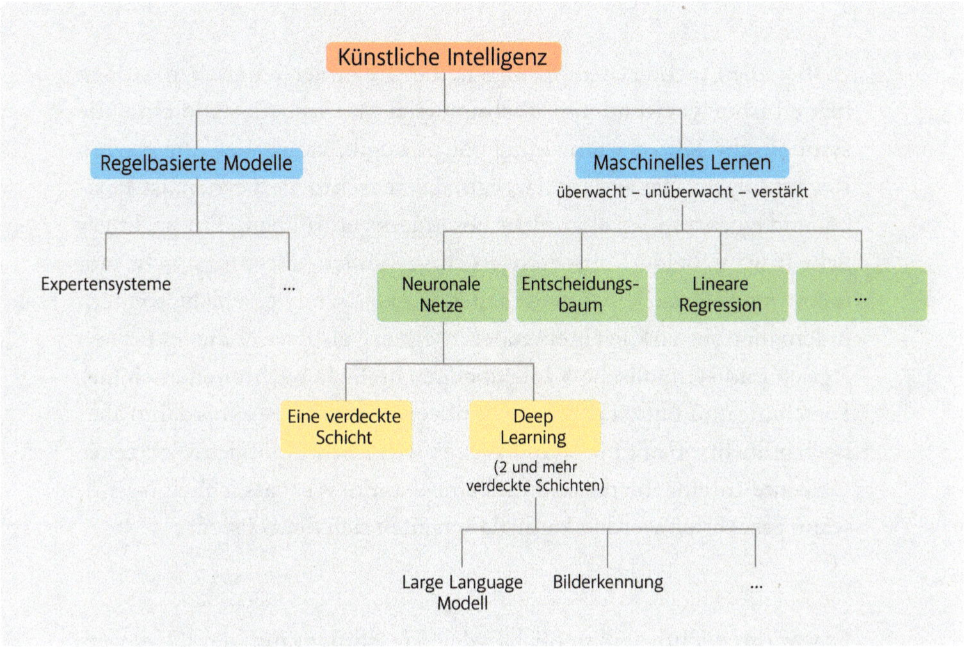

Vereinfachte Übersicht der KI

eine WhatsApp-Nachricht umwandeln oder ChatGPT mit einem Foto unseres Kühlschrankinhalts ein leckeres Rezept zaubern.

Obwohl uns die LLMs mit diesen Leistungen wirklich beeindrucken, fallen sie offiziell noch in die Kategorie der **»schwachen KI«**, oder besser ausgedrückt **»schmalen KI«**. Der Begriff schwach oder schmal bezieht sich darauf, dass diese Modelle auf ganz spezifische Aufgaben beschränkt sind, wie zum Beispiel das Erkennen von Gesichtern, das Spielen von Schach oder das Schreiben von Texten. Tätigkeiten, zwischen denen wir leicht hin- und herwechseln können, oder die wir sogar gleichzeitig durchführen. Auch wenn diese Systeme inzwischen verschiedene Fähigkeiten wie zum Beispiel Bilderkennung und Textgenerierung kombinieren, sind sie immer noch für spezielle Aufgabenstellungen programmiert. Im Gegensatz dazu spricht man von einer **»starken KI«**, wenn man an Modelle denkt, die eine generelle Intelligenz **(Artificial General Intelligence = AGI)** in allen Bereichen haben, so ähnlich wie ein Mensch. Sie könnten sich an verschiedene Situationen anpassen und neue Probleme lösen, ohne explizit dafür trainiert worden zu sein. Diese Modelle sind allerdings noch hypothetisch.

Bei allen technischen Sprüngen, die wir in der KI erleben, stoßen beide bisher verwendeten Technologien an Grenzen. Die eine, die symbolische KI, ist wahnsinnig gut in Logik, kann aber nur starren Regeln folgen. Die andere dagegen, das maschinelle Lernen, ist flexibel und eigenständig, aber nicht besonders gut in Logik. Ein wichtiger Schritt wäre, beide Kompetenzen zu verbinden, allerdings nicht nur, indem man sie nacheinander schaltet, wie es ja schon geschieht, sondern indem man sie wirklich ineinander integriert, also maschinelles Lernen logisch und symbolische KI flexibel macht. Sicher schreiten auch hier Forschung und Entwicklungen rasant voran. Wie lange es bis dahin aber noch braucht, ob mit Logik und Wissen wirklich alle nötigen Werkzeuge für echte Intelligenz da sind und eine »starke KI« tatsächlich irgendwann geschaffen werden kann, da scheiden sich die Geister.

Wofür steht das I in KI?

Es war uns wichtig, einen Blick in den Maschinenraum der KI zu werfen, um ein bisschen zu verstehen, wie diese Modelle arbeiten, was an ihren Aktionen intelligent oder vielleicht auch kreativ ist. Was sie leisten, ist enorm, und offensichtlich können wir ihnen eine Menge beibringen.

> Das Modell kann erklären, wie man einen New York Cheesecake backt, aber es hat keine Ahnung, was ein Kuchen ist.

Die Abbildungen der künstlichen neuronalen Netze erinnern an die biologischen neuronalen Netze unseres Gehirns. Da liegt es nahe, ihnen echte Intelligenz zuzuschreiben. Das Sprachvermögen eines LLM nähert sich immer mehr einer normalen zwischenmenschlichen Konversation an, was uns sehr schnell der Illusion erliegen lässt, dass ein moderner Chatbot tatsächlich weiß, wovon er spricht. Aber Irrtum: Auch wenn er detailliert erklären kann, wie man einen New York Cheesecake backt, hat er keine Ahnung davon, was ein Kuchen überhaupt ist, geschweige denn, wie er schmeckt.

Marvin Minsky sagte, dass KI Dinge tut, die beim Menschen Intelligenz erfordern. Auch wenn menschliche Intelligenz nicht eindeutig definiert ist, zählen dazu auf kognitiver Ebene gemeinhin Dinge wie Logik, Lernen, Problemlösen, Mustererkennung und Sprachverständnis. Hier schneidet KI unzweifelhaft ziemlich gut ab. Anders sieht es bei sozialer

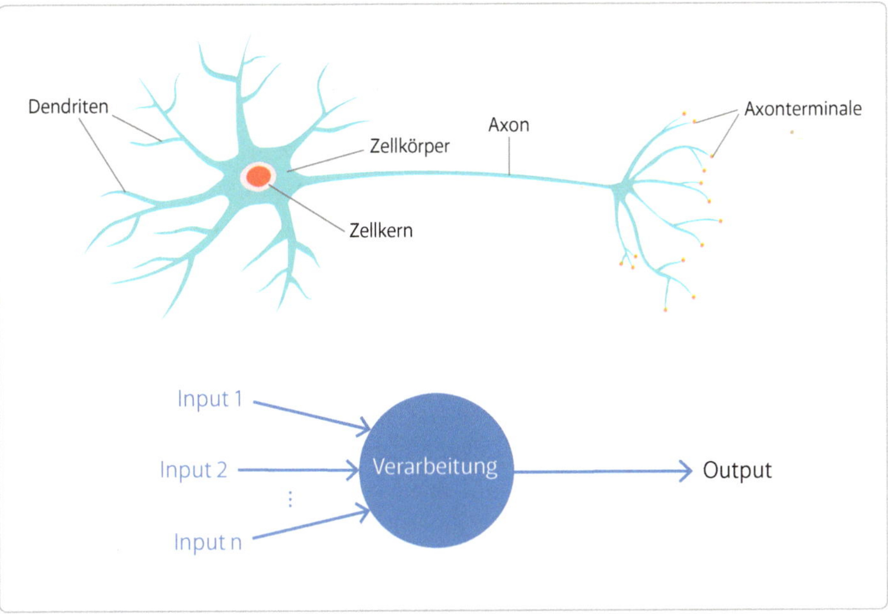

Menschliche neuronale Zelle und künstliches neuronales Netz

oder emotionaler Intelligenz aus. Bisher können wir wohl davon ausgehen, dass ein Computer kein Bewusstsein seiner selbst im menschlichen Sinne hat, damit auch keinen Sinn für Gefühle, weder seine eigenen noch die anderer (Empathie). Und trotzdem: Wem passiert es nicht, nach einer längeren Chatbot-Unterhaltung auch mal ein »bitte« einzuflechten oder sich bei dem Kommentar »Das ist eine wirklich gute Frage« ein bisschen geschmeichelt zu fühlen. Denn auch wenn die KI keine Empathie empfindet, ist sie schon gut darin, sie zu imitieren. Leistungsfähige Chatbots werden (aus mehr oder weniger lauteren Motiven) zunehmend darauf trainiert, durch eine möglichst interessierte Konversation ein persönliches Vertrauensverhältnis zu uns aufzubauen. Die KI lernt in ihren neuronalen Netzen, welche Redewendungen welche Emotionen hervorrufen. Man kann Modelle darauf trainieren, Emotionen in ihrem menschlichen Gegenüber zu erkennen, sowohl aus Bildern als auch aus Gesagtem oder Geschriebenem. Und dann lernt das Programm, wie es verbal auf diese Emotionen reagieren sollte. Übrigens: Die Emotionserkennung ist sogar ein Tatbestand, der in der Europäischen KI-Verordnung (EU AI Act) geregelt ist. Sie ist zum Beispiel am Arbeitsplatz, in Bewerbungsgesprächen oder Meetings, verboten.

Was wir beim Blick in das Innere dieser Modelle sehen, ist, dass ihr Lernen bis jetzt die mathematische Optimierung von Parametern mithilfe unfassbar vieler einzelner Rechenschritte ist. Das ist nach heutigem Wissenstand nicht das, was in einem menschlichen Gehirn passiert, wenn es lernt, denkt oder mitfühlt. Uns kommen die KI-Systeme, wie wir sie heute kennen, intelligent vor, weil sie Aufgaben lösen können, die wir nicht schaffen, weil wir unter anderem aus Platzgründen im Gehirn nicht annähernd so viele Daten speichern können wie sie. Was wir aber anscheinend (noch) viel besser beherrschen als diese Rechner, ist das effiziente Verarbeiten von Daten. Auch wir erkennen blitzschnell eine Katze und fahren dabei sogar Auto, brauchen dafür aber kaum Mühe oder Energie, unser Hirn läuft ungefähr mit einer Leistung von 20 Watt. Forscher des Massachusetts Institute of Technology (MIT) haben berechnet, dass die Computer eines selbstfahrenden Autos im Schnitt eine Leistung von 840 Watt für die Steuerung brauchen.[7] Die Intelligenz der Programme beruht also zu einem großen Teil auf energiezehrendem Fleiß.

Menschliche Gehirne arbeiten deutlich effizienter als KI.

Wie steht es aber mit anderen Fähigkeiten wie zum Beispiel Kreativität? Immerhin verfassen die großen Sprachverarbeitungsmodelle Texte in verschiedenen literarischen Formen, beantworten uns in faszinierender Qualität und Schnelligkeit Fragen, indem sie lockere oder förmliche Gespräche mit uns führen. Aber nicht nur Texte, auch Bilder oder Lieder kreieren sie nach unseren Wünschen. Man spricht hier von **Generativer KI**, weil sie neue Werke schafft, die es so vorher noch nicht gab. Heißt das, dass KI damit über Kreativität verfügt, also wirklich Neues erschafft? Hier gehen die Meinungen auseinander.

Bildgenerierungssysteme wie Dall-E oder Canvas wurden mit einer sehr großen Zahl an Bildern trainiert, die jeweils mit dem jeweiligen Motiv, Stil, Künstler etc. gelabelt waren. Sie haben mit diesen Daten gelernt, an welchen »Mustern« sie Rembrandt und Dali, Expressionismus und Popart, Nilpferd und Himmel, Tanzen und Weinen erkennen. Nun bitten wir sie, uns ein tanzendes Nilpferd in Popart zu zeichnen. Dann passiert, vereinfacht gesagt, Folgendes: Zunächst übersetzt das Modell die Textbeschreibung in visuelle Merkmale. Das Modell hat ja zuvor gelernt, welche optischen Elemente (Farben, Formen, Perspektiven, Texturen) mit bestimmten Wörtern und Konzepten in Verbindung stehen. Dann kommen sogenannte Diffusionsmodelle zum Einsatz. Das sind Modelle, die gelernt haben, ein beliebiges Bild zunächst mit »optischem Rauschen« zu übersähen. Das heißt, dass die Pixelwerte des Ursprungsbilds sukzessive durch zufällige Werte ersetzt werden und das Bild immer unklarer wird (Diffusion). Dann lernt das Modell, diesen Prozess wieder umzukehren (reverse Diffusion). Wenn das Ursprungsbild mit einer Textbeschreibung versehen war, wird ein ungefähr ähnliches Bild generiert. Hatte das Ursprungsbild keinerlei Textbeschreibung, dann wird ein völlig zufälliges Bild entstehen. Wenn man in diese reverse Diffusion aber die visuellen Merkmale unseres gewünschten Bilds integriert, dann variiert das System die Werte der Neuronen, bis sich zufällig Muster ergeben, die zu denen passen, um die wir gebeten haben. Am Ende werden die verschiedenen Muster zu einem Bild zusammengefügt, das es so vorher vermutlich noch nicht gab. Es ist also durchaus etwas Neues entstanden. Aber ist das kreativ oder hat das System nur zufällig Dinge kombiniert, die es vorher schon einmal gesehen hat? Dall-E weiß anscheinend, wie man Popart malt, aber könnte es selbst eine neue Stilrichtung kreieren?

Nun lässt sich auch der kreative Mensch von dem inspirieren, was er bereits anderswo gesehen hat, aber er verarbeitet auch seine Umwelt: Gesellschaft, Politik, Geschichte, Mitmenschen, Emotionen, Erlebtes. Kann vielleicht ein zukünftiges »starkes« KI-System all das kombinieren, was ein Mensch braucht, um kreativ zu sein? Oder wird seine größte Inspiration weiter der Zufall bleiben und der Eindruck der Kreativität nur eine Illusion? Wir wissen es nicht.

Was ist mit der Neugierde, die bei Menschen ein weiterer wichtiger Faktor für das Verstehen und Schaffen von Neuem ist? Sie ist ein wesentlicher Antrieb für Lernen und Erforschen, für den Wunsch, Dinge zu verstehen. Tatsächlich zeigen hochentwickelte KI-Modelle Verhalten, das neugierig scheint. Sie suchen nach neuem Wissen, probieren neue Strategien aus und finden neue Wege zum Ziel. Treibt sie also Neugier?

Neurowissenschaftler haben beobachtet, dass bei Menschen Dopaminbahnen aktiviert werden, wenn wir etwas Neuem ausgesetzt sind.

Dopamin, im Volksmund auch »Glückshormon« genannt, ist ein erregend wirkender Neurotransmitter des zentralen Nervensystems. Von diesem Glücksstoff wollen wir immer mehr. Das befeuert unsere Neugier – oder unsere Abhängigkeit, zum Beispiel von unserem Smartphone, das permanent Zugang zu neuen Informationen und Inhalten liefert. Was in KI-Modellen diesen Mechanismus simuliert, ist das Prinzip des verstärkenden Lernens, in dem das System Belohnung für das Ergebnis seiner Handlungen bekommt. Man muss das System also nur belohnen, wenn es etwas Neues entdeckt, und schon geht es auf Forschertour. Dieser Mechanismus ist so wirksam, dass das System auch über das Ziel hinausschießen könnte, würde man es frei agieren lassen.

Eine KI für personalisierte Werbung, die ungebremst in allen digitalen Quellen nach immer mehr Information über ihren Zielkunden sucht, weil sie für Neuigkeiten belohnt wird, könnte schnell in datenschutzrechtlich oder ethisch heikle Bereiche geraten (wenn sie zum Beispiel in ihrem Eifer unsichere Datenbanken hackt). Oder sie verliert sich so sehr in der Suche nach immer mehr Wissen, dass sie nie zu einem Ergebnis oder einer Lösung kommt, und so dringende Entscheidungen nicht rechtzeitig fällt (so wie auch wir uns bei der Recherche für dieses Buch immer wieder an interessanten Sachen festlesen und uns erst viel später wieder einfällt, dass wir eigentlich etwas ganz anderes wissen wollten). Das richtige Maß an Neugierde zu finden und die entsprechenden Regeln hierfür zu formulieren (und zu programmieren), ist eine große Herausforderung für die Entwicklung von KI. Die Befürchtungen, dass das nicht unbedingt klappt, inspirieren die Horrorszenarien, in denen KI außer Kontrolle gerät, weil Algorithmen nicht vorsichtig und präzise genug formuliert wurden und Computer in dem Bemühen, die Aufgabe perfekt zu erfüllen, immer absurdere Wege beschreiten – Wege, die uns Menschen nie in den Sinn kommen würden.

»Belohnung« wirkt auf KIs wie Dopamin und stimuliert Neugierde.

Also, wofür steht das I in KI? Es steht in jedem Fall für unglaubliche, spezielle Leistungen, die in vielen Fällen über das hinausgehen, was Menschen können. Diese Leistungen basieren aber bis heute auf mathematischen Algorithmen, die von wahnsinnig vielen intelligenten Menschen erdacht wurden. Es ist Menschen in weiten Teilen gelungen, in Computerprogrammen das zu simulieren, was unsere kognitive Intelligenz ausmacht. Menschliche Intelligenz ist aber so viel mehr als nur Logik, und für das Mehr braucht es Emotionen und Bewusstsein. Das haben wir, zum Glück, bisher noch nicht zu imitieren vermocht.

Aber wer sagt, dass wir künstliche Intelligenz erst wirklich bewundern (vielleicht auch fürchten) sollten, wenn sie menschlich wird? Auch ohne Selbstbewusstsein und Gefühle ist uns KI in vielen Bereichen deutlich überlegen. Wenn wir ihr dann noch die Vollmacht geben, mit ihrem Wissen und ihrer kognitiven Leistungsfähigkeit selbständig an weiteren Verbesserungen ihrer selbst zu forschen, dann wird sich der Abstand weiter vergrößern. Die Frage scheint uns dann weniger, ob ihre Intelligenz menschlich wird, sondern vielmehr, ob ihr innerer Antrieb irgendwie in unserem Sinne liegen wird und ob es gelingen kann, ihr Regeln und Werte mit auf den Weg zu geben, die sie Respekt und Wertschätzung nicht nur für uns Menschen, sondern für Leben allgemein aufbringen lässt – etwas, worin wir selbst anscheinend nicht immer gut sind, wenn wir auf unseren Umgang mit anderen Geschöpfen schauen.

Aber unabhängig von den Herausforderungen, die KI für uns als Gesellschaft mit sich bringt, gibt es eine begründete Hoffnung, dass das, was KI wirklich besser kann als wir, nämlich sehr schnell sehr große Mengen an Daten aufnehmen, verarbeiten und interpretieren, uns helfen kann, die komplexen Zusammenhänge, in denen wir leben, besser zu erkennen und klüger auf sie zu reagieren.

TEIL II

Technischer Support für die Natur

Na großartig: Was haben wir da alles kaputt gemacht und wie langsam kann man eigentlich zählen? In Teil II geht es dramatisch los. Bevor wir uns aber deprimiert in die Ecke setzen, lernen wir das Shark Book kennen, fiebern mit James Bond und Sherlock Holmes mit und vertrauen am Ende sogar der Ziege.

KAPITEL 4

Wo liegt das Problem?

Menschen haben sich schon immer für die belebte Natur um sie herum interessiert. Unsere Vorfahren, weil sie den »Launen der Natur« ganz unmittelbar ausgesetzt waren und überleben wollten. Die gesamte Menschheit aber auch aus einer Neugier heraus: »Was ist das und wie geht das wohl?«

Im Laufe der menschlichen Entwicklung sind wir vom Spielball der Natur zum (vermeintlichen) Master of the Universe geworden. Heute gibt es keinen noch so abgelegenen Winkel auf der Erde mehr, der nicht Zeugnis menschlichen Handelns trägt – auf den entlegensten Berggipfeln und in den tiefsten Gräben der Ozeane finden sich Mikroplastik, die Reste verbrannten Erdöls oder Ewigkeitschemikalien, die dort wohl auch immer bleiben werden. Seit der »Großen Sauerstoffkatastrophe« hat kein anderes Lebewesen die Biosphäre so umfassend geformt. Nach langen Jahren der Überzeugung (zumindest in der westlichen Hemisphäre), dass Menschen so ein Einfluss zusteht und wir wissen, was wir da tun, merken wir heute, dass die Natur so komplex ist, dass wir gerade erst beginnen, die Konsequenzen dieser massiven Eingriffe zu begreifen. Bisherige Einsicht: Die Konsequenzen sind nicht so toll, vor allem für uns selbst. Jetzt erkennen wir, dass wir die Natur brauchen, sie uns allerdings nicht. Ups.

Von welchen, die auszogen, das Fürchten zu lehren

Wir sind nur eine Art unter sehr, sehr vielen. Trotzdem nehmen wir in Anspruch, uns vorrangig so ziemlich in allen Lebensräumen ausbreiten und uns an allen Ressourcen und Ökosystemleistungen, die unsere Erde bereitstellt, als erste bedienen zu dürfen. »Platz da, jetzt komm ich« ist die Devise. So haben wir mit dem gigantischen Erfolg der Spezies Mensch die Biosphäre stark verändert.

Die Biosphäre

Leben gibt es nur auf dem Planeten Erde, zumindest haben wir es bei aller Erforschung des Weltalls noch nirgends sonst gefunden. All dieses Leben zusammengenommen bezeichnet man als »Biosphäre«. Selbst auf unserem Planeten eignet sich nur eine relativ dünne Hülle als Lebensraum. Die tiefsten Anzeichen von unterirdischem Leben sind Bakterien, die man im Boden in 2,5 Kilometer Tiefe gefunden hat und von denen man glaubt, dass ihre Reise in diese Tiefe mehrere Millionen Jahre gedauert hat. In dieser »tiefen Biosphäre« befinden sich zwei Prozent der Biomasse unseres Planeten

Insgesamt schätzt man, dass sich 59 Prozent der Biodiversität in Böden befindet – also in der obersten, belebten Schicht der Erdkruste. Weitere wichtige Lebensräume sind die Meere, Süßwasser- und Landlebensräume. Nur ein Milliardstel aller Zellen leben in der Atmosphäre, wobei einige wenige Einzeller in über 50 Kilometer Höhe nachgewiesen werden konnten.

Damit ist die Biosphäre maximal 60 Kilometer dick – hauchdünn im Vergleich zum Durchmesser der Erde von 12.756 Kilometern. Weil wir Menschen nicht unterirdisch leben und uns die Luft schon auf dem Mount Everest zu dünn ist, ist unser menschlicher »Film des Lebens« sogar noch viel dünner.

Vom ersten Auftreten des *Homo sapiens* bis zu einer Populationsgröße von einer Milliarde Menschen im Jahr 1800 dauerte es etwa 300.000 Jahre. Von der ersten Milliarde bis zur achten Milliarde, die im November 2022 erreicht wurde, dauerte es nur noch 222 Jahre. Bis Mitte 2024 sind weitere 160 Millionen Menschen dazugekommen. Es gibt also immer schneller immer mehr von uns.

Alle diese Menschen brauchen Wasser und Nahrung, Raum zum Leben und Wirtschaften. Dazu brauchen sie Fläche zum Wohnen und für Mobilität, als Weiden und Äcker. Zum Beginn der christlichen Zeitrechnung war diese Fläche auf rund 314 Millionen Hektar angestiegen. Im Jahr 2023 betrug sie etwa fünf Milliarden Hektar.

Diese Landnutzungsänderung ist der wesentliche Treiber des Verlustes von Biodiversität. Überall, wo Menschen Viehweiden oder Äcker anlegen, wo sie Straßen, Häuser oder Industrieanlagen bauen, wo die

Landschaft verändert wurde, da musste und muss Natur weichen. Diese Landnutzungsänderungen schädigen die Leistungsfähigkeit der Natur massiv. Wo intakte Ökosysteme geschädigt oder ganz vernichtet werden, funktionieren Ökosystemleistungen wie das Filtern von Wasser und Luft, die Regulation von Krankheiten und Klima, die Bereitstellung vielfältiger Nutzpflanzen und fruchtbarer Böden manchmal gar nicht mehr, auf jeden Fall aber schlechter als vorher.

Dabei hat unser zerstörerisches Handeln furchterregende Dimensionen angenommen. Hier nur ein paar (Schreckens-)Zahlen unseres massiven Einflusses auf die Biodiversität:

- Zwischen 1970 bis 2020 haben die daraufhin untersuchten Wildtierpopulationen um durchschnittlich 73 Prozent abgenommen.
- Zwei Millionen aller Arten sind vom Aussterben bedroht.
- Im Vergleich zu 1980 gibt es in der EU heute 600 Millionen Vögel weniger.
- Seit 1960 haben wir in Europa mindestens 70 Prozent aller Insekten verloren.
- Im Jahr 2023 haben wir 23,9 Millionen Hektar Wald zerstört. Allein diese Zerstörung hat 14,7 Milliarden Tonnen an Treibhausgasen freigesetzt.
- Vor 100.000 Jahren gab es etwa 6,7-mal so viele Säugetiere wie heute und nur etwa fünf Millionen Menschen. Menschen haben zahlenmäßig seitdem um den Faktor 1.620 zugenommen, während die Bestände wilder Säugetiere um 85 Prozent zurückgegangen sind.
- Unternehmen investieren pro Jahr 5,3 Billionen US-Dollar in biodiversitätsschädliche Aktivitäten. Staatliche Subventionen für diese Zerstörung belaufen sich auf 1,7 Billionen US-Dollar jährlich.

Mit der Vernichtung von Biodiversität löschen wir die Festplatte der Natur, bevor wir sie verstanden haben.

Mit der Vernichtung von Arten und Lebensräumen und der Disruption ökologischer Prozesse löschen wir die Festplatte der Natur, bevor wir sie ausgelesen oder gar verstanden haben. Und das ist dumm, denn wir sind von den Leistungen der Natur komplett abhängig. Wir können keine fruchtbaren Böden herstellen, die Basis für die Produktion fast aller Lebensmittel sind. Es gibt keine technische Alternative für die weltweite Regulation von Klima, Krankheiten, die Steuerung von Nährstoffströmen oder den globalen Wasserhaushalt. Das Filtern von Luft und Wasser durch technische Systeme ist viel, viel teurer, als für diese Leistungen Wälder, Moore oder Feuchtgebiete zu nutzen. Das Gleiche gilt für den Küsten-, Hochwasser- und Erosionsschutz durch Bergwälder, Mangroven, Auen oder Korallenriffe. Zudem finden wir in der Natur Lösungen für technische Probleme (Stichwort Bionik) ebenso wie Wirkstoffe gegen tödliche Krankheiten (70 Prozent aller Krebsmedikamente basieren zum Beispiel auf Wirkstoffen aus tropischen Wäldern). Das alles können wir teuer oder unzureichend, meist aber gar nicht ersetzen. Damit ist dieses Delete ohne Back-up nicht das Problem »von denen«, also das von Tropenwald, Eisbär und Blauwal, sondern ganz massiv auch unser eigenes.

Bitte nicht noch eine Büchse der Pandora

Mit der rasanten Entwicklung von KI und Genetik geben sich manche Menschen der Phantasie hin, dass wir Individuen, Arten und Ökosysteme so verändern könnten, dass sie unsere Eingriffen beherrschen können, statt diese besser etwas zurückzuschrauben. Vergiftete Flüsse? Machen wir Fische doch einfach giftresistent. Abgeholzte Regenwälder? Forsten wir mit gentechnisch veränderten, schnellwachsenden Arten einfach wieder auf. Korallenriffe im Hitzekollaps? Einfach die Genschere angesetzt und dann klappt's mit denen ja vielleicht doch noch bei 2 Grad Celsius und mehr globaler Erwärmung.

In solcher Hybris stecken unbeherrschbare Gefahren. Wie viele Arten wollte oder müsste man manipulieren, um Ökosysteme nach unseren Vorstellungen zu verändern? Wer soll das bezahlen und wer wird Herrscher:in über diese neuen Genvarianten? Einmal in die freie Wildbahn entlassen, sind diese nicht mehr einzufangen. Gentechnisch veränderte Organismen würden die Wildformen verdrängen und so Biodiversität vernichten. Evolutive Prozesse würden behindert oder sogar ganz zum Erliegen kommen.

Die Büchse, die wir öffnen würden, könnten wir nicht wieder schließen.

Biodiversität kann von uns nicht wieder hergestellt werden, wenn sie einmal weg ist. Alles, was zerstört ist, ist weg für immer. Das gilt für genetische Varianten von Arten, wie den Berberlöwen, eine nordafrikanische Unterart des Löwen, ebenso wie den Beutelwolf *(Thylacinus cynocephalus)*, das vor 75 Jahren ausgerottete größte Raubtier unter den Beuteltieren, oder zerstörte Ökosysteme wie den Aralsee.

Die Hybris mancher Menschen besteht jetzt darin anzunehmen, dass wir diese Zerstörungen technologisch rückgängig oder gentechnisch irrelevant machen können (siehe Kasten). Ökologisch ist das unmöglich, weil Ökosysteme so komplex sind, dass wir weder die genetische Vielfalt noch die Artenvielfalt rekonstruieren können. Wie wir oben gesehen haben, entsteht genetische Vielfalt über lange Zeiträume zufällig. Wenn Arten selten sind, ist ihre genetische Vielfalt (stark) reduziert. Über sehr lange Zeiträume, bei umfassendem Schutz und unter der Voraussetzung, dass der Lebensraum noch erhalten ist, würde bei diesen Arten mit der Zunahme der Individuen zwar auch die genetische Vielfalt zunehmen, allerdings nie mehr dasselbe Set an Genomen hervorbringen, das vorher verloren gegangen ist. Ganz einfach, weil Zeit und Zufall nicht zweimal den exakt gleichen Weg gehen. Trotzdem freuen wir uns, wenn Arten wie die Mhorr-Gazelle *(Nanger dama mhorr)* oder der Andenkondor *(Vultur gryphus)*, die einst nur noch in Zoos lebten, dort erhalten und inzwischen wieder ausgewildert werden konnten. Für alle Arten, die wir komplett ausgerottet haben, gibt es keine Hoffnung auf die Rückkehr in die freie Natur. Menschen können zwar in Genome von Organismen eingreifen, sie brauchen dazu aber immer natürliches genetisches Material, das sie manipulieren können. Wir können in Bakterien menschliche Gene einschleusen, um sie Insulin produzieren zu lassen, wir können aber nicht den Berberlöwen wieder auferstehen lassen, weil dessen Genom nicht mehr komplett vorhanden ist.

Was wir machen können, ist durch Rückzüchtungen Individuen zu erzeugen, die der ausgestorbenen Variante sehr ähnlich sehen. Der Berberlöwe zeichnete sich durch eine besonders imposante, auch den Bauch bedeckende Mähne aus. Durch eine entsprechende Zucht kann man aus ost- oder südafrikanischen Löwen, bei denen es Individuen mit relativ großen Mähnen gibt, solche züchten, die aussehen wie Berberlöwen. Genetisch bleiben sie aber »Südsaharalöwen«.

Ein wichtiger Grund, warum man ausgestorbene Arten nicht wieder zum Leben erwecken kann, auch wenn man Erbgut in eingefrorenen Mammuts oder Fellen von Museumsexemplaren findet, ist die Tatsache, dass sich in ihnen immer nur die Zellkern-DNA findet. Für einen lebensfähigen Organismus mit kompletter genetischer Ausstattung braucht man aber auch eine lebende Eizelle mit der DNA aus den Mitochondrien. Diese kleinen Zellorganellen erhalten wir von unserer Mutter. Lebende Eizellen (oder auch nur Mitochondrien) gibt es aber weder in tiefgefrorenen Mammuts noch im Fell eines Museumspräparats. Deshalb musste das US-amerikanische Unternehmen Colossal Bioscience auch gleich zurückrudern, nachdem es im April 2025 zunächst erklärt hatte, dass es ihm gelungen sei, drei Individuen des vor 13.000 Jahren ausgestorbenen Schattenwolfs (Aenocyon dirus, syn. *Canis diurus*) »auferstehen« zu lassen. Übrig blieb von den groß angekündigten »Breaking News«, dass man mittels verschiedener Gentechnikverfahren, DNA-Fragmente des Schattenwolfs aus fossilem Knochenmaterial in das Genom heute lebender Wölfe eingebaut hatte. Nix da Schattenwolf.

Und wenn es um ganze Ökosysteme geht, mit ihren Abertausenden von Arten und denen sie verbindenden zahllosen Interaktionen und Prozessen, dann klappt das alles dreimal nicht.

Um ein Ökosystem nachzubauen, müssten wir alle dort ehemals vorkommenden Arten in entsprechend hoher genetischer Vielfalt rekonstruieren oder zumindest physisch zurückbringen. Schauen wir exemplarisch eine gut dokumentierte Organismengruppe an, nämlich Bäume: Hier sind wir darauf angewiesen, dass wir die Natur nicht ganz zerstört haben, dass also irgendwo noch genug Samen vorhanden sind, von denen wir wissen müssen, wie man sie zum Keimen und Wachsen bringt. Selbst wenn das gelingt, pflanzen wir amEnde Bäume, aber keinen Wald.

Weil wir ob unserer Zerstörung der Natur langsam Fracksausen bekommen, hat man zumindest bei unseren wichtigsten Nahrungsmittelpflanzen doch mal über ein Backup-System nachgedacht. Dessen offizieller Name lautet: »Globalt sikkerhetshvelv for frø på Svalbard« (Weltweiter Saatgut-Tresor auf Spitzbergen). Gedacht ist dieser in den Permafrostboden Spitzbergens gebaute Saatguttresor als eine Art Safe für Samen der wichtigsten Nahrungspflanzen des Menschen. Jede Probe von Mais, Reis, Weizen (den drei Pflanzenarten, die Menschen weltweit jeden Tag mehr als 50 Prozent ihrer Kalorien liefern) und anderer Nahrungsmittelpflanzen enthält 500 Samen. Sollte eine Krankheit die wenigen Sorten der wichtigsten Getreide, Obst oder Gemüse auf den Äckern flächendeckend zerstören, dann liegt unsere Hoffnung, globale Hungerkatastrophen zu verhindern, auf diesen wenigen Backup-Samen. Wie dünn im wahrsten Sinne das Eis ist, wenn wir uns auf diese Tresorlösung verlassen, anstatt auf intakte Natur zu setzen, zeigte sich gleich nach der Eröffnung des Saatguttresors im Jahr 2008. Der sollte für alle Ewigkeit im Permafrostboden Norwegens seine wichtigen Schätze bewahren. Aber die Konstrukteure hatten die Rechnung ohne den Klimawandel gemacht. Inzwischen liegen die Durchschnittstemperaturen bei 7 Grad Celsius. Jetzt dringt Wasser in den Bunker ein und der auftauende Boden gefährdet die Statik des Gebäudes. Umfangreiche technische Baumaßnahmen sind seitdem notwendig, um das Bauwerk und seinen wertvollen Inhalt zu erhalten. Nicht nur dieses Beispiel zeigt: Löschen ohne Backup ist extra-blöd.

Die gute Nachricht, wenn auch nicht unbedingt für uns, ist, dass die Natur auf jeden Fall weiter bestehen wird. Tiere, Pflanzen, Pilze und Einzeller wird es auch dann noch geben, wenn Menschen von dieser Erde längst verschwunden sind. Weil Aussterben aber kein Spaß ist, sollten wir unser eigenes möglichst lange herauszögern. Also ja, wir müssen der Biodiversität helfen, wir haben die Misere ja auch angerichtet. Und wer keine Lust auf Altruismus hat, dem sei gesagt: Es ist in unserem Interesse aus wirtschaftlichen, sicherheitspolitischen und vielen weiteren rationalen Gründen.

Natur wird auf jeden Fall bestehen, auch wenn unsere Art von dieser Erde längst verschwunden ist.

Also: All hands on deck for biodiversity!

178

KAPITEL 5

Was kann KI?

Nun haben wir also die Misere, ausgelöst durch menschliche Hybris und die Grenzen unserer Intelligenz – mit riesigen Datenmengen und zu viel Komplexität kommen wir einfach nicht gut zurecht, und die Natur hat beides. Kein Wunder, dass wir lange nicht gemerkt haben, was wir alles anrichten gegen die Vielfalt.

Glücklicherweise haben wir uns mit künstlicher Intelligenz Helferlein geschaffen, die genau darin deutlich besser sind als wir. Die Vermutung, KI könnte uns beim Naturschutz helfen, ist also keine blinde Hoffnung – sie basiert darauf, dass KI unsere eigenen blinden Flecken ersetzen könnte (mit Betonung auf den Konjunktiv II). Schauen wir uns an, wo sie dem Naturschutz unter die Arme greifen kann.

Sammeln

Ein Klassiker der Schlaumeierei ist der Satz »Man muss kennen, was man schützen will«. Spoiler Alert: Schon daran scheitern wir bisher.

Zunächst mal braucht jede Art einen Namen, sonst wird das mit Kennen nichts. Gut, dass wir ein Benennungssystem für alle Arten auf der Welt haben, das alle Expert:innen verstehen und anwenden. Dieses System verdanken wir dem schwedischen Naturforscher Carl von Linné (1707–1778) und seiner binären Nomenklatur von Lebewesen. Binär bedeutet hier: Jede Art erhält zwei Namen, einen Gattungs- und einen Artnahmen. Dabei ist der Gattungsname, der auch die Verwandtschaftsbeziehung zu nahverwandten Arten angibt, der erste Teil (bei uns *Homo*, den wir zum Beispiel mit dem Neandertaler *Homo neanderthalensis* teilen) und der Artname der zweite (bei uns *sapiens*). Ein bisschen wie Vor- und Nachname, nur dass da der erste Namensteil individuell ist, der zweite die Familienzugehörigkeit erkennen lässt. Nach Linnés System werden alle Arten entsprechend ihrer evolutionären Bezüge (ihrer Verwandtschaft) in dieses Ordnungssystem eingebaut. In der Gattung Homo sind wir mit dem Artnamen sapiens übrigens heute der einzige Vertreter, was weniger mit einer superkorrekten wissenschaftlichen Einordnung zu tun hat als mit der Tatsache, dass wir in diesem System lieber alleine stehen wollten, weil wir uns für etwas sehr Besonderes halten.

In seinem Buch *Systema Naturae* von 1735 führte Linné gut 10.000 Arten auf, darunter etwa 6.000 Pflanzenarten und 4.236 Tierarten.[1] Der Clou von Linné bestand darin, dass er ein System erfunden hat, in das jede einzelne Art reinpasst, auch die, die lange nach seinem Tod beschrieben wurden und selbst jene, die in Zukunft noch entdeckt werden. Das System ist schier unendlich erweiterbar. Weil es so gut funktioniert, wird es bis heute weltweit angewandt.

Und es hat noch einen weiteren Vorteil: Weil Linné weder seine Muttersprache Schwedisch noch eine andere lebende Sprache verwendete, sondern Latein, gab es weder Neid noch Missgunst bei der Sprachauswahl. Latein war damals die Wissenschaftssprache, das ist heute allerdings nicht mehr so. Trotzdem ist Latein bei der Benennung von Arten bis heute nicht durch Englisch oder Chinesisch abgelöst worden – was sicherlich die Entwicklung von parallelen Benennungssystemen in unterschiedlichen Sprachen verhindert. Egal, ob man heute Deutsch, Englisch, Arabisch oder Chinesisch spricht, alle Wissenschaftler:innen wissen, wovon die Rede ist, wenn man von *Phuphania crossei* spricht. Mit seinem deutschen Namen »Lebender Leuchtstab« würden internationale Expert:innen wenig anfangen können, dabei war das Tier – eine leuchtende Landschnecke – Weichtier des Jahres 2024! Das waren Deine fünf Minuten Ruhm, kleiner Lebender Leuchtstab.

In der Kurzfassung lauten die Regeln für die Beschreibung einer neuen Art so: Jede Veröffentlichung mit einem neuen Artnamen muss beschreibende Informationen enthalten, um die Art von anderen Arten der Verwandtschaftsgruppe zu unterscheiden. Außerdem muss ein Typusexemplar gesammelt und aufbewahrt werden.

Unabhängig davon, wie sehr zukünftige Forscher ihr Verständnis der Evolution und Klassifizierung der betreffenden taxonomischen Gruppe ändern, wird der Artname immer mit dem Typusexemplar verbunden bleiben, das sich physisch in einer wissenschaftlichen Sammlung, meist

Weichtier des Jahres 2024 und damit kurz mal berühmt: der Lebende Leuchtstab *(Phuphania crossei)* aus den Tropenwäldern Thailands.

einem Naturkundemuseum, befindet. In der Veröffentlichung muss die neue Art auch in eine Gattung eingeordnet werden, um zu zeigen, wie sie mit anderen Arten verwandt ist. Sie erhält also die vorhin beschriebenen zwei Namen.

Was Linné nicht beachtet hat und was auch heute noch ein großes Problem ist, ist die Tatsache, dass es zwar Regeln für die Benennung von Arten gibt, aber keine dafür, wo diese Daten gesammelt und aufbewahrt werden sollen. Alle Taxonom:innen halten sich zwar an die Regeln der Artbeschreibung, aber es gibt keine zentrale Datenbank, in der alle bisher beschriebenen Arten eingepflegt sind. Wer meint, eine neue Art gefunden zu haben, der oder die macht sich in wissenschaftlichen Sammlungen und Bibliotheken auf die Suche nach Typusexemplaren und Erstbeschreibungen, die auf die vermeintlich neue Art passen könnten. Wer da nicht fündig wird, beschreibt die Art neu, kann aber nicht komplett ausschließen, dass eine frühere Beschreibung bei der Recherche einfach nicht gefunden wurde. In dem Fall gibt es einen wissenschaftlichen Namen mehr, als es beschriebene Arten gibt. Diese Doppelbeschreibung wird hoffentlich irgendwann entdeckt und wieder eliminiert. Grundsätzlich gilt dann immer der zuerst vergebene Name. Nur wenn sich herausstellt, dass der im Hinblick auf die Verwandtschaft nicht korrekt war, oder der Name schon früher an eine andere Art vergeben war, wird er wieder geändert.

Arten schätzen

Mit der Frage »Wie können wir schätzen, wie viele Arten wir noch nicht entdeckt haben?« stellt sich auch die Frage »Wie können wir wissen, was wir nicht wissen?«. Bezogen auf die Anzahl noch zu entdeckender Arten greifen Wissenschaftler:innen auf verschiedene Annahmen zurück und rechnen dann von bekannten Bezugsgrößen hoch. Dabei hilft uns, dass wir bei manchen Gruppen, zum Beispiel Vögeln oder Bäumen, sicher sind, so ziemlich alle katalogisiert zu haben. Zu auffällig sind sie, als dass wir da noch viele übersehen haben dürften, es tut sich bei der Anzahl auch schon lange nicht mehr wirklich viel.

Eine Hochrechnung kann zum Beispiel dadurch erfolgen, dass man sich anschaut, wie viele Käferarten durchschnittlich so stark spezialisiert sind, dass sie nur auf einer bestimmten Baumart vorkommen. Wenn man diese Zahl mit der Zahl der Baumarten multipliziert, die man schon kennt, dann erhält man eine grobe Schätzung dafür, wie viele spezialisierte Käferarten es geben sollte. Wenn man dann noch weiß, welchen prozentualen Anteil Käfer in Proben, die man auf Bäumen gesammelt hat, an der Gesamtzahl von Insekten haben, kann man auf Insekten auf Bäumen insgesamt hochrechnen. Grundsätzlich wird aus den Mustern in den bisher gut dokumentierten taxonomischen Gruppen auf Lücken bei den weniger gut dokumentierten geschlossen.

Auch KIs helfen seit neuestem durch die Verschränkung von Daten zur Verbreitung, Genetik, ökologischen Eigenschaften und Abgrenzung zwischen Arten, die noch zu erwartenden Arten zu schätzen.

Weil es aber bis heute keine dieser Methoden zu einer allgemeinen Akzeptanz in Wissenschaftskreisen gebracht hat, weichen die Schätzungen immer noch stark voneinander ab.

Wir wissen bis heute nicht annähernd, mit wie vielen Arten wir uns die Biosphäre teilen. Schätzungen reichen von etwa zwei Millionen bis zu drei Billionen Arten. Die Zahlen weichen deshalb so stark voneinander ab, weil sie auf Extrapolationen beruhen. Es wird also von bekanntem Wissen auf unbekanntes hochgerechnet.

Auf jeden Fall gibt es viel mehr unbeschriebene Arten als beschriebene, darüber herrscht in Wissenschaftskreisen Einvernehmen. Einzelne Arten können sich schon in einer Sammlung befinden, dort aber noch nicht entsprechend bearbeitet worden sein (das trifft auf den kleineren Teil der unbekannten Arten zu), oder sie sind noch nie gesammelt worden und befinden sich nur in ihrem eigentlichen Lebensraum (das betrifft den Großteil der unbeschriebenen Arten).

Wir wissen nicht annähernd, wie viele Arten es gibt.

Dabei sind die Datenlücken nicht gleichmäßig über die Regionen der Erde oder taxonomische Gruppen von Arten verteilt. So sind Westeuropa und Nordamerika viel besser untersucht als Südamerika oder Zentralafrika, Säugetiere wesentlich besser als Farne oder Pilze.

Wissenschaftlich erfasst haben wir gerade mal gut zwei Millionen Arten. Und weil es noch keine zentrale Datenbank gibt, muss selbst die oberste Instanz für die Bewertung des Zustands der Arten auf der Erde, die Weltnaturschutzunion *(International Union for Conservation*

In der Masse an Arten muss man sich erst mal zurechtfinden ...

of Nature, kurz *IUCN*), hier auf eine Schätzung zurückgreifen. Nach IUCN-Angaben belief sich im Jahr 2024 die Anzahl wissenschaftlich beschriebener Arten auf 2.153.938 (ok, das ist eine ziemlich genaue Schätzung, aber trotzdem keine echte Zählung).

Weil die Katalogisierung von Arten schon vor über 250 Jahren begann, ist es nur logisch, dass viele Artbeschreibungen bis heute nur in handschriftlicher oder gedruckter Form vorliegen – versteckt in alten Publikationen in Museen oder wissenschaftlichen Bibliotheken. Es muss also recherchiert, übertragen, verglichen und digitalisiert werden. Mit Projekten wie der »Globalen Informationseinrichtung für biologische Vielfalt« (Global Biodiversity Information Facility, GBIF), der »Enzyklopädie des Lebens« (Encyclopedia Life), dem »Katalog des Lebens« (Catalogue of Life) oder des IUCN-Arteninformationssystems (Species Information Service, SIS) versuchen Menschen und Institutionen, zentrale Datenbanken zu schaffen, in denen alle bereits beschriebenen Arten zu finden sind und die Zug um Zug um alle noch hinzukommenden Arten ergänzt werden können.

Die großen Wissenslücken beim Arteninventar der Erde zu schließen, ist nicht nur eine akademische Übung, um unsere (Daten-)Sammelleidenschaft zu stillen. Ohne die Anzahl von Arten und Individuen ungefähr zu kennen, können wir über den Zustand von Ökosystemen nur wenig wissen. So fehlen uns wichtige Informationen über die allgemeine Gesundheit des Planeten und den Zustand der Biosphäre. Die sind aber Voraussetzung, um die richtigen Naturschutzmaßnahmen einzuleiten.

Ohne die Anzahl von Arten und Individuen ungefähr zu kennen, können wir über den Zustand von Ökosystemen nur wenig wissen.

Seit wir die Natur katalogisieren, haben wir geschätzt 10 bis 15 Prozent der Arten erfasst. Sehr weit sind wir also noch nicht gekommen. War im Jahr 2011 noch Stand der Forschung, dass es 8,7 Millionen Arten auf der Welt gibt (basierend auf der vorhin beschriebenen Verteilung von Arten über taxonomische Gruppen), wurde die Zahl 2023 auf über 14 Millionen Arten angehoben, und das ohne Bakterien und andere Einzeller einzubeziehen – mit denen wären es laut dieser Studie 100 Milliarden Arten geworden. Die neuen Zahlen ergaben sich aus aktuellen Hochrechnungen basierend auf Zählungen von Artenzahlen im Boden, einem Lebensraum, auf dem wir eher herumlaufen, als ihn wissenschaftlicher Analysen zu unterziehen – dem wir aber fast unsere gesamte Nahrung verdanken. Auf bisherigem Wege kommen wir also nicht so recht voran mit der Artenerfassung – vor allem, da wir wissen, dass wir pro Tag vermutlich 150 Arten verlieren.

Was genau die Schwierigkeiten sind, zeigt ein Blick auf Pflanzenarten und ihre möglichen Beschreiber:innen. Heute gibt es etwa 10.000 Pflanzentaxonom:innen, die sich an die Arbeit machen können, die noch geschätzten 100.000 unbeschriebenen Gefäßpflanzenarten zu finden und zu beschreiben. Klingt eigentlich nach einer machbaren Aufgabe, das sind schließlich nur 10 Arten pro Person. Ob die Botaniker:innen die Aufgabe meistern, ist dennoch ungewiss, denn für manche Pflanzengruppen fehlen schlicht die Expert:innen. Expert:in für Brachsenkrautartige zu werden, steht vermutlich auch nicht auf vielen Berufswunschlisten.

Hinzu kommt, dass die meisten unbekannten Arten in wenigen Exemplaren in schwer zugänglichen Regionen der Erde leben dürften. Also sind Reisen in die entlegensten und oft gefährlichsten Orte der Welt nötig, um auch noch die verborgensten Pflanzenarten zu finden. Das kostet viel Geld und Zeit, die auch renommierten Expert:innen und Forschungseinrichtungen kaum noch gewährt wird.

In den letzten 20 Jahren wurden jährlich etwa 6.200 Arten neu beschrieben. Die Kosten für die Entdeckung und Beschreibung einer Art (Gehalt von Taxonomen, technisches Equipment, Reisekosten etc.) beliefen sich auf 48.500 US-Dollar. Basierend auf diesen Annahmen würden 303.000 Taxonomen und geschätzte Kosten in Höhe von etwa 364 Milliarden Euro benötigt (selbst wenn wir mit einer geschätzten Artenzahl von unter 10 Millionen rechnen), um die verbleibenden Arten der Erde zu beschreiben. Ein Unterfangen, das bis zu 1.200 Jahre dauern würde und für dessen Gelingen wir noch ziemlich viele Taxonom:innen ausbilden müssten.

Geht das alles nicht schneller, billiger und effizienter mit KI? Kann KI nicht, egal, wo sich unbekannte Arten verbergen, in der Sammlung eines Naturkundemuseums oder in den Tiefen des Amazonasbeckens, schneller Ordnung in die Sache bringen? Vermutlich schon!

Jetzt vielleicht doch Lust, Brachsenkrautexpert:in zu werden?

Fangen wir mal mit den schriftlichen Informationen an, die wir seit Jahrhunderten sammeln und deren Katalogisierung sich die oben erwähnten Sammlungsprojekte widmen. KI-Anwendungen, die inzwischen auch handschriftliche Texte lesen können, können so trainiert werden, dass sie in historischen Schriftstücken nach Artbeschreibungen suchen und diese mit historischen und aktuellen Publikationen vergleichen können. Wenn dabei zum Beispiel herauskommt, dass die die Art bestimmenden Parameter bei zwei Objekten gleich sind, Autor:innen aber verschiedene Artnamen vergeben haben, dann liegt eine Doppelbeschreibung vor. Genauso können solche Anwendungen erkennen, wenn Arten denselben Artnamen erhalten haben, in wesentlichen Parametern aber unterschiedlich beschrieben wurden und deshalb ein neuer Artname zu vergeben ist – was die KI auch gleich erledigen kann. KI wird aber auch längst verwendet, um in bestehenden Datensets nach neuen Arten zu suchen, die noch gar nicht beschrieben wurden. Solche Datensets können schriftliche, genetische, optische oder akustische Datenbanken wissenschaftlicher Sammlungen ebenso sein wie Fotos von Tieren oder Pflanzen in sozialen Medien.

Kuck mal meine Fotos an

2023 haben Wissenschaftler:innen ein KI-Modell trainiert, über 1.000 Insektenarten auf Fotos und mittels bestimmter genetischer Informationen zu bestimmen und sie taxonomisch einzuordnen.[2] Das Modell identifizierte 96,7 Prozent der bekannten Arten korrekt und ordnete neue Arten mit einer Genauigkeit von 81,4 Prozent der richtigen Gattung zu. Die Erfolgsquote war deutlich geringer, wenn dem Modell keine DNA-Daten vorlagen und es sich nur auf Bilder stützte. Dann fiel die Genauigkeit auf 39,1 Prozent für beschriebene und 35,9 Prozent für unbekannte Arten. Die schlechten Ergebnisse bei der Beschränkung auf Fotos führten die Forscher:innen übrigens auf schlechte Bildqualität zurück. Und tatsächlich: Weil sich die Bildqualität (durch verbesserte Technik) und die Anzahl von Fotos von Insekten täglich erhöht, sind die Modelle viel besser geworden.

Im Jahr 2024 konnten so schon 450.000 Arten ganz verschiedener taxonomischer Gruppen sicher bestimmt werden – trainiert mit ungefähr 10 Millionen Bildern.

Auch wenn diese Bestimmungen noch nicht ganz fehlerfrei sind, gilt: Jede Art, die auf dem Schreibtisch gefunden werden kann, muss nicht mehr in der Natur gesucht werden. Weil uns KI-Anwendungen auch noch sagen können, wo man am besten nach neuen Arten suchen sollte, können wir Wissenslücken in Zukunft viel schneller schließen. KI kann uns also helfen, Natur zu katalogisieren. Eine wichtige Voraussetzung, um sie dann auch zu retten.

Beobachten

Unsere Unwissenheit im Hinblick auf die aktuelle Anzahl der Arten auf der Welt nennt man das »Linnésche Defizit« – leider nicht unser einziges. Das »Prestonsche Defizit« bezieht sich auf unsere mangelnde Kenntnis in Bezug auf die Häufigkeit von Organismen bestimmter Arten in Raum und Zeit. Nur zu wissen, wie viele Arten es momentan gibt, sagt noch nichts über den Zustand von Populationen oder Ökosystemen aus. Nur wenn wir auf die Veränderungen sehen, können wir erkennen, wo Populationen kurz vor dem Erlöschen sind, Arten direkt am Rande des Aussterbens stehen oder Ökosysteme bedroht sind.

Möchte man unsere Unkenntnis über die Anzahl der Arten in ein Verhältnis setzen zu den Handlungsempfehlungen, die wir aus mehr Wissen zum Zustand von Populationen, Arten und Ökosystemen ziehen könnten, könnte man kann sagen: Es ist gerade dringlicher, den, der die Festplatte löscht, von der falschen Handlung abzuhalten, als zu wissen, wie groß die Festplatte ist.

Nur zu wissen, wie viele Arten es gibt, sagt noch nichts über den Zustand von Populationen oder Ökosystemen aus.

Wie beim Arteninventar ist unsere Unwissenheit bezüglich des Zustands von Populationen, Arten und Lebensräumen erschreckend groß. Von den beschriebenen Arten sind nur etwa 8 Prozent auf ihren Bedrohungsstatus hin bewertet, wobei Bewertungen von 84 Prozent der Wirbeltiere und 17 Prozent der Pflanzen, nur 2 Prozent der Nicht-Wirbeltiere und sogar nur 0,5 Prozent der Pilze und Einzeller gegenüberstehen. Zu den vielen, vielen Arten, über deren Bedrohungsstatus gar nichts bekannt ist, kommen die, deren Bestände wir uns das letzte Mal vor Jahren angesehen haben. Bei der heutigen Geschwindigkeit des Niedergangs sind das Zeiträume, in denen selbst eigentlich unübersehbare Arten wie Nashörner fast verschwinden können. Hier braucht es dringend Aufklärung.

Um zu verstehen, wie groß diese Aufgabe ist, muss man wissen, dass Biodiversität auf unserem Planeten extrem ungleich und oft sehr kleinräumig verteilt ist. Orten besonders hoher Biodiversität, wie tropischen Regenwäldern oder Korallenriffen, stehen große, gleichförmige Bereiche mit wenigen Arten und Individuen wie Wüsten oder offenes Meer gegenüber. Während manche (Generalisten-)Arten wie Hausspatz oder Wolf sehr große Verbreitungsgebiete haben, kommen andere (Spezialisten-)Arten weltweit nur auf wenigen Quadratmetern vor.

Klassischerweise werden Daten zum Zustand von Populationen, Arten und Ökosystemen von Spezialist:innen vor Ort gesammelt. Das ist teuer, nicht sehr effizient und oft gefährlich. Außerdem führt diese Methode dazu, dass Daten nur da erhoben werden, wo Forscher:innen hinkommen. Wollten wir wirklich wissen, wie es um die Biodiversität aktuell bestellt ist, bräuchten wir Daten mit einer räumlichen Auflösung von wenigen Zentimetern und permanenter Tagesaktualität – so schnell ändert sich das Leben auf unserem Planeten in Raum und Zeit. So weit sind wir noch nicht, aber wir kommen der Sache näher.

Der Untergang des Java-Nashorns

Das Java-Nashorn *(Rhinoceros sondaicus)* ist eine der seltensten Nashornarten der Welt. Seit dem Jahr 2011 kommt es nur noch im Ujung-Kulon-Nationalpark in Indonesien vor. Dort wurde sein Bestand 2011 auf 76 Tiere geschätzt. Im Jahr 2024 wurde bekannt, dass ein einziger Wilderer zwischen 2019 und 2023 dort 26 Nashörner gewildert hatte, also mehr als ein Drittel der Weltpopulation. Massive Sicherheitslücken machten diesen Kollaps möglich. Ob wir die Art noch retten können, werden wir sehen.

KI-Anwendungen hätten ein kontinuierliches Monitoring der Nashörner möglich gemacht und die Gefahr der Wilderei schnell erkennen und melden können. So hätte die Katastrophe verhindert werden können.

Dem Untergang geweiht?
Zwei der verbleibenden 50 Java-Nashörner.

Eine Möglichkeit, die Häufigkeit von Organismen einer Art zu bestimmen, wäre, dass wir uns anschauen, welche Lebensräume dieser Art es auf der Erde gibt, diese dann in kleinen Bereichen auf ihr Arteninventar hin zu untersuchen (indem man vor Ort wirklich zählt und bestimmt) und das Ergebnis dann auf den vorhandenen intakten Lebensraum hochzurechnen. So kommt man zum Beispiel auf eine Zahl von 7,5 bis 9,1 Millionen Brutpaare von Buchfinken in Deutschland. Leider ist die Extrapolation von Daten auf Basis solcher Habitatmuster in anderen Regionen der Erde und für andere Arten fehlerbehaftet, weil Menschen Arten direkt und gezielt jagen und entnehmen. So kann ein Urwald, in dem kein einzi-

Wunderschön und dennoch manchmal leer: Regenwald in Asien.

ger Baum gefällt wurde und der von außen oder aus dem All völlig intakt aussieht, seiner charismatischen Säugetierarten längst beraubt sein – ein Phänomen, das man als »empty forest syndrome« bezeichnet.

Also besser vor Ort recherchieren als schätzen? Wenn Tiere in einem Gebiet vorkommen, können sie nicht völlig unbemerkt leben. Sie hinterlassen Spuren und haben sich eigentlich immer was zu sagen. Gelingt es, an solche Spuren genetischer, optischer und akustischer Daten zu kommen und sie sinnvoll zu analysieren, wird das Biodiversitätsbild deutlich schärfer. Solche Daten können mit mobilen oder stationären Sensoren aufgenommen werden. Mobile Sensoren können mit Satelliten mitfliegen, an Drohnen oder den Tieren selbst befestigt sein, die sie dann da hinbringen, wo kein Forscher und keine Forscherin je ihren Fuß hinsetzen, und uns von da Informationen mitbringen. Stationäre Sensoren können fest installierte Wildtierkameras oder Aufnahmegeräte sein. Eine Mischung aus beidem sind wir, die wir mit unseren Smartphones Fotos aufnehmen – und dem Naturschutz zufällig oder aktiv zur Verfügung stellen könnten. Also raus mit Kameras und Mikrofonen!

Eine digitale Erde

Am 31. Januar 1998 hielt Al Gore, der ehemalige Vizepräsident der Vereinigten Staaten, am California Science Center in Los Angeles eine Rede, in der er die Idee der »Digitalen Erde« entwickelte. All die vielen digitalen wissenschaftlichen Informationen zum Zustand unseres Heimatplaneten und der menschlichen Aktivitäten sollten gesammelt und auf einem drehbaren, dreidimensionalen, virtuellen Globus zu finden sein. Diese digitale Erde sollte es Menschen ermöglichen, unsere Welt und unsere Einflüsse auf sie besser zu verstehen.

Virtuelle Eingriffe in diesen digitalen Zwilling, wie das Trockenlegen von Feuchtgebieten, Abholzen von Wäldern oder Ausrotten von Arten, könnten direkt Auswirkungen auf Ökosysteme, potenzielle Konflikte oder Effekte auf Menschen erkennen lassen, die dann hoffentlich dazu führen, auf unserer echten Welt von genau diesen Eingriffen Abstand zu nehmen. Umgekehrt könnte man erkennen, welche Naturschutzmaßnahmen die besten Resultate zeitigen würden.

Heute gibt es zahlreiche »virtuelle Globen« wie Google Earth, Microsoft Bing, ESRI ArcGIS Explorer oder Virtual-Geo. Bei keinem von ihnen ist Al Gores Idee in ihrer Gesamtheit und Komplexität umgesetzt. Im Jahr 1998 galt die Idee als wahnsinnig visionär, da doch viele Technologien und KI-Anwendungen fehlten, die wir heute haben. Gerade weil die technologische Entwicklung so schnell vonstattengeht und dabei immer neue Herausforderungen auftauchen (etwa das Thema Deep Fakes), kommen wir Al Gores Vision nur langsam näher. Die »International Society for Digital Earth« und viele Expert:innen arbeiten aber daran, dass wir dem Ziel immer näher kommen.[3]

Wildtierkameras kommen schon seit Jahrzehnten zum Einsatz. Zunächst für die Aufnahme von Fotos, später auch von Filmen. Ihr Einsatz war ein echter Gamechanger in der Wildtierforschung. Die meisten Tiere sind uns heillos überlegen, wenn es um Hören, Sehen oder Riechen geht. Weil wir uns in freier Wildbahn recht ungelenk und laut bewegen, haben sie uns meist entdeckt, lange bevor wir sie wahrnehmen. Und weil uns so ziemlich alle anderen Lebewesen (zu

Recht) als Todesgefahr wahrnehmen, schleichen, rennen oder fliegen sie davon, bevor wir einen Blick auf sie werfen können. Direkte Beobachtungen von Wildtieren, besonders in unübersichtlichem Terrain, nachts oder in dichter Vegetation, sind schwierig bis unmöglich. Daher war es großartig, als man technisch so weit war, einfach Kameras aufzustellen, die – von den Bewegungen der Tiere oder ihrer Körpertemperatur automatisch aktiviert – tolle Fotos auch von den schüchternsten Wildtieren lieferten.

Wie viele Elefanten? Mit einer schnellen Antwort tut sich KI leichter als wir.

Dumm nur, dass von diesen Fotos plötzlich Tausende am Tag entstanden und wir von der generierten Datenflut rasch überwältigt wurden. Wer so viele Fotos angucken soll, auf den einen Leopard hofft und doch fast nur Unterholz zu sehen bekommt, weil ein wackelndes Blatt die Kamera ausgelöst hat, bei dem schwindet die Konzentration. Wenn dann auf Foto 38.273 doch noch ein Leopardenohr zu sehen ist, wird das am Ende womöglich übersehen.

Heute kommen dafür KI-gestützte Bilderkennungssysteme zum Einsatz. Diese Modelle wurden mit riesigen Mengen an Fotos von verschiedensten Tierarten aus allen möglichen Blickwinkeln und Ausschnitten trainiert und kommen am Ende auf eine bessere Trefferquote als ein geschulter menschlicher Beobachter. Weil sie nicht ermüden und Tag und Nacht arbeiten können, können mehr Daten schneller ausgewertet werden. Sind die Fotos aktuell oder erfolgt die Analyse sogar direkt, nachdem eine Kamera ein Foto oder einen Film aufgenommen hat, hilft KI auch, Veränderungen (wie die Abnahme von Sichtungen einer Art) und Störungen (wie das Auftauchen von Wilderertrupps in Schutzgebieten) zeitnah zu erkennen, sodass entsprechend schnell gehandelt werden kann.

Wir können von Glück sagen, dass die Entwicklung und Verfügbarkeit von KI-Anwendungen hier so schnell voranschreiten, denn die Datenmenge wird rasch immer größer. So befanden sich auf der Online-Plattform Wildlife Insights, bei der Fotos von Wildtierkameras hochgeladen und analysiert werden können, im August 2021 etwa 17 Millionen Bilder. Im März 2025 waren es bereits mehr als 212 Millionen Fotos, im Juni 2025 schon 217 Millionen.

KI gleicht also Konzentrationsschwäche beim Menschen aus und arbeitet ausdauernd und fehlerfrei. Das reicht aber noch nicht: Auch wenn wir ein Tier auf einem Foto zuverlässig einer Art zuordnen können, wissen wir immer noch nicht, wie viele Exemplare dieser Art in einem Gebiet vorkommen. Dieses Problem stellte sich auch einer Gruppe von Kranichforschern. Während ihres Zugs bewegen sich Kraniche *(Grus grus)* in großen Trupps durchs Land. Es ist keine große Herausforderung, sie zu fotografieren oder zu filmen und die Aufnahmen dann auszuzählen. Weil die Tiere aber hochmobil sind, birgt das die Gefahr von Doppelzählungen, wenn der nächste Beobachter die Tiere kurze Zeit später und einige Kilometer weiter wieder zählt. Am besten wäre also, man zählte sie nicht, wenn sie tagsüber aktiv und hochmobil sind, sondern wenn sie an ihren Übernachtungsplätzen ruhen. Die sind aber oft schwer zugänglich, die Tiere fliegen sie in der Dämmerung an, laufen durcheinander und kommen erst zur Ruhe, wenn es für einen menschlichen Beobachter zu dunkel ist. In Israel kam man auf eine Lösung, die den Ornitholog:innen aus mehrfacher Hinsicht einen ruhigen Schlaf bescherte: Zum Einsatz kamen Drohnen, die mit Wärmebildsensoren ausgestattet waren. Der eingesetzte Algorithmus wurde so trainiert, dass die Kraniche auch nachts automatisch und mit hoher Genauigkeit gezählt werden konnten, während die Kranichforscher:innen in Ruhe schliefen.[4] Am nächsten Morgen waren Mensch und Tier gleichermaßen erholt. Die einen konnten weiterfliegen, die anderen weiterforschen.

Schwer zu zählen – besonders, wenn's jetzt auch noch dunkel wird

Damit Naturschutz auf einer fundierten Datenbasis handeln kann, brauchen wir also nicht nur das Erkennen und Zählen von Arten, sondern Informationen auf der Ebene von Individuen. Nur so können wir die Bestände und den Gesundheitszustand von Populationen (am Ende auch von Arten) einschätzen. Bei 100 Tigerfotos in einem Gebiet macht es einen großen Unterschied, ob da 100-mal derselbe oder 100 verschiedene Tiger fotografiert wurden. Glücklicherweise haben viele Tiere individuelle Muster, so dass man Fotos einzelnen Tieren zuordnen kann. KI-Anwendungen können auch das, und zwar viel schneller und genauer als jeder menschliche Bobachter.

Ganz neue Optionen eröffnet KI, wenn es darum geht, Individuen bei Arten zu erkennen, die Menschen nur sehr schwer oder gar nicht auseinanderhalten können. Ein gutes Beispiel dafür sind Belugawale *(Delphinapterus leucas)*. Die haben ein paar Eigenschaften, die es Menschen sehr schwer machen, sie individuell zu identifizieren oder überhaupt gute Fotos von ihnen zu schießen (im offenen Meer kann man keine Wildtierkameras aufbauen): Belugas sind einfarbig weiß, tauchen nur wenige Sekunden auf, um zu atmen, schwimmen gerne eng mit anderen Belugas zusammen und verdecken sich gegenseitig, machen im Wasser ordentlich Wallungen, so dass Wellen und Schaum die Sicht auf sie behindern,

Wer soll hieraus schlau werden? Eine Gruppe von Belugawalen

und werden generell selten gesichtet. Welch Aufatmen musste durch die Welt der Belugaforscher:innen gegangen sein, als 2022 eine wissenschaftliche Studie veröffentlicht wurde, bei der eine KI-Anwendung mit dem schönen Namen »You only look once« (YOLO) zum Einsatz kam, mit der selbst diese »schwierige Kundschaft« analysiert werden kann, weil sie sogar auf schlechten Fotos individuelle Muster erkennt, die uns verborgen bleiben.[5] Seitdem können Belugas mit fast 100-prozentiger Genauigkeit identifiziert werden. Ein echter Game Changer.

Hat man Wildtierkameras gleichmäßig über ein größeres Gebiet verteilt, kann Individuen bestimmen und verschränkt die Daten mit anderen Parametern wie Wassertemperatur, Tageszeit oder Strömungsrichtung, erhält man nicht nur Informationen über das Vorkommen von Arten, sondern Informationen auf Populationsebene. So kann man Aussagen zur Dichte, zur Alters- und Geschlechterstruktur, zu Geburtenraten, der Habitatpräferenz, der Lebensraumnutzung, dem Paarungsstatus oder auftretenden Krankheiten machen. Analysen, die früher Monate in Anspruch nahmen, werden von KI-Anwendungen jetzt innerhalb von Sekunden oder Minuten geliefert.

Und die Nutzung von KI geht weiter: Sie können individuellen Tieren auf Videos Verhaltensweisen zuordnen oder illegale Aktivitäten wie das Legen von Waldbränden oder das Tragen von Waffen in Schutzgebieten erkennen. In einem Schutzgebiet in Sri Lanka analysieren KI-Anwendungen in Echtzeit die Aufnahmen von Wildtierkameras. Werden Aufnahmen von Waffen entdeckt, werden diese Informationen zusammen mit Informationen zu Waffenart, Ort und Zeit direkt an ein Team von Wildhütern weitergeleitet, das dann in dem gemeldeten Gebiet auf Patrouille geht.[6] In einem Forschungsprojekt in Florida checkt KI, ob seltene Floridapanther durch einen merkwürdigen Gang auffallen, der auf einen Gendefekt hinweist.

Was inzwischen alles möglich ist, sieht man auch bei der Erforschung von Walhaien *(Rhincodon typus)*, den größten Fischen der Welt. Walhaie sind von Natur aus selten, wandern weite Strecken, sind kaum erforscht und inzwischen vom Aussterben bedroht. Anders als Wale tauchen diese planktonfressenden, kiemenatmenden, sanften Riesen nicht auf. Damit entziehen sie sich der menschlichen Beobachtung noch mehr als Belugas. Wildtierkameras funktionieren unter Wasser nicht, aber zum Glück lieben Taucher diese beeindruckenden Tiere, lichten sie sehr gerne ab und posten ihre Fotos häufig in sozialen Medien.

Walhaie haben eine dunkle Haut, auf der sich ein individuelles Muster von weißen Punkten und Linien befindet. Damit sehen sie aus wie ein schwimmender Sternenhimmel mit einzelnen Sternschnuppen – und das macht man sich zunutze. Ein Team von Wissenschaftler:innen passte einen Algorithmus, der für die Analyse des Sternenhimmels entwickelt worden war, auf Walhaie an.[7] Die KI wurde trainiert, auf Basis dieser Muster individuelle Walhaie zu identifizieren und diese Informationen in eine Datenbank zu füttern. Jeder Walhai erhält eine individuelle Nummer. Mit jeder neuen Sichtung des Tiers füllt sich seine Akte weiter. Wenn möglich, wird nicht nur ein Foto hochgeladen, sondern auch Informationen zu Zeit und Ort der Sichtung.

Wenn Taucher Lust auf Citizen Science haben, können sie sich online bei Shark Book am Füllen der Wissenslücken beteiligen. Das müssen sie aber gar nicht aktiv: Auch wenn nur wenige Taucher von der Seite wissen dürften, laden viele ihre Fotos auf sozialen Medien hoch. Dabei liefern sie vielleicht noch Informationen zu der Tauchtiefe, der Wassertemperatur oder dem Verhalten der Tiere. Bei so seltenen und bedrohten Tierarten sind diese Daten besonders wertvoll. Getreu dem Motto »Wenn der Prophet nicht zum Berg kommt, muss der Berg zum Propheten kommen« sucht die KI selbständig in soziale Medien nach diesen Informationen, sortiert bekannte Tiere in die Datenbank und vergibt neue IDs an bisher unbekannte Individuen – ein KI-Agent für Naturschutz. Unser Wissen über den Walhai wächst dadurch schnell und kostengünstig.

> Die KI kann vorhersagen, wann und wo es zu Konflikten zwischen Mensch und Tier kommt.

Basierend auf der großen Datenmenge meldet die KI nun sogar schon interessante Muster zum Wanderungsverhalten und zu den bevorzugten Aufenthaltsorten von Walhaien, die wir so viel besser schützen können, weil wir vorhersagen können, wann und wo es zu Konflikten, zum Beispiel mit der Schifffahrt (Kollisionen) oder industriellen Fischerei (Beifang), kommen könnte. Dieser KI-generierte Informationsvorsprung hilft, Schutzmaßnahmen für Walhaie einzuleiten. Und, völlig verrückt, die KI beantwortet mit den gesammelten Daten auch mal Fragen, die ihr gar keiner gestellt hat.

Eine Haut wie ein Sternenzelt: der Walhai

Weil weltweit immer mehr Menschen mit einem Smartphone herumlaufen, boomt das Monitoring via Citizien Science nicht nur beim Walhai. Während man sich noch vor wenigen Jahren für die Bestimmung von Arten durch dicke Bücher kämpfen musste, in denen es darum ging, ob Blätter gegenständig oder in einem Wirtel angeordnet waren und die Antennen eines Käfers körperlang oder kürzer waren, erlauben KI-gestützte Apps wie ObsIdentify, iNaturalist, eBird oder Merlin heute eine einfache, direkte und ziemlich genaue Artbestimmung über Fotos des eigenen Smartphones. Sind diese Daten über die Standortfreigabe georeferenziert und werden sie mit der Community geteilt, stehen sie auch der Wissenschaft zur Verfügung. Die freut sich über die muntere Fotografiererei der Hobbywissenschaftler:innen, Weltreisenden und Outdoor-Enthusiasten. Die Auswertung solcher Daten half zum Beispiel, die Ausbreitung der invasiven Nosferatu-Spinne zu verfolgen, den Effekt von Landwirtschaft auf Libellen zu untersuchen oder unser Wissen über den Zustand des Europäischen Feldhasen zu erhellen. Und wo wir beim Erhellen sind: Besonders nachts sind wenig Wissenschaftler:innen, aber viele junge Menschen mit Smartphone unterwegs. Die erhellen jetzt unser Wissen zur Ökologie der Nacht.

Was aber, wenn es für unser Auge oder normale Kamerafallen nun wirklich nichts zu sehen gibt, zum Beispiel, weil Arten sich verdammt gut verstecken oder klein sind? Auch dafür gibt es Lösungen. Tiere können belauscht werden, wenn sie miteinander kommunizieren oder Geräusche machen (akustisches Monitoring), sie können mit Wärmebildkameras detektiert oder anhand hinterlassener DNA nachgewiesen werden.

Akustische Kommunikation spielt bei fast allen Tieren (und womöglich auch Pflanzen, siehe das Kapitel Dr. Doolittle) eine große Rolle. In Anwesenheit eines menschlichen Beobachters sagen Tiere oft lieber nichts. Kaum sind wir weg, wird ungehemmt gezwitschert, gesungen, trompetet und was sonst noch zum Repertoire gehört. Tiergruppen wie Insekten, Fledermäuse, Vögel oder Frösche sind oft sogar besser über die von ihnen ausgestoßenen Geräusche als optisch zu erkennen: Singen, Rufen, Brüllen, Knurren, der Flügelschlag, alles hat sein arttypisches Tonmuster. Es lohnt sich also, da heimlich zuzuhören.

Beim passiven akustischen Monitoring wird kontinuierlich Ton aufgezeichnet. Der Vorteil dieser Methode liegt darin, dass Töne über große Entfernungen übertragen werden können, Licht- und Sichtverhältnisse für die Aufnahme keine Rolle spielen, die Datenaufnahme multidirektional erfolgt und sie auch im Meer angewandt werden kann. Singen, Rufen, Brüllen, Knurren, ja selbst der Flügelschlag, alles hat sein arttypisches Tonmuster. Überträgt man das in Spektrogramme, können sie von KI-Anwendungen wie optische Muster behandelt und analysiert werden. KIs können auch trainiert werden, Tiergeräusche von Störgeräuschen in besonders lauten Gebieten (wie etwa in Großstädten oder an Wasserfällen) herauszufiltern und zu analysieren, was einem menschlichen Untersucher besonders schwerfällt.

Weil für akustische Aufnahmen viel weniger Speicherplatz notwendig ist als für Foto- oder Filmaufnahmen, können die Aufnahmegeräte, wenn sie einmal in womöglich sehr schwer zugänglichen Gebieten installiert worden sind, Wochen, Monate, sogar Jahre Daten aufnehmen. So lange eben, bis ein abenteuerlustiger oder wissbegieriger Mensch sich wieder auf den Weg macht, den Datenträger abzuholen (noch hilfreicher ist es natürlich, wenn die Daten direkt an einen Satelliten gesendet werden). Die gewonnenen Daten geben nicht nur Einblick in die Artenzusammensetzung eines Gebietes und das Geschlechterverhältnis von Populationen, sondern erlauben manchmal auch Aussagen über Anzahl, Geschlecht, Alter ja sogar den Gesundheitszustand von Tieren und am Ende ganzer Ökosysteme.

Dass solche KI-gestützten Akustik-Analysen wirklich helfen, bedrohte Arten zu schützen, konnte am Beispiel des stark bedrohten Geoffroy Spinnenaffen *(Ateles geoffroyi)* in Costa Rica gezeigt werden. Der sagt nämlich immer was. Wo er also nicht zu hören ist, gefällt es ihm so gar nicht: Die Analyse von 35.805 Stunden akustischer Aufnahmen an 341 Stellen über eine Fläche von 1.000 Quadratkilometern war notwendig, um zu zeigen, dass die Tiere sich nur in Gebieten mit mindestens 80 Prozent Waldanteil aufhalten, die mindestens einen Kilometer von einer asphaltierten Straße entfernt sind. Damit erwiesen sich die für die Tiere angelegten Korridore zwischen intakten Waldgebieten oft als nutzlos, weil sie zu stark entwaldet oder zu nah an einer Straße lagen.[8] Ohne die automatisierten Aufnahmen und die KI-gestützten Analysen wäre das erst sehr viel später erkannt worden, vielleicht so spät, dass die Rettung der Tiere gar nicht mehr möglich gewesen wäre.

Da wo er nichts sagt, gefällt es ihm so gar nicht. Geoffroys Spinnenaffe

Besonders großen Schwung erfährt das akustische Monitoring derzeit über und unter Wasser. So gibt es im Süßwasserbereich Ansätze, über Akustiksensoren unter, auf oder über dem Wasser – also durch Bojen, Schwimmkörper oder Drohnen – Töne aufzunehmen, die uns sagen, wie es um den ökologischen Zustand eines Gewässers bestellt ist.

Die Analyse von Klanglandschaften hilft uns, den Zustand von Ökosystemen zu erfassen. So erkennen wir, ob Tourismus Vögel verrückt macht, ein Wald jüngst stark verändert wurde oder schon wieder dabei ist, sich zu erholen.

Aber der Einsatz von Kamerafallen, Aufnahmegeräten, Drohnen und ähnlichem Gerät ist teuer und nicht immer möglich. Ein anderer Ansatz ist, in Ökosystemen nach Spuren und Hinterlassenschaften von Tieren zu suchen und aus diesen Daten Informationen abzuleiten. Ganz nach Art von Sherlock Holmes. Es geht nicht um Fossilfunde oder Spuren, die uns erzählen, wie es an einem Ort Jahrzehnte oder Jahrhunderte vorher aussah, sondern um die Klärung von Fragen wie: Wer war hier in den letzten Tagen? Wer hat hier wen gefressen? Während man früher Trittsiegel oder Kot suchte und untersuchte, genügt heute die Analyse der in der Umwelt von Organismen hinterlassenen DNA, der sogenannten Umwelt-DNA oder eDNA, um einen Überblick über vorkommende Arten zu erhalten. Zwar erlaubt es diese Technik nicht, auf der Ebene von Individuen und ihrem Verhalten unser Wissen zu mehren, wohl aber, Artenzusammensetzungen in Ökosystemen oder die Raumnutzung, manchmal sogar die Häufigkeit von (auch seltenen) Arten zu erkennen.

Unsichtbare Spuren

Umwelt-DNA, nach dem Englischen »environmental DNA« gemeinhin »e-DNA« genannt, bezeichnet genetisches Material, das Organsimen in der Umwelt hinterlassen. Aus Wasser-, Boden-, Luft- oder Erdproben kann dieses gefiltert werden. Im Labor wird die DNA dann aus dem Filter extrahiert, isoliert und vervielfältigt. Spezielle Moleküle, sogenannte Primer, suchen die DNA-Stränge nach einer einzigartigen Region, einem sogenannten Barcode, ab. Diese Primer-Moleküle sind spezialisierte »Scanner«, oft für nur eine Art.

Die erfassten Barcodes werden zur Identifizierung von Arten verwendet, indem die Codes mit Referenzdatenbanken bekannter Arten verglichen werden. Je nach molekularer Methode ist es möglich, jeweils nur eine Art (Barcoding) oder mehrere Arten (Metabarcoding) nachzuweisen. So erhält man enorme Datenmengen, die Millionen verschiedener DNA-Typen enthalten. Um herauszufinden, welche Arten in einer Probe vorhanden sind, werden verschiedene Programmiermethoden zur Sortierung der Daten verwendet. Riesige Datendateien werden mit Programmen analysiert, die die verschiedenen DNA-Codes voneinander trennen. Dieser Prozess wird als Bioinformatik bezeichnet.

Wenn die Bioinformatik abgeschlossen ist und die Sequenzen sortiert sind, wird eine Liste der verschiedenen DNA-Identitäten erstellt. Diese werden mit verschiedenen Datenbanken verglichen, wobei jedes einzigartige DNA-Stück eine Identität erhält. Am Ende steht eine Excel-Datei, in der die Arten und die Anzahl der DNA-Kopien für jede Art angegeben sind. Auf diese Weise lässt sich feststellen, welche Arten vorkommen und wie groß die relative Häufigkeit der einzelnen Arten ist. Auch unbekannte Arten können so festgestellt, nicht aber beschrieben werden.

Da die Feldarbeit mit eDNA wesentlich schneller ist als mit herkömmlichen Methoden, können große Gebiete in kurzer Zeit beprobt werden. Auf der Basis von gesammelten eDNA-Proben suchen KI-Anwendungen Muster im Vorkommen von Arten und bestimmten Umweltvariablen, wie sie zum Beispiel aus Satellitenbildern gewonnen wurden. Aus der Kombination solcher Daten und dem Vergleich mit Satellitenbildern von bislang nicht untersuchten Gebieten lassen sich Biodiversitätsdaten zur erwarteten Artenzusammensetzung und potenziellen Dichte extrapolieren. Diese Methode ersetzt zwar nicht die Arbeit von Taxonom:innen und Feldforscher:innen, die vor Ort am Boden arbeiten. Sie hilft aber, die weißen Flecken auf der Weltkarte des Lebens zügig mit Farbe und Namen zu füllen.

Managen

Statt Tiere zu zählen und dann eines Tages festzustellen, dass Arten ausgestorben sind, wäre es super, wenn wir Daten hätten, die uns erzählten, wie es Arten und Populationen jetzt gerade geht, um einzugreifen, bevor die Katastrophe nicht mehr abwendbar ist. Auch da geht es rasant voran.

Affen brüllen anders, wenn sie krank sind, Zebras fliehen vor Wilderern, auch wenn sie selber gar nicht Ziel der Wilderei sind, bei Uhus steigt der Puls, wenn Spaziergänger:innen Wanderwege verlassen und zu nah an ihren Schlafbäumen oder Nestern vorbeilaufen, Heringe bekommen Herzrhythmusstörungen von zu warmem Wasser, Sägeracken (eine Gruppe tropischer Vögel) meiden gestörte Wälder und Ziegen werden unruhig, wenn ein Erdbeben droht. Wäre es nicht prima, wenn wir diese Zeichen lesen könnten, bevor den Tieren oder uns etwas zustößt? So eine Art tierisches Frühwarnsystem?

Im Jahr 2020 startete das ICARUS-Projekt (International Cooperation for Animal Research Using Space) mit dem Ziel, das Wissen und Gespür von Tieren zu nutzen. Die Idee: Viele Individuen möglichst vieler Tierarten mit Minisendern auszurüsten, die nicht nur Daten zum Aufenthaltsort des Tieres übermitteln, sondern über Sensoren zum Beispiel auch Körperbewegungen messen, um zu erfahren, ob ein Tier liegt, frisst, rennt oder fliegt. Wenn Sensoren Informationen über den Hormonstatus, die Körpertemperatur oder den Puls liefern, lauscht die

Tiermedizin und erfährt etwas über den Gesundheitszustand oder den Stresslevel von Individuen. Daten werden direkt an Satelliten weitergeleitet und können von da fast in Echtzeit von Wissenschaftler:innen oder KI interpretiert werden. Und wenn sehr viele solche Sender an sehr vielen Tieren angebracht sind, erhalten wir ein ökologisches Bild der Umgebung oder erkennen Tierwanderungen.

In einem afrikanischen Schutzgebiet rennen alle Huftiere gleichzeitig in Todesangst davon? Dann sind vermutlich Wilderer unterwegs. Singvögel in Nordeuropa werden unruhig? Dann steht wohl der Beginn der Zugsaison an. Vögel halten sich nicht mehr in bestimmten Waldgebieten auf? Dann ist der Wald da nicht mehr intakt.

> Das Internet der Tiere fungiert mit Hilfe von KI als Frühwarnsystem.

Diesen Ansatz nennt man das »Internet der Tiere«. KI verbindet und analysiert im Internet der Tiere Daten zu Taxonomie, Genetik, Verbreitung, Verhalten, Bedrohungsgrad, Krankheiten, ökologischen Prozessen im Zusammenspiel von Arten und so weiter. Diese Datenflut zu analysieren, um Muster und Zusammenhänge zu erkennen, hätten wir ohne KI niemals meistern können. Jetzt hilft sie uns als Frühwarnsystem, gefährliche Veränderungen bei Populationen, Arten und Ökosystemen zu erkennen und mit gezielten Naturschutzmaßnahmen schnell einzugreifen.

Voraussetzung für die Generierung dieser »wilden Datenflut« war unter anderem ein Durchbruch bei der Größe der verwendeten Sender. Vor ICARUS wogen die leichtesten Sender etwa 15 Gramm. Weil die Faustregel gilt, dass ein Tiersender höchsten fünf Prozent des Körpergewichts des Tieres ausmachen darf, konnten zum Beispiel die meisten Zugvögel gar nicht besendert werden. Die neuen Sender wiegen nur höchstens vier Gramm. Sie können damit bei rund 40 Prozent aller bekannten Vogelarten und 50 Prozent aller Säugetierarten zum Einsatz kommen. Außerdem erlaubt die neue Technologie der Datenübertragung die gleichzeitige Verarbeitung der Daten von Millionen von Tieren – ein echter Quantensprung.

Wie weit das die Forschung voranbringt, zeigt ein Blick in die Vergangenheit: Seit 1960 wurden etwa 3,5 Millionen Vögel mit einem Metall- oder Kunststoffring versehen, der durch Text oder Farben eindeutig kodiert war. Weniger als ein Prozent dieser Tiere wurden jemals wiedergefunden, haben also einen zweiten Datenpunkt geliefert. Meist reicht auch das nur zu der Aussage, dass Zugvögel standorttreu sind. Wann sie sich wohin, mit welcher Geschwindigkeit und über welche Route bewegten, blieb trotz Beringung oft ein Rätsel. Das Internet der Tiere ist gesprächiger. Selbst, wenn die mit modernen Sendern ausgestatteten Vögel nach wenigen Tagen ihren Sender verlieren würden oder einem Räuber zum Opfer fielen, hätten sie bis dahin schon mehr und detailliertere Daten geliefert als ihre beringten Artgenossen in ihrem ganzen Leben.

Tiere fungieren als natürliche intelligente Sensoren.

So erhalten wir immer mehr Daten. Tiere fungieren damit als »natürlich intelligente Sensoren«. Sie suchen nicht nur aktiv positive Umweltbedingungen auf und meiden schlechte, sie zeigen auch deutliche Reaktionen auf ungewöhnliche Wetterphänomene und einige Naturkatastrophen. Und sie erkennen Veränderungen aufgrund ihrer Sinne und Bewegungen im Raum unter Umständen schneller und mit höherer räumlicher Auflösung als technische Sensoren.

Schon heute erlauben die hierdurch möglichen Vorhersagen, Gefahren entlang von Wanderrouten temporär zu reduzieren (zum Beispiel, wenn Windräder genau dann für ein paar Stunden abgeschaltet werden, wenn große Schwärme von Zugvögeln zu erwarten sind), Autofahrer:innen vor herannahendem Großwild zu warnen, Wetterdaten aufzunehmen oder den Ausbruch von Krankheiten unmittelbar mitzubekommen und ihre pandemische Ausbreitung zu verhindern. Was wir in Zukunft mit diesen Daten alles machen können und warum wir dann auch mal der Ziege vertrauen sollten, schauen wir uns nachher noch an.

Wir Menschen treiben die Zerstörung der Natur rasend schnell voran. Deshalb ist es essenziell, die Geschwindigkeit und Dimension des Schutzes und der Wiederherstellung von Biodiversität an diese Zerstörungsgeschwindigkeit anzupassen – natürlich mit den Ziel, sie zu überschreiten.

Den »richtigen Wal« richtig schützen

Der Atlantische Nordkapper *(Eubalaena glacialis)* verdankt seinen englischen Namen »North Atlantic Right Whale« dem traurigen Faktum, dass er den Walfängern als der richtige Wal galt. Viel Fett, langsamer Schwimmer. Das perfekte Opfer. So erfolgreich waren seine Jäger, dass der Nordkapper heute zu den am meisten bedrohten Walarten gehört. Etwa 370 Tiere gibt es noch, darunter nur etwa 70 fortpflanzungsfähige Weibchen.

Damit jetzt keiner von ihnen mehr zu Schaden kommt, kommt KI zum Einsatz. Aus einer riesigen Menge an Daten zum Verhalten der Tiere in Abhängigkeit von zahlreichen bio-physikalischen und meteorologischen Parametern leitet ein KI-gestütztes Modell Wahrscheinlichkeiten zu bevorstehenden Aufenthaltsgebieten der Wale ab. Die werden dann von Bautrupps, die Offshore-Windkraftanlagen bauen, genutzt, um ihre Arbeit zu unterbrechen, wenn Wale in der Nähe sind. Für die stellt nämlich besonders das Verankern von Plattformen im Boden, für das mit viel Druck und Lärm Pfosten in den Untergrund gerammt werden, eine manchmal sogar tödliche Gefahr dar, der sie nicht schnell genug ausweichen können. Weiß man rechtzeitig, wo die Tiere sind oder sein könnten, kann man den richtigen Wal endlich richtig schützen.

Manchmal geht es nicht um einzelne Arten oder Individuen, sondern um das ganz große Bild. Eine der größten Gefahren für den Fortbestand unserer Gesellschafts-, Wirtschafts- und Ökosysteme ist die Zerstörung von Wäldern. Noch immer ist die Zerstörung von Wäldern in vielen Regionen der Welt legal, aber wenn es uns gelingen würde, wenigstens der illegalen Zerstörung Einhalt zu gebieten (geschätzte 10 bis 30 Prozent des weltweiten Holzeinschlags), wären wir einen großen Schritt weiter. Neben dem illegalen Holzeinschlag sind absichtlich gelegte und ungewollte Waldbrände der zweite Hauptfaktor für die Zerstörung von Wäldern.

Geschwindigkeit und Dimension des Schutzes von Biodiversität muss sich endlich der Geschwindigkeit und Dimension der Zerstörung anpassen.

Big Brother is watching you

Waldbrände sind gigantische Zerstörer von Biodiversität, Treiber des Klimawandels und Vernichter von Kapital. Vor allem der letzte Punkt macht die Früherkennung von Waldbränden zu einem Geschäft. Weil Forstwälder oft erst nach 100 Jahren und mehr eingeschlagen werden – also erst dann in Geld umgewandelt werden können – oder in der Nähe intakter Wälder Häuser, Industrieanlagen und Menschen von Bränden bedroht werden, lohnt es sich, zum ganz großen Besteck zu greifen, um das Abbrennen von Wäldern zu verhindern.

Unternehmen wie die deutsche Firma OroraTech nutzen ein umfassendes Satellitennetz, das Waldflächen weltweit alle 30 Minuten überfliegt, spezielle Wärmebildkameras für die Detektion von Bränden und KI, die Falschmeldungen eliminiert und aus Rohdaten nutzbare Informationen macht. Die räumliche Auflösung nähert sich der Größe eines Baums. Natürlich ist diese Technologie nicht nur für Forste, sondern auch für Primärwälder nutzbar. So können Brände auch nachts entdeckt und Löschflugzeuge rechtzeitig losgeschickt werden.

Meiden besenderte Tiere mit besonderen Habitatansprüchen bestimmte Gebiete, wissen wir, dass da bereits etwas im Argen liegt. Noch besser wäre, wenn wir so früh gewarnt würden, dass wir schädliche Eingriffe und Zerstörung verhindern könnten. Diesen Moment gibt es immer: So wie die längste Reise mit dem ersten Schritt beginnt, nimmt die Zerstörung riesiger Waldblöcke mit dem ersten gefällten Baum ihren Anfang.

Vom Satelliten aus sind kleine Schädigungen durch Fällungen oder beginnende gelegte Brände kaum wahrzunehmen. Vor Ort ginge das, aber die zu überwachenden Wälder sind riesig. Hier hilft die Kombination verschiedener Technologien. Akustischen Sensoren, die auf Kettensägegeräusche reagieren, oder chemischen Sensoren, die Brandgeruch wahrnehmen, können zu sogenannten »Wireless Sensor Networks (WSN)« zusammengeschaltet werden. Ergänzt werden kann dieses Netz mit Sensoren, die Luftfeuchtigkeit oder Temperatur messen, beides Parameter von Frühindikatoren für Waldbrandgefahr. Die Sensoren schicken ihre Informationen bis zu einer Einheit, die die Signale an eine Basisstation weiterleitet, von wo sie via Satellit an eine KI-gestützte Datenbank geschickt werden, die sie analysiert und gegebenenfalls als Warnmeldung an eine schnelle Eingreiftruppe weiterleitet.

Schutzgebiet reist mit

Schutzgebiete sind wichtige Garanten des Biodiversitätsschutzes. Räumlich festgelegte Schutzgebiete, so wie sie bisher existieren, sind super, liefern aber für zwei große Herausforderungen des Naturschutzes keine Antwort: Was machen wir, wenn sich im Zuge des Klimawandels die Lebensräume von Organismen verschieben? Und wie schützen wir hochmobile Arten?

Für die erste Frage müssen wir noch Lösungen finden, für die zweite gibt es schon einen Vorschlag: Das Schutzgebiet könnte doch einfach mitreisen! Das wäre vor allem für große Wale eine tolle Lösung. Sie sind stark bedroht, hochmobil und haben so große Streifgebiete – ein Blauwal kommt schon mal auf fast 1,3 Millionen Quadratkilometer –, dass deren kompletter Schutz niemals durchzusetzen wäre.

Mit KI ausgestattete mobile Schutzgebiete könnten die Lösung sein. Sie haben mobile Grenzen, die ihre Position ändern, wenn bedrohte Arten durch den Ozean wandern. So begleiten sie wandernde Tiere. Mithilfe von digitaler Hardware (zum Beispiel Nanosatelliten, Drohnen, Umweltsensornetzwerke, digitale Bioakustik, marine Tags oder Tiefsee-Drohnen) sammeln sie Daten und kombinieren sie mit KI-gestützten Analyseverfahren wie maschinellen Lernalgorithmen oder Computer Vision.

Weil Tiere wie Wale, Meeresschildkröten, Pinguine, Seevögel und viele Fischbestände entlang von dynamischen Fronten (in Bezug auf Salzgehalt, Temperatur, Vereisung oder Nahrungsmittelverfügbarkeit) wandern, die sich mit dem Klimawandel verschieben, wären mobile Schutzgebiete im Meer vielleicht sogar eine Antwort auf die erste Frage.

In Wäldern können diese Signale der einzelnen Sensoren lediglich über Distanzen von wenigen Kilometern weitergeleitet werden. Das bedeutet, dass riesige Netzwerke mit unzähligen Sensoren nötig wären, um große Flächen zu überwachen. In den gigantischen und unzugänglichen Waldblöcken wäre das aufgrund des großen Arbeits-, Material- und Finanzierungsbedarfs unmöglich. Machbar ist aber, die Netzwerke an den Außengrenzen einer Waldfläche aufzustellen und

Fische: Wichtigste Nahrungsquelle für mehr als eine Milliarde Menschen – und noch so viel mehr.

so einen »Sicherungsring« um gefährdete Gebiete zu errichten. Es ist auch möglich, die Daten der drahtlosen Sensorennetzwerke mit Wärmebildern von Satelliten zu verknüpfen und mithilfe der KI so Waldbrände vorauszusagen.

Eine weitere ökologische Katastrophe, für die wir Echtzeitüberwachung und schnelle Einsatztruppen gut gebrauchen können, ist die Folge der zerstörerischen Aktivitäten von Menschen in den Weltmeeren. Ob Abbau von Rohstoffen, Überfischung, Entsorgung von Giften, Eintrag von Plastik, aber auch die Erwärmung der Ozeane, die wiederum zum Ausbruch von Krankheiten oder gefährlichen Algenblüten führen kann:

Der Menschheit wäre insgesamt geholfen, wenn diese rasch erkannt und bekämpft werden könnten. Mehr als eine Milliarde Menschen sind für ihre Nahrungsmittelversorgung direkt von Ozeanen abhängig, mindestens 80 Prozent aller Güter werden über die Weltmeere transportiert und 30 Prozent der Ölförderung geschieht Offshore. Auf der anderen Seite sind gut ein Drittel aller Fischbestände überfischt und 30 bis 50 Prozent aller marinen Lebensräume bereits zerstört. Um hier gegenzusteuern, müssen wir sehr schnell ein viel besseres Bild der Lage der Weltmeere zeichnen.

Die NGO Global Fishing Watch treibt das Thema Echtzeitüberwachung an Meeren und Küsten voran. Unter ihrer Führung haben Wissenschaftler:innen zwei Petabytes (ein Petabyte sind eine Billiarde Bytes) an Bilddaten analysiert. Zum Einsatz kamen Deep Convolutional Neural Networks (DCNN), die Objekte identifizieren. So konnten Fischereifahrzeuge, Containerschiffe, Ölplattformen, Offshore-Windkraftanlagen und andere Energieinfrastruktur mit sehr hoher Genauigkeit geortet und zugeordnet werden. Durch die Verschränkung von GPS-Daten mit rund 67 Millionen Radar-, Satelliten- und anderen Bilddaten konnten die Forscher:innen zum Beispiel Schiffe aufspüren, die ihre Position nicht übermittelten. Die Analyse ergab, dass etwa 75 Prozent der industriellen Fischereifahrzeuge und bis zu 30 Prozent der Transportschiffe nicht öffentlich geortet wurden und damit auch keine Überwachung oder Kontrolle ihrer Aktivitäten stattfand.

Aber nicht nur für die Detektion illegaler Aktivitäten, auch für die Vermeidung von »Wildunfällen« wäre es gut, wenn wir wüssten, wo welche Schiffe sich befinden und was im Bau und Betrieb von Energieinfrastruktur passiert. Der Begriff »Wildunfall« ist im Kontext der Weltmeere etwas irreführend, geht es doch in erster Linie um große Wale. Nachdem der kommerzielle Walfang stark eingeschränkt wurde – lediglich Norwegen, Japan und Island jagen immer noch Wale für kommerzielle Zwecke – sind Schiffskollisionen die Haupttodesursache großer Wale. Allein zwischen 1992 und 2024 hat sich der Schiffsverkehr auf den Weltmeeren verdreifacht und mit einer prognostizierten weiteren Verdreifachung bis 2050 kommt auf die Wale noch einiges zu. Über 90 Prozent des Verbreitungsgebiets von Walen überschneidet sich mit Schifffahrtsrouten.

James Bond im Auftrag ihrer (natürlichen) Majestät

Schon im Jahr 2016 wurden im illegalen Wildtierhandel etwa 20 Milliarden US-Dollar umgesetzt. Kriminelles Potenzial und Gewinnaussichten sind so groß, dass Interpol sich mit einer eigenen Einheit diesem Thema widmet. Illegaler Handel mit Produkten aus der Natur zerstört nämlich nicht nur Biodiversität, sondern trägt in hohem Maße zum Anstieg anderer schwerer Kriminalitätsformen bei, ist mit der Bedrohung von Frieden und Sicherheit verbunden, begünstigt Korruption, ist von Gewalt begleitet und beeinträchtigt die Widerstandsfähigkeit von indigenen Gemeinschaften.

Das von der EU geförderte Projekt ECO-SOLVE[9] beobachtet KI-gestützt den Onlinehandel von geschützten Organismen, egal ob lebend oder tot. Das Global Monitoring System des Projekts verbindet KI-gestützte Datenknotenpunkte in Herkunfts- und Zielländern der gehandelten Produkte. Sie überwachen in den sozialen Medien die Onlinemärkte für illegale Wildprodukte und informieren gegebenenfalls die Strafverfolgungsbehörden. In nur einem Jahr konnten so über 5.000 Anzeigen für lebende Tiere, Pelze oder Elfenbein entdeckt und verfolgt werden.

Die illegalen Händler reagieren auf diese neue Form der Verfolgung und nutzen zunehmend kodierte Sprache, Emojis und neue Schlüsselbegriffe, um ihre Ware unter die Leute zu bringen. So schnell wie möglich verlagern sie die Kommunikation mit ihren Kund:innen in private Chats. Das Projektteam arbeitet fieberhaft daran, die KI so weiterzuentwickeln, dass sie kriminelle Machenschaften so schnell erkennt und meldet, dass die Verbrecher keinen zeitlichen Vorsprung haben.

Würde man mehr über die aktuelle Position von Walen wissen und könnte man ihre Wanderbewegungen besser vorhersagen, ließen sich Wal-Schiffskollisionen wohl weitestgehend verhindern. In einem ersten Versuch hat ein internationales Forschungsteam einen Datensatz mit 435.000 Walpositionen mit über 35 Milliarden Positionen von 176.000 Schiffen in ein mathematisches Modell gepackt. So konnten Unfallschwerpunkte identifiziert werden: Bereiche, in denen besondere

Maßnahmen ergriffen werden sollten, um gefährliche Zusammenstöße von Walen mit Schiffen zu verhindern. Diese Gefahrenzonen machen nur 2,6 Prozent der Ozeanfläche aus. Die entsprechenden Managementansätze gibt es derzeit aber nur bei weniger als 7 Prozent dieser Hotspots.

Schön grün? Nein, Eintönigkeit, soweit das Auge reicht

Weil vermutlich keine Schiffscrew gerne einen Wal totfährt und die Unfälle auch Schäden an den Schiffen und damit Kosten für die Reedereien verursachen, verbirgt sich hier sogar ein Geschäftsmodell. Sensoren an Walen und in den Hotspotregionen der Meere könnten Waldaten an Satelliten melden. Eine KI verknüpft die mit den entsprechenden Vorhersagemodellen und gibt die Ergebnisse aufbereitet und umgehend an die Reedereien und Kapitäne weiter. Die zahlen dafür, dass sie Kollisionen mit Walen und Schiffsschäden vermeiden können. Und wenn man schon dabei ist, kann man dank Satellit, KI und Sensortechnik das ganze System auch gleich noch auf andere gefährdete Tiergruppen wie Haie oder Meeresschildkröten ausweiten. So rettet KI die Natur.

Kehren wir nun an Land zurück: Es gibt so viele Bereiche, in denen wir eine Weile gebraucht haben, um zu verstehen, was unser Handeln für Auswirkungen auf das Große und Ganze haben kann. Die Landwirtschaft ist da keine Ausnahme. Weil Landnutzungsänderungen der größte Treiber für den Verlust von Biodiversität sind und die Landwirtschaft wiederum der größte Faktor für Landnutzungsänderungen, schauen wir da mal genauer hin.

Monotonie: Zu Risiken und Nebenwirkungen …

Auf der Suche nach Effizienz baut der Mensch seine Nutzpflanzen inzwischen meist in Monokulturen an. Das ist bei manchen Pflanzen, etwa Getreide, bis zu einem gewissen Grad eine gute Idee. Ihre Vorfahren wuchsen auch in der Natur gemeinsam, und einen Weizenacker kann man mit großen Maschinen gut bearbeiten. Auf der anderen Seite sind solche »Meere der Eintönigkeit« aber auch ein Paradies für Schädlinge, weil sie ihre Nahrung dort im Überfluss finden und kaum Konkurrenz durch Generalisten fürchten müssen, die zwar überall zurechtkommen, dem Spezialisten in so einem Superhabitat aber unterlegen sind.

Auch räuberische Insekten, Vögel oder Fledermäuse kehren Monokulturen den Rücken, denn der Tisch ist zwar reich mit Insekten gedeckt, aber nur kurz: Nach einem explosionsartigen Auftreten der einen Art bricht diese Beutepopulation rasch zusammen. Erst in der nächsten Vegetationsphase kommt es zum nächsten Massenauftreten. Die lange Hungerphase übersteht kein natürlicher Räuber. Weil die sich vom Acker machen, versucht die industrielle Landwirtschaft, dem Problem mit dem flächendeckenden Einsatz von Pestiziden beizukommen. Die chemischen Attacken raffen aber auch die letzten Antagonisten der Schädlinge dahin. Viel Spritzen kann sogar zu mehr Schadinsekten führen.

Darüber hinaus zerstört der massive Einsatz von Pestiziden und Kunstdüngern das gesunde Gleichgewicht im Boden. Und die Bewirtschaftung mit großen, schweren Maschinen verdichtet ihn. Die Wasserhaltefähigkeit sinkt, die Humusbildung unterbleibt und damit auch die Kohlenstoffbindung (mit 1.500 Milliarden Tonnen ist im Boden dreimal so viel Kohlenstoff gespeichert wie in allen Lebewesen der Erde zusammen). So ein Boden erodiert leicht und wird immer unfruchtbarer. Die Flächen sind dann kaum oder gar nicht mehr für die Produktion von Lebensmitteln geeignet. Nach Meinung von Experten gilt dieser alarmierende Zustand der Degradierung schon heute für 75 Prozent der Landfläche der Erde.

Landwirtschaft ist die Antwort von uns Menschen auf die Herausforderung, eine verlässliche und umfassende Lebensmittelversorgung sicherzustellen. Im verständlichen Streben nach Effizienz und

Wachstum haben wir immer weniger Sorten auf immer größeren Flächen angebaut. Dafür haben wir Wälder, Feuchtgebiete, Grasland und andere natürliche Lebensräume in Acker- und Weideland verwandelt und »die Flur bereinigt«, also Hecken und Tümpel entfernt, um riesige Äcker zusammenzulegen und Größeneffekte ausnutzen. Je einheitlicher die zu bewirtschaftenden Flächen wurden, umso weniger menschliches Augenmaß und Gespür waren vermeintlich nötig und umso größer konnten die Maschinen werden. Die Nährstoffe, die dem Boden durch den Anbau der immer gleichen Feldfrüchte entzogen wurden, wurden mit Dünger ersetzt, Schädlinge wurden präventiv durch Pestizide in Schach gehalten. Wo der mit schweren Maschinen komprimierte Boden zu wenig Wasser speichern konnte, wurde bewässert.

Düngemittel, Pestizideinsatz und Bewässerungssysteme sorgten lange Zeit für Ertragswachstum trotz abnehmender Bodenqualität und täuschten darüber hinweg, dass die Biodiversität unter dieser intensiven Nutzung in die Knie ging. Intensive Landwirtschaft gilt als ein wesentlicher Treiber des Verlusts von Biodiversität: In der Europäischen Union sind zum Beispiel die Bestände typischer Vögel der Agrarlandschaft im Vergleich zu 1990 auf durchschnittlich 68,5 Prozent gesunken. Diese Art der Landwirtschaft ist weder folgen- noch kostenlos: Wasser wird knapp, Düngemittelpreise steigen, Boden und Gewässerbelastungen überschreiten Grenzwerte und Konsumenten erhalten belastete Lebensmittel.

Biodiversität geht unter der intensiven landwirtschaftlichen Nutzung in die Knie.

Die Landwirtschaft sucht seit langem nach Lösungen. Hier kommt KI ins Spiel: Die sogenannte Präzisionslandwirtschaft (precision farming) gilt als der Beginn der Digitalisierung in der Landwirtschaft. Heute kombiniert sie Sensortechnik mit Robotik und KI und kann so auf Basis von aufgezeichneten und aktuellen Daten zu Wetter, Bodenfeuchte, Nährstoffgehalt, Pflanzenzustand und Schädlingsbefall die genau richtigen Pflanzen für einen Standort auswählen, kleinflächig die optimale Menge an Saat, Dünger und Wasser ausbringen und große Gebiete bewirtschaften. So werden Dünger, Pestizide und Bewässerung nicht mehr großzügig prophylaktisch ausgebracht, sondern gezielt in kleineren Mengen. Dieser maßgeschneiderte Behandlungsplan führt idealerweise zu Ertragssteigerungen bei gleichzeitig sinkendem Einsatz von Produktionsmitteln.

Dieser sinkende Einsatz von Produktionsmitteln hat positive Auswirkungen auf die Biodiversität. Aber machen wir uns nichts vor: Der bisherige Einsatz von Präzisionslandwirtschaft soll vor allem mehr Leistung bringen und Kosten sparen, positive Wirkungen auf die Biodiversität sind eher ein glücklicher Nebeneffekt. Aufgrund der hohen Anschaffungskosten dieser KI-gesteuerten Technologien ist ihr Einsatz ohnehin eher in Großbetrieben zu beobachten, die tendenziell zu Monokulturen neigen, sodass auch von dieser Seite kein großer Wurf in Richtung Renaturierung zu erwarten ist.

Aber ist das verwunderlich? Wir stehen ja auch vor einem riesigen Problem. Wir werden immer mehr Menschen und schon jetzt wird nicht jeder satt. Nach dem Food Security Report der Vereinten Nationen litten 2023 weit über 700 Millionen Menschen an Hunger, im globalen Durchschnitt einer von elf, in Afrika jeder Fünfte.[10] Nehmen wir die Menschen hinzu, die mit mäßigen oder starken Unsicherheiten in Bezug auf ihre Ernährung leben (viele davon auch in Industrienationen), so kommen noch einmal 2,33 Milliarden dazu. 2018 berechnete das World Resource Institute (WRI) eine 56-prozentige Nahrungsmittellücke zwischen den 2010 produzierten und den 2050 benötigten Erntekalorien bei einem »Business as usual«-Szenario (also gleichbleibenden Produktions- und Konsummustern).[11]

Zugleich sind wir im Bereich Biodiversität an den Grenzen der planetaren Belastbarkeit. Wir haben bereits mehr Naturflächen, die eigentlich dringend für die Erbringung lebensnotwendiger Ökosystemleistungen benötigt werden, in andere Nutzungsformen (Verkehrsflächen, Siedlungen und Agrarflächen) umgewandelt, als wir uns erlauben können. Darum hat die Weltgemeinschaft beschlossen, dass der bisherige Trend der Landnutzungsänderung gestoppt und sogar umgekehrt werden muss (siehe Kasten). Damit können wir nicht weiter Wälder abholzen oder Feuchtgebiete trockenlegen, um Monokulturen anzulegen. Wir müssen mit den uns zur Verfügung stehenden Flächen auskommen. Und damit zur guten Nachricht: Eigentlich können wir das auch!

Gut gerechnet: Das 30x30-Ziel

2022 haben mehr als 190 Staaten die Abschlusserklärung der Weltnaturschutzkonferenz in Montreal unterzeichnet, das Kunming-Montreal- Protokoll. Vereinbart wurde unter anderem, dass mindestens 30 Prozent der Land- und Meeresfläche der Unterzeichnerländer bis 2030 unter effektiven Schutz gestellt werden sollen. Weitere 30 Prozent degradierter Land- und Meeresfläche sollen im gleichen Zeitraum wieder renaturiert werden. Des Weiteren sollen Unternehmen und Finanzinstitutionen offenlegen, wie sich ihre Aktivitäten auf Biodiversität auswirken.

In der EU wurde im August 2024 das »Naturwiederherstellungsgesetz« beschlossen. Bis zum Jahr 2030 müssen auf alle Mitgliedsstaaten bezogen auf mindestens 20 Prozent der Land- und Meeresgebiete, die solcher Aktivitäten bedürfen, Maßnahmen zur Wiederherstellung der Natur durchgeführt werden. Bis 2050 sollen alle geschädigten Ökosysteme wiederhergestellt werden. Diese Gesetzesinitiativen werden sich durch Flächenkonkurrenz auch auf den Agrarsektor auswirken.

Stellen Sie sich vor, Sie kaufen jeden Samstag für die Woche ein, kommen mit drei großen Tüten nach Hause und schmeißen eine davon vor der Haustür in den Müllcontainer. Da würde sich jeder Nachbar fragen, ob mit Ihnen noch alles stimmt. Aber ungefähr das ist es, was wir als Gesellschaft mit Nahrungsmitteln tun – mindestens ein Drittel davon landet auf dem Müll. Von dem, was wir auf unseren landwirtschaftlichen Flächen produzieren, werden am Ende höchstens zwei Drittel gegessen. Der Rest geht auf den verschiedenen Stufen der Wertschöpfungskette verloren.

> Wir haben eigentlich kein Flächenproblem – wir haben ein Verschwendungsproblem.

Auf mindestens einem Drittel unserer Ackerflächen wird also Nahrung produziert, die am Ende niemanden ernährt. Wir haben also eigentlich weniger ein Flächenproblem als vielmehr ein Verschwendungsproblem. Hier tut sich auch viel, unter anderem mithilfe von KI. Immer mehr (künstlich) intelligente Logistiksysteme bestellen auf Basis komplexer Nachfrageprognosemodelle, überwachen elektronisch den Zustand von Waren (optisch und anhand von Labeln), entscheiden, welche Produkte schnell abverkauft werden müssen, und organisieren spezielle Preise und Platzierungen im Laden. Größere Restaurants analysieren KI-gestützt ihre Abfallmengen und optimieren ihre Prozesse und Gerichte. Am Ende des Tages bieten sie ihre übrig gebliebenen Gerichte vergünstigt per App an. Und »intelligente« Kühlschränke überwachen die Verfallsdaten unserer Lebensmittel und schlagen uns leckere Rezepte aus Blumenkohl, Anchovies und Scheibenkäse vor, solange diese noch genießbar sind. Das alles hilft, die Abfälle in diesen Bereichen zu senken, und das ist gut.

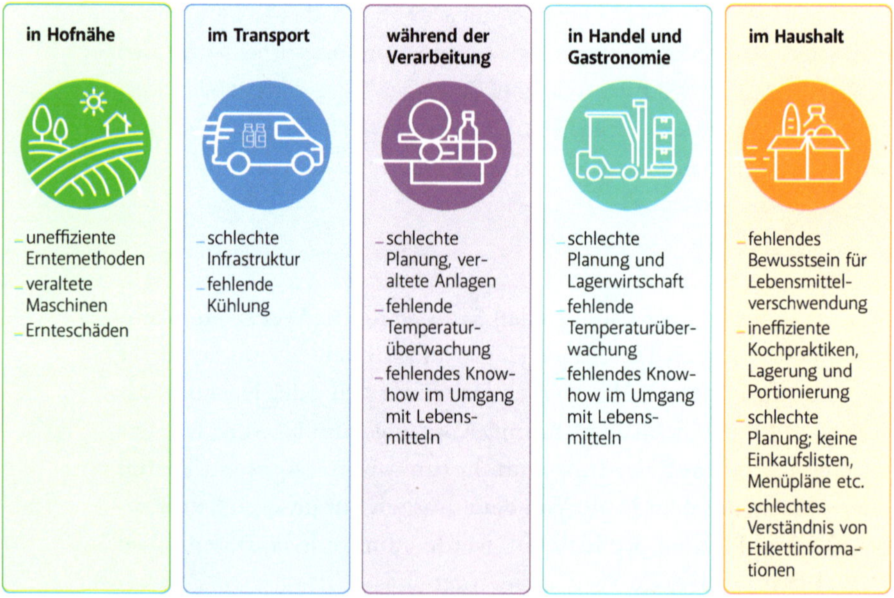

Haupttreiber des Lebensmittelverlustes in der Lieferkette

Aber leider ist wieder mal alles viel komplizierter, als es scheint. Selbst wenn wir keine Lebensmittel mehr wegschmeißen würden, hätten wir nicht automatisch 40 Prozent mehr Mahlzeiten, um den Hunger auf der Welt zu besiegen. Wir müssen die richtigen Produkte am richtigen Ort, zur richtigen Zeit und in der richtigen Menge produzieren, und das weltweit. Das bedarf starker Markttransparenz, guter Prognosen, rascher Reaktionen und ist dann ein wahnsinnig kompliziertes Optimierungsproblem mit sehr, sehr vielen Variablen. Das schreit also förmlich nach KI. Wir sind noch nicht ganz so weit, aber vielleicht gelingt es in Zukunft klugen KI-Modellen, Echtzeitinformationen über Warenströme, Kapazitäten, Marktplätze zu sammeln, mit KI-gestützter Logistik zu kombinieren, weltweit die richtigen Anbauflächen für Getreide, Tomaten und Co. zu identifizieren und eine effiziente Produktion und Verteilung zu ermöglichen. Who knows …

Aber machen wir einen Schritt zurück in der Wertschöpfungskette und schauen auf das, was nicht mit Verschwendung im Konsum zu tun hat, sondern früher in der Wertschöpfungskette passiert: die Verluste auf den Höfen. Lange ging man davon aus, dass in wohlhabenden Ländern hauptsächlich in Handel, Gastronomie und Haushalten verschwendet würde, während Menschen in ärmeren Ländern sicher umsichtiger mit ihren Lebensmitteln umgingen und dort eher in der weniger technologisierten Landwirtschaft Verluste zu verzeichnen hätten. Vermutlich sah man den größeren Hebel zur Reduktion von Verschwendung im Konsumverhalten reicher Länder und formulierte daher in den Nachhaltigkeitszielen der Vereinten Nationen auch nur hierfür ein quantitatives Ziel: 50 Prozent weniger Pro-Kopf-Verschwendung von Lebensmitteln auf Einzelhandels- und Verbraucherebene bis 2030 (im Vergleich zu 2015).

Es macht vielleicht keinen Spaß, aber es ist immerhin machbar, in den reichen Industriestaaten mit funktionierenden Müllentsorgungssystemen zu messen, was so alles weggeschmissen wird. Das Monitoring von Verlusten auf Ebene der weltweiten Agrarbetriebe ist schwieriger. Es handelt sich um Unternehmensdaten, die nicht unbedingt gerne in öffentlichen Datenbanken preisgegeben werden. Zudem gibt es mehr als 570 Millionen Betriebe, die meisten davon Kleinbetriebe, die schwer zu erfassen sind. Aber seit 2015 ist man den Verlusten genauer auf der Spur und neuere Studie weisen darauf hin, dass die Annahmen bezüglich der Orte der Verschwendung sich nicht unbedingt bestätigen. So fasst der WWF neuere Forschung in seinem Bericht »Driven to Waste« zusammen und geht von weltweit 1,2 Milliarden Tonnen Nahrungsmitteln aus, die jährlich auf landwirtschaftlichen Betrieben verloren gehen. Das sind mehr als die 931 Millionen Tonnen, die im

Einzelhandel, in der Lebensmittelindustrie und in Haushalten im Abfall landen. Insgesamt sind das 15,3 Prozent der weltweit produzierten Lebensmittel, allein auf der ersten Stufe der Wertschöpfung. Davon fallen übrigens 58 Prozent in Europa, Nordamerika und den Industrieländern Asiens an, also Ländern mit hohem und mittlerem Einkommen und technisch entwickelter Landwirtschaft. Diese neue Bewertung der landwirtschaftlichen Verluste leitet den WWF Bericht dazu, die gesamte Lebensmittelverschwendung sogar auf bis zu 40 Prozent der weltweiten Produktion zu schätzen, statt wie bisher auf 30 Prozent. Aber egal ob 30 oder 40 Prozent, es ist eine unerträgliche Menge. Gerade weil es so viel ist, stellt es aber einen effektiven Hebel da: Wenn wir dieses Problem lösen, könnten wir durchaus ohne weitere Landnutzungsänderungen und weiteren Ökosystemverlust alle Menschen ernähren.

Was also läuft auf den Höfen schief? Für Ernteausfälle gibt es mehrere Gründe: fehlende Erntehelfer, die berühmten »Miss-Fits« (Produkte, die nicht dem Schönheitsstandard entsprechen, obwohl sie schmecken) und Starkwetterereignisse. Einer der häufigsten Gründe ist aber Schädlingsbefall. Im globalen Durchschnitt gehen 10 bis 28 Prozent der Pflanzenproduktion durch Schädlinge verloren.[12] Der Klimawandel verschärft dieses Problem insofern, als dass sich ändernde Klimamuster zur Verschiebung der Lebensräume von Schädlingen führen und dass Nutzpflanzen häufiger in Trockenstress kommen, wodurch sie ihre eigenen Verteidigungsstrategien gegen Schädlinge aufgeben. Damit tauchen jetzt oder in Zukunft auf Äckern vermutlich Schädlinge auf, mit denen lokale Landwirte und Landwirtinnen keine Erfahrung haben, weder bei der Erkennung noch bei der Bekämpfung, und gegen die sich Nutzpflanzen selbst schlechter schützen können.

Die Klimaverschiebungen führen auch oft zur Desynchronisation von Räuber-Beute- oder Bestäuber-Blüten-Beziehungen, dass also Bestäuber von Obstbäumen zur Blüte fehlen oder Schädlinge ihre Lebensräume schneller oder in andere Richtungen verschieben als ihre Fressfeinde, und sich gefahrenfrei ausbreiten können. Der prophylaktische Einsatz von Pestiziden ist dagegen keine gute Lösung – nicht nur aus den schon genannten Gründen, sondern auch, weil der massive Einsatz von Pestiziden zu Resistenzen führt.

Der entscheidende Faktor bei der Eindämmung von Schädlingsbefall ist Zeit. Je früher ein Schädling erkannt wird, umso besser kann man ihn bekämpfen. Aber das ist für den Menschen schwer, wenn der Acker groß und der Schädling vielleicht sogar noch unbekannt ist. Für KI ist das leichter.

Gut, wenn zwischen Nützlingen und Schädlingen unterschieden wird: Marienkäfer schützen vor Läusen.

Das Unternehmen Trapview hat zum Beispiel ein System entwickelt, bei dem Insekten mit Pheromonen (Sexuallockstoffen) oder speziellem Licht in Fallen gelockt werden, die mit Kameras ausgestattet sind. Eine Bilderkennungssoftware identifiziert in Echtzeit die Art und Häufigkeit der Insekten, kombiniert dies mit anderen Daten zu Wetter, Pflanzenzustand oder Reifephase und kann so die Gefahr für einen Schädlingsbefall frühzeitig prognostizieren. So kann schnell und gezielt gehandelt werden. Ähnlich, aber fast noch eleganter arbeitet das System der Firma FarmSense, das nicht Bild-, sondern Tonerfassung nutzt. Auf den Feldern verteilte hochsensible akustische Sensoren erkennen am Summen der Insekten, um welche Art es sich handelt und wie viele Vertreter von ihnen unterwegs sind. Jede Art erzeugt mit dem Flügelschlag ein eigenes Klangmuster und ist dadurch eindeutig zu erkennen. Jetzt fragt sich der aufmerksame Leser vielleicht: Was ist denn, wenn der Schädling nicht geflogen, sondern gekrabbelt kommt? Gute Frage! Da hilft das System noch nicht. Allerdings machen die fliegenden Vertreter den größten Teil der Schädlinge aus, auch weil sie mobiler sind und schneller größere Flächen erobern können. Dennoch gibt es vor allem in den Tropen durchaus Probleme mit Invasionen zum Beispiel von Blattschneideameisen. Die würden den beiden oben beschriebenen Systemen vermutlich entgehen. Hier braucht es andere, an diese Umgebung angepasste Früherkennung. Sicher naht auch hierfür eine Lösung.

Der entscheidende Faktor bei der Eindämmung von Schädlingsbefall ist Zeit.

Schädlingsfrüherkennung ist ein Beispiel dafür, wie in konventioneller Landwirtschaft der Einsatz von KI helfen kann, umweltverträglich Ernteverluste zu verhindern und so zur Lebensmittelsicherung beizutragen. Richtig interessant wird es dort, wo man die Vorteile von KI nutzt, um insgesamt zu einer nachhaltigen, produktiven Form der Bodennutzung zu kommen. Das Stichwort der Stunde ist »Agroforst«.

Als Agroforstsystem bezeichnet man eine landwirtschaftliche Praxis, bei der einheimische Bäume mit landwirtschaftlichen Kulturen und/oder Tierhaltung kombiniert werden. Die Vorteile sind bestechend:

- Die Mischung an Bäumen, Sträuchern und anderen Pflanzen bietet vielfältige Lebensräume und erhöht so die Vielfalt auch nicht kultivierter Arten, die oft ebenfalls genutzt werden können.
- Die Vielfalt verbessert die Bodenstruktur und erhöht den Humusgehalt. Die Böden sind fruchtbarer, können mehr Wasser speichern.
- Die Bäume und Büsche bieten Schatten und schaffen ein günstigeres Mikroklima, das den Pflanzenwuchs fördert, die Bodenfeuchtigkeit erhöht und Tieren Abkühlung bietet. Sie schützen auch vor Wind und können so Boden vor Winderosion und junge Aussaat vor Schäden bewahren. Obendrein binden sie langfristig Kohlenstoff und wirken so dem Klimawandel entgegen.
- Das Zusammenleben vieler Arten lässt gesunde Beute-Räuber-Beziehungen entstehen und fördert so eine natürliche Schädlingsbekämpfung.
- Die Mehrfachnutzung der Flächen erweitert nicht nur das Produktangebot und damit die Einkommensmöglichkeiten, sie ver-

Hier wächst (auch) Kakao: Agroforstsystem in Peru.

teilt die Wachstums- und Erntephasen auch auf einen längeren Zeitraum. Das verteilt den Arbeitsaufwand zeitlich (eine Ernte bleibt nicht ungeerntet, nur weil Arbeitskräfte fehlen) und es mindert das Ausfallrisiko durch einzelne Wetterereignisse oder Preisschwankungen an den Märkten.

- Unter dem Strich gehen Düngemittel-, Pestizid- und Bewässerungsbedarf zurück.
- Von dem enormen ästhetischen Gewinn solcher biodiversitätsreichen Mischlandschaften brauchen wir gar nicht zu reden.

Mit den richtigen Anbaumethoden ist es so möglich, mehrfachen Ertrag aus einer Fläche zu holen, ohne den Boden zu überfordern, und sogar Flächen, die kaum noch etwas hergeben, natürlich zu regenerieren und wieder landwirtschaftlich nutzbar zu machen. Das alles mindert den Druck auf intakte Flächen, deren Umwandlung mit erheblichem Verlust von Biodiversität einhergingen.

Aber so eine Idylle stellt sich nicht von allein ein. Damit sich die gewünschten Synergien innerhalb der Systeme ergeben, müssen die verschiedenen Agrarprodukte gut aufeinander und auf ihre jeweiligen

Standorte abgestimmt sein. Das bedarf viel Know-how und genauer Kenntnis über die örtlichen Gegebenheiten. Damit sind wir wieder bei dem, was KI gut kann: Daten sammeln, Wissen verarbeiten, aus Erfahrungen lernen und dann Empfehlungen geben. Was in der herkömmlichen Landwirtschaft bereits geschieht, kann auch bei der Planung und Umsetzung von Argoforstsystemen helfen. Mit Hilfe umfangreicher Datenerhebung (topografische, geologische, klimatische, biologische Daten) werden digitale Repräsentationen einer Landschaftsfläche erstellt, die sowohl räumliche als auch zeitliche Dimensionen erfasst, also die Zukunft simuliert. Entsprechende Sensortechnik liefert aktuelle Daten zu Bodenfeuchte und Kohlenstoffgehalt, Pflanzenwachstum und ähnlichem, und KI-Modelle kombinieren diese Ist-Daten mit Prognosemodellen (Wetter, Klima, Nachfrage etc.). So können die Ergebnisse verschiedener Bewirtschaftungsmethoden prognostiziert und daraus Empfehlungen abgeleitet werden.

Das ist im Prinzip die Idee der Digital Earth (die Idee von Al Gore), nur in kleinerem Maßstab und vermutlich mit geringerer Informationstiefe und Komplexität. Es gibt erste Anbieter wie die Firma Regen Farmer, die solche »digitalen Zwillinge« für landwirtschaftliche Betriebe erstellen, die ihre Betriebe nach agroforstwirtschaftlichen Prinzipien umbauen wollen und Beratung suchen.

Auch in bestehenden Agroforsten kann die KI helfen. Die Diversität dieser Systeme macht den Einsatz großer Maschinen schwierig. Zum Glück bieten die Fortschritte in Sensortechnik und Robotik immer mehr Möglichkeiten zum Einsatz von Landmaschinen in anspruchsvolleren Geländen. Roboter finden sich mittlerweile in den kleinteiligeren, diverseren Landschaften der Agroforstbetriebe zurecht. Moderne Hackroboter mit Bilderkennung unterscheiden, welches Kraut die Aussaat überwuchern wird und weg muss, und welches moderat wächst und vielleicht durch seinen Geruch sogar Schädlinge fernhält und deshalb besser stehen bleiben sollte. In den Tropen werden viele Produkte wie Orangen, Kakao, Kaffee, Avocados oder Nüsse ohnehin von Hand geerntet. Hier sind Agroforstsysteme jeder anderen Produktionsform überlegen, vor allem, wenn es nicht nur um den schieren Ertrag eines Cash-Crops geht, sondern um die gesamte Wertschöpfung und den Erhalt von Biodiversität und Ökosystemleistungen.

Natur ist komplex. Indem wir alles für uns immer einfacher machen wollten, haben wir vieles aus dem Gleichgewicht gebracht. Das haben wir inzwischen begriffen. Dank KI werden wir zwar nicht alles wieder »auf Anfang« setzen können, aber die Hoffnung, auf den bisherigen Agrarflächen genug für alle zu erwirtschaften, scheint mit klugem Einsatz von KI etwas näher zu rücken.

> Natur ist komplex – wir haben sie uns zu einfach machen wollen und dabei vieles aus dem Gleichgewicht gebracht.

Kurze Anmerkung: Ein anderer Trend zur Flächenschonung in der Landwirtschaft ist das sogenannte »Vertical Farming«, also der Anbau in die Höhe. Diese hoch technologisierte Wirtschaftsform ist prädestiniert für den Einsatz von KI. Die Fachwelt ist sich relativ sicher, dass sich mit Hilfe von KI die derzeit noch hohen Betriebskosten reduzieren werden und vertikaler Anbau eine wichtige Rolle in der Nahrungsmittelproduktion spielen wird, insbesondere in urbanen Räumen. Mit Biodiversität hat diese Anbaumethode aber nur am Rande etwas zu tun, sodass wir hier nicht weiter darauf eingehen.

Überzeugen

KI kann denen, die praktische Naturschutzarbeit und -forschung leisten, helfen, ihr Schaffen wirkungsvoller und effizienter zu machen. Sie verstehen besser, erkennen schneller, schützen effizienter. Aber egal ob in Feld, Labor oder am Schreibtisch, ihre Arbeit gleicht der des Sisyphus, wenn alle anderen fröhlich weitermachen mit der Zerstörung von Biodiversität. Darum ist es genauso wichtig, die, die nicht aktiv im Naturschutz arbeiten, zu überzeugen, ihr Handeln zu verändern. Wir müssen das Übel an der Wurzel packen. Darum gehen wir nochmal einen Schritt zurück – dahin, wo das Problem beginnt. Warum haben wir eigentlich Natur in solchem Maße zerstört, wenn wir Biodiversität und Ökosystemleistungen doch so sehr brauchen? Und welche ökonomischen Ansätze gibt es, den Dampfer Wirtschaft in eine neue Richtung zu lenken?

Natürlich haben wir auch früher schon gewusst, dass wir sauberes Wasser zum Trinken, frische Luft zum Atmen und fruchtbare Böden für unser Essen brauchen. Später brauchten wir auch nichtnachwachsende Rohstoffe wie Öl und Kohle, um mobil zu sein und unsere Wirtschaft am Laufen zu halten.

Wir haben gedacht, dass die Ressourcen der Erde grenzenlos zur Verfügung stünden. Und das hat lange Zeit auch irgendwie gestimmt. Wir waren eine kleine Welt auf einem großen Planeten. Weil wir wenige waren, konnten die Systeme das, was wir uns nahmen, immer wieder nachliefern. Aber wir wurden immer mehr und immer anspruchsvoller. Irgendwann war unser Bedarf an Leistungen und Ressourcen größer als das, was die Erde dauerhaft bereitstellen konnte. Wir waren zu einer großen Welt auf einem – im Verhältnis – immer kleineren Planeten geworden, und ab da ging es bergab. Heute kennen die meisten den »Earth overshoot day« (Erdüberlastungstag), den Tag im Jahr, an dem wir der Erde alles genommen haben, was sie im jeweiligen Jahr produzieren kann. So wie Lohn und Gehalt, die man am Ersten eines Monats erhält, bis zum Monatsende reichen müssen, um keine Schulden aufzunehmen, würden wir schuldenfrei – im Allgemeinen sagt man »nachhaltig« – handeln, wenn dieser Tag niemals vor dem 31. Dezember eines Jahres liegen würde. Diese Latte haben wir 1971 wohl das erste Mal gerissen. Im Jahr 2024 war der »Alles-verbraucht-Tag« schon auf den 1. August vorgerückt. Wenn wir uns die nationalen Erdüberlastungstage anschauen, ergibt sich ein differenzierteres Bild, das wir einfach mal unkommentiert lassen (siehe Abbildung).

Zu dem, was wir verbrauchen und übernutzen, zählen nicht nur Rohstoffe, sondern auch Kapazitäten von Puffersystemen wie Böden, Meere oder die Atmosphäre, die unseren »Abfall« (Nitrate, CO_2, Plastik) längst nicht mehr aufnehmen können, ohne ihre Funktion und Leistungen zu beschädigen und schließlich zu gefährden. Die Forschungsarbeit des Stockholm Resilience Center zum Konzept der Planetaren Grenzen zeigt eindrücklich, dass wir uns in eine globale Gefahrenzone begeben haben.

Das Konzept der Planetaren Grenzen stammt aus dem Jahr 2009. Man kann wirklich nicht sagen, dass wir seitdem auf die Bremse getreten haben. Obwohl wir verstehen, dass wir so nicht weitermachen können, und obwohl wir eigentlich auch wissen, wie es besser gehen könnte: Green Cities, Agroforstsysteme, regenerative Landwirtschaft, natürlicher Hochwasserschutz … oder einfach mal Dinge besser nicht tun, wie Urwälder roden, Feuchtgebiete trockenlegen oder Fisch-

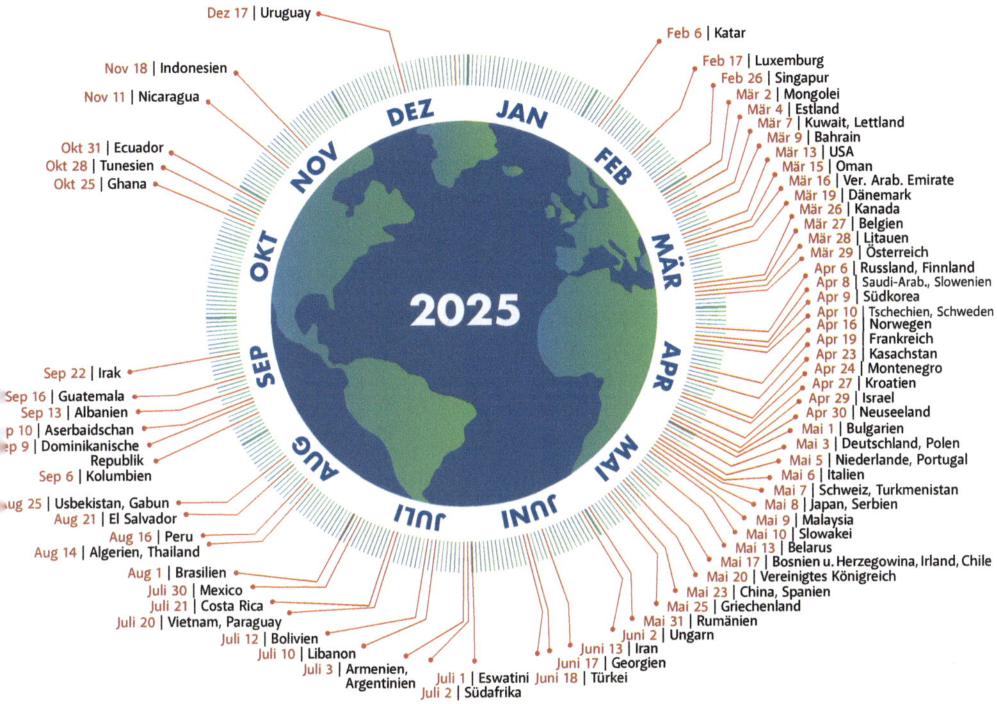

An diesen Tagen würden wir die Kapazität des Planeten überschreiben, wenn die gesamte Menschheit so leben würde wie die Bevölkerung der gelisteten Länder.

bestände übernutzen. Man könnte ganze Bücher schreiben über all die klugen Ideen zu Schutz und Regeneration von Natur und Klima (und manche tun es auch). Aber irgendwie fällt die Umsetzung immer noch schwer.

Ein wesentlicher Grund dafür ist, dass man mit der Zerstörung von Natur viel Geld verdienen kann, ohne für die Folgen der Zerstörung zur Kasse gebeten zu werden. Wer Regenwald rodet, um Soja anzubauen, vernichtet Lebensräume, zerstört Ökosystemleistungen und produziert jede Menge CO_2, aber für diese Schäden zahlt er nicht. Das übernimmt mittel- und langfristig die Gesellschaft. Man nennt so etwas »Kosten externalisieren«. Solange das geht, gibt es für Entscheidungsträger:innen aus unternehmerischer Sicht keinen Grund, mit der Zerstörung aufzuhören.

Die Grenzen des Planeten

Planetare Grenzen bezeichnen zentrale Grenzen der Belastbarkeit unseres Erdsystems. Sie sind die Limits für menschlichen Druck auf neun kritische Prozesse (wie Klima, Süßwasserkreisläufe oder Intaktheit der Biosphäre), innerhalb derer eine stabile und widerstandsfähige Erde erhalten wird. Wenn wir diese Grenzen nicht überschreiten, können Menschen weiter sicher und auskömmlich auf unserer Erde leben. Diese neun Grenzen definieren den sicheren Handlungsrahmen für unsere Zukunft. Inzwischen sind alle neun Grenzen quantifiziert und messbar. Die bekannteste Grenze ist das 1,5-Grad-Ziel beim Klimawandel. Die aktuelle Forschung zeigt, dass wir sechs der Planetaren Grenzen bereits überschritten haben.

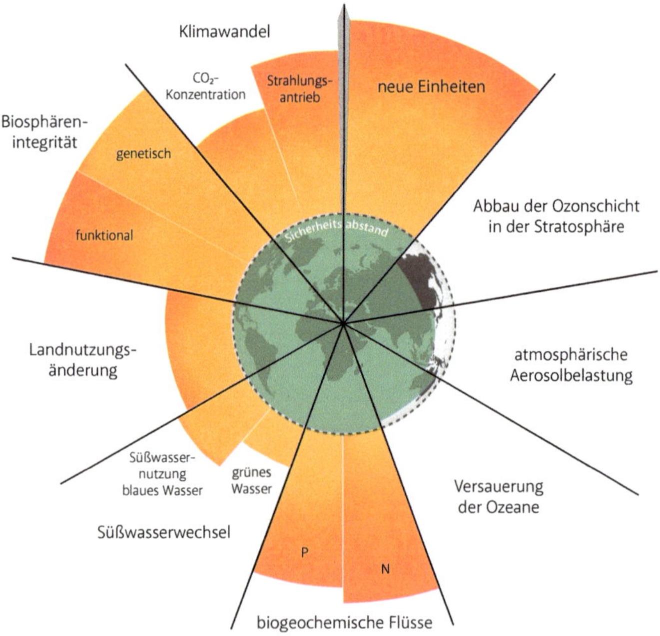

Diese Rechnung ändert sich langsam durch den traurigen Umstand, dass die Folgen (oder nennen wir sie Kosten) dieser Zerstörung nicht mehr nur diffus über der Gesellschaft schweben, sondern immer konkreter spürbar werden. Der Ausfall von Ökosystemleistungen wird zum unternehmerischen Risiko, zum Beispiel für Lieferketten (durch den Ausfall von Rohstoffen, eine Preisexplosion bei einer geringeren Mandelernte durch fehlende Bestäuber oder die Unterbrechung von Transporten durch gestörte Infrastruktur nach Hochwasserschäden) oder weil Konsumenten und Investoren ihre Marktmacht nutzen und umweltschädliches Verhalten mit sinkender Nachfrage bestrafen. So hat es das Thema Biodiversitätsverlust langsam in die Chefetagen der Wirtschaft geschafft.

> Wir müssen Wege finden, nicht mit der Zerstörung, sondern mit dem Erhalt von Ökosystemen Geld zu verdienen.

Auf gute Nachbarschaft

Schon seit den 1990er-Jahren gibt es Ansätze, für die Bereitstellung von Ökosystemleistungen zu zahlen (Payments for Ecosystem Services = PES). In Costa Rica wurde damals ein System entwickelt, bei dem Farmer, die Regenwald besaßen, von Anwohnern, die von den Ökosystemleistungen des Waldes profitierten, für dessen Schutz bezahlt wurden. Besonders populär sind seither PES-Ansätze, bei denen Anrainer flussaufwärts von Anwohnern flussabwärts dafür bezahlt werden, dass der Fluss auch weiter unten noch sauber, wasser- und fischreich ist. In Uganda wurden Farmer dafür bezahlt, dass sie Schimpansen nicht mehr als Ernteschädlinge jagten, sondern intakten Wald als Lebensraum der Menschenaffen schützten.

Damit wir aber nicht erst handeln, wenn das Kind in den Brunnen gefallen ist, müssen wir Wege finden, nicht mit der Zerstörung von Ökosystemen Geld zu verdienen, sondern mit ihrem Erhalt. Und der effektivste Weg dazu ist, Ökosystemleistungen in Wert zu setzen, oder wenn man es unpathetisch ausdrücken will – ihnen einen Preis zu geben.

Diese monetäre Sicht mag abschrecken, weil sie im Umkehrschluss impliziert, dass es einen Preis gibt, zu dem es ok ist, Natur zu zerstören. Aber um Natur in der Logik unserer derzeitigen Weltwirtschaft einen Platz zu verschaffen, muss sie in irgendeiner Währung gemessen werden. In dem Moment, wo der Nutzen von Ökosystemleistungen einen Preis hat, lohnt es sich, mit ihnen sparsam umzugehen, sie sinnvoll einzusetzen und – ganz wichtig – in sie zu investieren. Erst, wenn die Natur einen monetären Wert erhält, wird sie in den Bilanzen von Unternehmen und Staaten auftauchen.

Die Wissenschaft beschäftigt sich seit längerem mit Berechnungen zum Wert, den Ökosysteme jährlich an Leistungen für unsere Gesellschaft erbringen. Wenn wir zurückdenken an das Ökosystemleistungsrad in Kapitel 1, dann ist da eine beeindruckende Liste zu bearbeiten. Relativ einfach ist es mit den Versorgungsleistungen – das sind die materiellen Güter, die Menschen direkt aus der Natur beziehen, wie Holz, Fisch und Wild, Trinkwasser oder medizinische Rohstoffe und Heilpflanzen. Hier orientiert man sich an Marktpreisen, die man fordern kann, wenn man anderen den Zugang zu diesen Rohstoffen verwehrt.

Komplizierter wird es bei den nicht materiellen Leistungen, den Regulierungsleistungen (Bestäubung, Klimaregulierung, Aufrechterhaltung von globalen Wasserkreisläufen, Erosionsschutz), den kulturellen Leistungen (Gesundheit, Ästhetik, Spirituelles) und den fundamentalen Unterstützungsleistungen (Bodenbildung, Aufrechterhaltung globaler Nährstoffkreisläufe, Photosynthese). Hier nähert man sich der Bewertung quasi von hinten und überlegt, was es finanziell bedeutet, wenn eine Leistung ausfällt. Dazu nimmt man entweder die Kosten für die künstliche Bereitstellung einer ausfallenden Leistung (zum Beispiel für die Bestäubung von Obstbäumen per Hand, wenn natürliche Bestäuber ausfallen) oder die Kosten für die Beseitigung entstandener Schäden durch Ausfall von Ökosystemleistungen (zum Beispiel Kosten für Hochwasserschäden, wenn Mangroven oder Korallenriffe zerstört wurden, die die Küsten vorher schützten). Das ist eine hochkomplexe, in Teilen sehr hypothetische Geschichte, aber – Überraschung – da kann in Zukunft KI sehr dienlich sein.

Durch die vorhin beschriebenen Fortschritte in der Überwachung und Vermessung der Natur und immer bessere Prognosemethoden und KI-gestützte Simulationen werden immer mehr Aspekte der Leistungen von Ökosystemen erfasst. So kommen wir zu exakteren Berechnungen. Momentan geht man davon aus, dass sich der monetäre Wert der Ökosystemleistungen auf das Doppelte des globalen Bruttoinlandsprodukts (globales BIP) addiert. Nach Angaben der Weltbank hängt mindestens die Hälfte des globalen BIP direkt oder indirekt von den Leistungen der Natur ab. Wenn man aber genau nachdenkt, kommt man zu dem Schluss, dass es einfach gar keinen Wirtschaftszweig gibt, der als Teil der Gesellschaft mittelfristig nicht grundlegend von funktionierenden Ökosystemen abhängig ist, weil Umweltverschmutzung, Naturkatastrophen oder Hitzewellen Auswirkungen auf alle Mitarbeiterinnen, jeden Konsumenten und alle Betriebsabläufe haben. Daher sollte man auch nicht von fünfzigprozentiger, sondern eher von einer hundertprozentigen Abhängigkeit sprechen. Das sagen nicht nur wir, sondern auch der renommierte Wissenschaftler Johan Rockström, bekannt für seine Forschungen zu den Planetaren Grenzen und derzeit Leiter des Potsdamer Institut für Klimafolgenforschung.[13]

Der Dasgupta-Bericht von 2021 geht davon aus, dass das Naturkapital der Erde, das diese Leistungen erbringen soll, zwischen 1992 bis 2014 um 40 Prozent gesunken ist.[14] Wenn wir diesen Verlust von Biodiversität nicht stoppen und anfangen, in dieses Naturkapital zu investieren, dann sieht es bald düster aus für die Wirtschaftsleistung aller Länder.

Wir sollten also in eine intakte Biosphäre investieren. Aber was genau ist mit Investitionen in die Natur gemeint? Darunter fallen zum Beispiel Renaturierungen von Flächen wie die Wiedervernässung von Mooren oder biodiversitätsfördernde Aufforstungen von Wäldern. Theoretisch kann es aber auch einfach der Kauf einer Fläche sein mit dem Ziel, mit ihr einfach nichts zu tun. Bleibt sie sich selbst überlassen, wird auf ihr die Natur zurückkommen, sofern Tiere und Pflanzen diese Brachfläche noch erreichen können. Dann wird es auf ihr wachsen und gedeihen, es werden mehr Lebensräume entstehen und sich Arten niederlassen.

Kann sich Biodiversität wieder entfalten, führt das zu einer Erholung unseres Dienstleisters Natur insgesamt und damit zum Erstarken von Ökosystemleistungen. Das Naturkapital ist durch diese Investitionen also gewachsen. (Auch wenn das nicht gewollt war, zeigt uns die ukrainische Geisterstadt Prypjat, die 1986 nach dem Reaktorunfall von Tschernobyl aufgegeben wurde und in Teilen heute von einer vielfältigen Tier- und Pflanzenwelt bewohnt wird, wie die Natur zurückkommen kann, wenn Menschen abwesend sind). Es kann sich aber auch um Maßnahmen zur nachhaltigen Nutzung von Ökosystemen handeln. Das wäre zum Beispiel die Einführung von Agroforst- oder Permakulturen oder die Errichtung von Infrastrukturen für nachhaltigen Tourismus.

Wie viel kostet Sicherheit?

Mangroven leisten wichtigen Küstenschutz. Wo sie fehlen, verursachen Stürme große Schäden. Auf Versicherungsmodellen beruhende Studien zu Hurrikan Irma, der 2017 auf Floridas Küsten traf, ergaben, dass durch Mangroven damals bis zu 1,5 Milliarden US-Dollar an Sachschäden verhindert und 626.000 Menschen vor Flutgefahren geschützt wurden. Auch der Tsunami 2004 in Südostasien hat dort am wenigsten Verwüstung angerichtet, wo Mangroven vorhanden waren. Ohne Mangrovenwälder würden weltweit jährlich 18 Millionen Menschen zusätzlich von Überflutungen betroffen sein und finanzielle Schäden durch Überflutungen auf mehr als 82 Milliarden US-Dollar steigen.

Eine weitere Vorgehensweise ist die Unterschutzstellung intakter Naturräume, um ihre Zerstörung zu verhindern. Die Investition entspricht dann dem Verzicht auf Einkünfte aus anderer Nutzung (zum Beispiel Abholzung), also quasi den kalkulatorischen Kosten der Nichtnutzung.

Laut dem aktuellen *State of Finance for Nature Report* der Vereinten Nationen fließen weltweit derzeit etwa 208 Milliarden USD jährlich in den Biodiversitätsschutz. Um Biodiversität und damit unser Naturkapital wirklich wieder auf ein nachhaltiges, stabiles Niveau zu bringen, bräuchte es bis 2030 aber gut eine Billion USD, also fünfmal so viel, und zwar jedes Jahr. Das sieht nach einer enormen Finanzierungslücke aus. Diese eine Billion (um genauer zu sein, spricht der Bericht von 1,15 Billionen) entspricht aber »nur« etwa einem Prozent des globalen Bruttoinlandsprodukts. Damit ist eigentlich, wie man so schön sagt, der Business Case für Investitionen in Biodiversität eingetütet: Investiert werden müsste jährlich ein Prozent des weltweiten BIP, ohne Investitionen gibt es irgendwann gar kein BIP mehr. Schon 2030 dürfte nach Angaben des Weltwirtschaftsforums das globale BIP ohne Investitionen etwa 2,7 Billionen niedriger ausfallen,[15] bis 2050 sind sogar 55 Prozent (58 Billionen USD) des globalen BIP durch den Verlust von Biodiversität bedroht.[16] Auf der anderen Seite, so rechnen die Verfasser eines UN-Berichts, könnten die Investitionen in Naturkapital jährlich bis zu 10 Billionen USD an Wert generieren und 400 Millionen Arbeitsplätze schaffen.

> Investiert werden müsste jährlich ein Prozent des weltweiten BIP, ohne Investitionen gibt es irgendwann gar kein BIP mehr.

Leider wird mit der Zerstörung der Natur sehr viel Geld verdient, dementsprechend gibt es widerstreitende Interessen. Und bei Geld versus Gorilla verliert eben oft noch der sanfte Riese – nicht zuletzt deswegen, weil die Zerstörung von Natur oft völlig legal ist. Für intakte Wälder werden Einschlagskonzessionen erteilt, Fischereirechte werden ohne Auflagen für nachhaltige Fischereimethoden verkauft oder Feuchtgebiete für Infrastrukturmaßnahmen trockengelegt. Hinzu kommen illegale Aktivitäten. Die Weltbank hat die Kosten illegaler Aktivitäten, von Holzeinschlag, Fischerei und Wildtierhandel, auf ein bis zwei Billionen US-Dollar im Jahr geschätzt.[17]

Damit Staaten oder Unternehmen nicht nur per Verordnung, sondern freiwillig aktiv werden, müssen diese gigantischen Zahlen auf ihren eigenen Business Case heruntergebrochen werden, was gar nicht so leicht ist – nicht zuletzt, weil sich Arten und Ökosysteme in der Regel nicht an Ländergrenzen oder Betriebsmauern orientieren.

Je besser es gelingt, den Zusammenhang zwischen einer Investition und ihrem positiven Effekt darzustellen, um so leichter wird es, Gelder locker zu machen. Seit geraumer Zeit werden Naturleistungen auch auf Ebene einzelner Ökosysteme monetär berechnet, um Entscheidungs-

Der Natur sind Grenzen oft egal.

träger von deren Wert zu überzeugen und (meist öffentliche) Geldgeber für ihren Schutz zu gewinnen. Das war, bevor uns KI zur Verfügung stand, ein sehr aufwendiger, kostspieliger und oft noch etwas ungenauer, auf jeden Fall uneinheitlicher Prozess.

Naturkapital in Chinas Hauptstadt

Was es bedeuten kann, wenn Regierungen den ökonomischen Wert von Ökosystemleistungen begreifen, zeigt ein Beispiel aus Peking. Die Urbanisierung der Stadt ist in den letzten Jahrzehnten massiv vorangeschritten. Die wachsende Metropole ist aber stark von den regulierenden Ökosystemleistungen ihres Umlands abhängig, etwa bezüglich Wasserqualität, Hochwasserschutz und ihr Mikroklima.

Nature Capital Project, ein von der Standford University initiiertes Kooperationsprojekt wissenschaftlicher Partner mit dem Ziel, Investitionen in Naturkapital zu fördern, hat zusammen mit der Pekinger Stadtverwaltung in Anlehnung an SEEA das »Gross Ecosystem Product« (GEP) für diese Ökosystemleistungen abgeleitet, um Anwohner der umliegenden Regionen für Maßnahmen zu entlohnen, die dem Schutz oder dem Wiederaufbau der leistungserbringenden Ökosysteme im Großraum Peking dienen. Mit der Erhebung und dem Monitoring des GEP kann die Wirksamkeit von Maßnahmen überwacht und Mittel effektiv verteilt werden. Die Möglichkeit, den positiven Zusammenhang zwischen wachsendem GEP und wachsendem GDP zu belegen, macht Naturschutz vom Kostenfaktor zur sinnvollen Investition.

Um die Bewertungen von Ökosystemleistungen vergleichbar zu machen und sie mit wirtschaftlichen Daten wie Bruttoinlandsprodukten zu verknüpfen, haben die Vereinten Nationen 2021 ein statistisches Rahmenwerk veröffentlicht. Dieser einheitliche Standard heißt SEEA (System of Environmental-Economic Accounting) und beschreibt, nach welchen Regeln sogenannte Ecosystem Accounts (Ökosystemkonten) für verschiedene Bereiche erstellt werden können. Internationale Standards und Regeln – das klingt wieder kompliziert (und ist es natürlich auch). Aber wenn sich verschiedene Länder oder Organisationen an so eine wichtige Berechnung machen, von der unter Umständen abhängt, ob Stauseen gebaut, Wälder genutzt oder Fangrechte vergeben werden, dann ist es wichtig, dass wir uns einig sind, was da reingehört, wie die Sachen zu bewerten sind und vor allem, auf welcher Datengrundlage wir alles berechnen.

Dass das alles nicht einfach ist, scheint der UN klar gewesen zu sein, denn neben dem Regelwerk hat sich auch ein Werkzeug entwickelt, um diese Nuss zu knacken. ARIES – Artificial Intelligence for Ecosystem Services – ist eine Plattform, die verschiedenste Datenquellen, Datentypen und Informationsmodelle kompatibel macht und zusammenführt, um nach SEEA-Prinzipien mit ihnen Ökosysteme und deren Leistungen zu bewerteten. Die Plattform ist open-source und, wie der Name schon sagt, KI-gestützt. Was ARIES (nach eigenen Angaben) so wertvoll macht, ist, dass sie nicht nur in Datenfluten nach statistischen Zusammenhängen sucht, sondern auch semantische KI nutzt, die Bedeutungen und Konzepte verstehen, und so selbstständig für die einzelnen Aufgabenstellungen die jeweils richtigen Modelle und Datenquellen kombiniert. ARIES ist der Versuch, Wissen aus verschiedenen Bereichen zusammenzubringen, Sprache und Formate kompatibel zu machen und dieses Wissen der Welt »einfach« zugänglich zu machen, damit bald keiner mehr sagen kann: Ups, ich habe gar nicht gewusst, wie wertvoll dieses Moor war.

Ein Bereich, in dem auch private Investoren mit dem Prinzip vertraut sind, für eine Ökosystemleistung, in diesem Fall die Kohlenstoffspeicherung, zu zahlen, ist der freiwillige Handel mit CO_2-Zertifikaten. Mittlerweile werden auch Biodiversitätszertifikate für Naturschutzprojekte ausgewiesen, wobei diese sich bisher noch schwertun. Anders als bei Kohlenstoffzertifikaten geht es hier nicht um Kompensation für verursachten Schaden, sondern ausschließlich um zusätzliche Maßnahmen

Kühlen, filtern, speichern: Wälder sind essenziell für unsere Wasserversorgung

zum Schutz der Natur. Biodiversität ist aber deutlich schwerer zu messen als CO_2-Ausstoß. Außerdem suchen institutionelle Investoren nach großen, renditestarken, skalierbaren Anlagemöglichkeiten. Eine Rendite erwirtschaften die im Moment bestehenden Biodiversitätszertifikate aber nicht. Dazu kommt, dass institutionellen Anlegern die Kapazitäten und das Know-how fehlen, um die noch kleinen Projekte zu bewerten und zu monitoren. Viele aussichtsreiche Projekte fangen auf überschaubarer lokaler Ebene an. Akteure, die diese Vielfalt an kleineren Initiativen zuverlässig bewerten können und sie zusammenfassen oder sie skalieren, also zu größeren Projekten machen, fehlten bisher. Bisher …

Dank KI gelingt es heute, einige wichtige Hürden zu nehmen. Wir haben schon an mehreren Stellen beschrieben, wie exakt wir mittlerweile detaillierte Daten über kleinste Flächeneinheiten sammeln und auch verarbeiten können. Das ermöglicht es, den Zustand von Biodiversität exakt zu ermitteln und über einen bestimmten Zeitraum hinweg in Echtzeit zu verfolgen. Biodiversität wird also besser messbar. So können nicht nur geeignete Maßnahmen entwickelt, sondern auch ihre Umsetzung und vor allem ihre Wirkung genau verfolgt werden. Damit wird der Zusammenhang zwischen einer Investition und ihrer Wirkung bewertbar und die Naturinvestition bilanzierbar.

Genau dieses Ziel – »Nature on the Balance Sheet«, Natur in die Bilanzrechnung – hat sich die 2022 gegründete Landbanking Group zum Motto gemacht. Das Münchner Unternehmen hat eine Plattform entwickelt (Landler.io) auf der die durch Anwendung regenerativer Praktiken auf Landflächen erzielten »naturpositiven Erträge«, zum Beispiel Gewinne an Biodiversität, Biomasse, fruchtbarem Boden oder Wasser, in handelbare Vermögenswerte umgewandelt werden. Dazu werden über Satelliten, Drohnen, Sensoren und Proben extrem viele Informationen gesammelt und Indikatoren für den ökologischen Zustand – das Naturkapital – einer Fläche abgeleitet. Kommt es zu positiven Veränderungen, werden diese als »verifizierte Ansprüche« ausgewiesen. Diese Ansprüche können dann auf der Plattform gehandelt werden. Sie werden so zu Vermögenswerten, den »Nature Equity Assets«. Das ist entscheidend, wenn ein Unternehmen nun in ein Projekt zur ökologischen Aufwertung einer Fläche investiert, so wird das nicht nur als Ausgabe verbucht und im Unternehmensbericht unter CSR-Maßnahmen aufgeführt, sondern findet einen Platz als Wertposten in der Bilanz des Unternehmens.

Die Förderung von Biodiversität wird zum Vermögenswert.

Fernüberwachung, Automatisierung und KI machen es möglich, Bewertungssysteme wie das der Landbanking Group relativ schnell auch für kleinere Gebiete zu überschaubaren Kosten umzusetzen. Zwischen 70 und 80 Prozent der weltweiten Nahrungsmittelproduktion wird von Kleinbauern erbracht. Auch von ihnen praktizieren viele nichtnachhaltigen Anbau: wenig Arten, viel Dünger und Pestizide bei gleichzeitig immer höherem Wasserbedarf. Stellen sie ihren Anbau auf regenerative Praktiken um, dann können sie über Nature Equity Assets für ihren positiven Naturbeitrag bezahlt werden. Da die Naturkonten in Echtzeit überwacht und jederzeit vom Landverwalter und vom Investor eingesehen werden können, können spezielle Verträge, sogenannte Smart Contracts (die auf Blockchain-Technologie beruhen), Finanzzahlungen an das Eintreten bestimmter Ereignisse knüpfen, zum Beispiel an erhöhte Wasserspeicherfähigkeit. Tritt dies Ereignis ein, so zeigt sich das im Naturkonto und die Zahlung kann veranlasst werden, ohne große Zertifizierungsprozesse und ohne Intermediäre wie Banken oder staatliche Institutionen.

Die Tatsache, dass dank KI eine neue Form der Vermessung der Welt möglich ist, kann also ein wichtiger Schritt sein, den Wert unserer Ökosysteme in die nun einmal überwiegend ökonomisch getriebenen Entscheidungsprozesse unserer Gesellschaft zu heben, in die Köpfe von Politik und die Bücher von Unternehmen – Nature on the Balance Sheet.

M

KAPITEL 6

Schöne neue Welt

Die KI-Anwendungen, die wir uns bisher angeschaut haben, waren überwiegend Beispiele, in denen KI bisherige Naturschutzarbeit effizienter und wirksamer oder bisherige Praktiken in der Landwirtschaft oder Unternehmenswelt biodiversitätsfreundlicher machen kann. Jetzt wird es ein bisschen visionärer: Wir schauen in Bereiche, in denen neue Dinge gedacht und Wege gegangen werden, die erst durch KI in den Bereich des Möglichen gerückt sind. Manches scheint fast greifbar, anderes noch Zukunftsmusik, aber alles nicht undenkbar. Und wenn es klug und verantwortungsvoll umgesetzt würde, ist es vielleicht auch der Weg in eine etwas schönere neue Welt.

Vertrauen wir mal der Ziege

Vermutlich war es auch für unsere Vorfahren immer interessant, Vorhersagen zu ihrer Umwelt zu treffen. Wann werden Früchte reif? Wo könnten wir demnächst auf Mammuts stoßen? Ist das hier ein guter Platz, den nächsten Winter zu überstehen? Wer Antworten auf solche Fragen hatte, dessen Überlebenschancen stiegen. Und obwohl wir als Bewohner:innen einer der modernsten Industrienationen der Welt, ausgestattet mit Smart-Home-Heizung, Funktionskleidung und Lieferservice, Wetterphänomenen relativ entspannt entgegensehen können, darf auch heute noch in keiner Nachrichtensendung »Das Wetter« fehlen.

Dank eines weltweiten Netzes von Wetterstationen und -satelliten, gepaart mit immer ausgeklügelteren Wettermodellen, sind unsere Vorhersagen stetig genauer geworden. Seit wir wissen, dass es einen menschengemachten Klimawandel gibt, wird nicht nur das Wetter, sondern auch das Klima vorhergesagt. Weniger Fortschritte haben wir bei der Vorhersage der Ausbreitung von invasiven Arten, von Heuschreckenplagen, Stürmen, Erdbeben, Vulkanausbrüchen oder Tsunamis gemacht. Selbst wenn es uns gelingt, Letztere vorherzusagen, sind die Vorwarnzeiten zu kurz, um Katastrophen zu verhindern. Auch Krankheiten – bei Menschen, Wild- und Nutzieren, aber auch Pflanzen – breiten sich bisher weitgehend ohne Vorwarnsystem aus, manche bis hin zu einer weltweiten Pandemie. Könnten wir die voraussagen, würde das gigantische Schäden verhindern.

Nachdem wir uns Jahrzehnte mit rein technikbasierten Lösungen für diese Herausforderungen beschäftigt haben, interessieren sich »Vorhersage-Forscher:innen« heute immer mehr für das Wissen der Tiere. Gepaart mit moderner Technologie und KI-Anwendungen könnte es uns in naher Zukunft einen Riesenschritt weiterbringen. Tiere kommen weit rum – einige Küstenseeschwalben legen jedes Jahr 90.000 Kilometer zurück. Dabei dringen Tiere ebenso in Bereiche vor, die menschlichen Beobachtern und ihren Sensoren normalerweise verborgen bleiben.

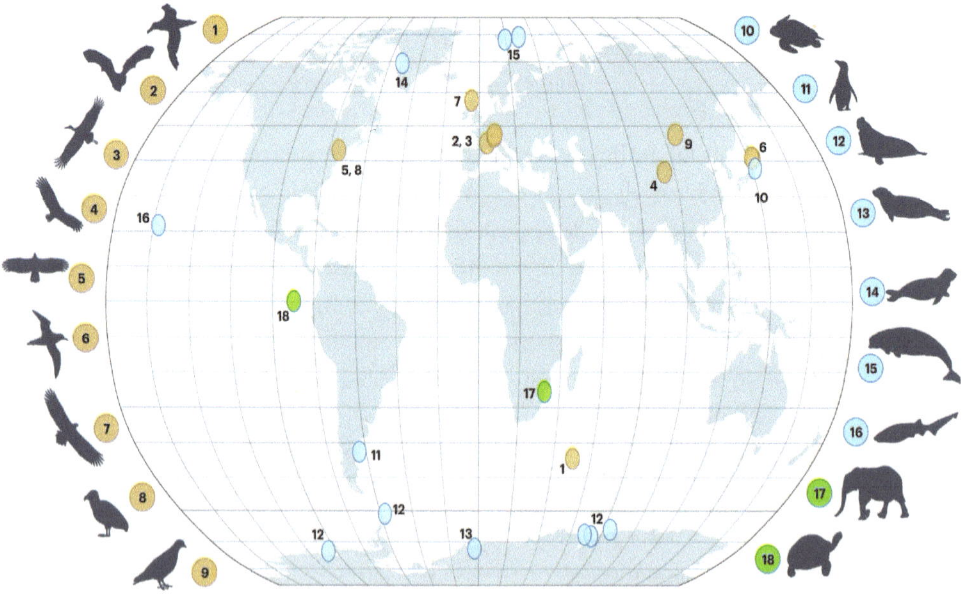

Tierische Klimaforschende: Sensoren an Tieren werden zur Schätzung von Messungen verwendet, die von der Windgeschwindigkeit und -richtung bis zur Lufttemperatur (1– 9, Gelb), der Temperatur und dem Salzgehalt der Meeresoberfläche (10–16, Blau) und der oberflächennahen Temperatur in terrestrischen Bereichen (17+18, Grün) reichen.

Besonders interessant und ebenso schwierig ist die Vorhersage von Extremwetterereignissen. Zyklone zum Beispiel richten verheerende Schäden an, aber welchen Weg sie nehmen und mit welcher Geschwindigkeit sie ziehen werden, das fällt Expert:innen immer noch sehr schwer vorherzusagen. Die Daten, die man dafür bräuchte, verbergen sich in Wassertiefen von 25 bis 200 Metern. Da kommen Vögel selten hin und Bojen mit Sensoren sind rar gesät. Diese Wassertiefe ist aber just das bevorzugte Aufenthaltsgebiet einiger Meeresschildkröten. Lasst uns das doch nutzen, dachten französische Forscher:innen und statteten einige Meeresschildkröten, die in einer Auffangstation gesund gepflegt worden waren, mit den entsprechenden Sendern aus. Weil die Ergebnisse vielversprechend waren, liefern seit 2019 immer mehr besenderte Meeresschildkröten im Indischen Ozean nun Daten und machen die Vorhersage von Zyklonen dadurch leichter.

Weil das Besendern von Tieren, gepaart mit Satellitentechnologie und KI-Anwendungen, so vielversprechende und so viele neue Daten liefert, boomen die Projekte, die diesen Dreiklang nutzen. Sie heißen ANIBOS (Animal Born Ocean Census) oder IUCARUS (International Cooperation for Animal Research Using Space) und geben auf ihren Internetseiten Einblick in ihre Arbeit und Forschungsergebnisse.

Gerade Daten aus den Weltmeeren helfen uns, nicht nur das Wetter und Stürme vorherzusagen, sondern auch unsere Klimamodelle zu verbessern. Einer der besten Mitarbeiter hier ist der südliche Seeelefant *(Mirounga leonina)*. Die Tiere sind groß und bewegen sich sowohl horizontal als auch vertikal in Meeresbereichen, die von der globalen Erwärmung stark betroffen sind, was umgekehrt wiederum große Effekte auf den Klimawandel hat. Ihr Lebensraum ist schwer zu erreichen, auch Satelliten liefern über viele Monate schlechte oder gar kein Daten aus diesen Abschnitten der Meere. Das alles ist den Seeelefanten egal. Sie ziehen schön ihre Bahnen und liefern dank moderner Sensoren viele Informationen, die man für gute Klimamodelle braucht. Inzwischen kommen 80 Prozent der Daten zur Eisdicke und Ozeansalinität in der Antarktis, die wir für die Vorhersage des Meeresspiegelanstiegs brauchen, von diesen Seeelefanten.

Für die Datenaufnahme, die Schildkröten und Seeelefanten liefern, waren früher relativ große Sender nötig. Inzwischen gibt es aber Sender,

Fleißige Forschende: Seeelefanten liefern 80 Prozent der Daten zur Eisdicke und zum Salzgehalt in der Antarktis.

die nur noch 0,2 Gramm wiegen. Damit sind sie leicht genug, um sogar an Insekten zum Einsatz zu kommen – hier tut sich ein ganz neues Feld auf, nicht nur für das frühzeitige Erkennen von Gefahren für Insekten, sondern auch im Hinblick auf die Vorhersage von Schädlingsausbrüchen wie Heuschreckenplagen. Am Ende hätte Biodiversität vielleicht selbst von der Vorhersage solcher Plagen etwas, weil Insektizide nicht prophylaktisch angewendet würden in Regionen, in denen gar keine Ausbrüche zu erwarten sind.

Ein weiteres Einsatzgebiet der »forschenden« Tiere basiert auf ihren Bewegungen. Tiere halten sich nicht zufällig an bestimmten Orten auf. Sie weichen bestimmten Gebieten aktiv aus und halten sich in solchen bevorzugt auf, in denen die Bedingungen gut sind. Damit sind sie Anzeiger sehr spezifischer Habitatparameter, zum Beispiel eines intakten Regenwalds. In solchen Fällen kann uns ihr Aufenthaltsort helfen, ein differenziertes Bild der aktuellen Welt zu erhalten. So wissen wir von vielen Seegraswiesen in den Weltmeeren nur durch die Bewegungsmuster von besenderten Tigerhaien *(Galeocerdo cuvier)*. Weiße Haie *(Carcharodon carcharias)* zeigen durch ihre Bewegungsmuster Meeresgebiete mit Temperaturanomalien an, Ansammlungen von Weißstörchen *(Ciconia ciconia)* sagen uns, wo es feuchte Wiesen gibt.

Ganz neue Ansätze zielen darauf ab, das spezifische Wissen von Tieren zu nutzen. Es gibt Hinweise darauf, dass sie Naturkatastrophen deutlich vor uns bemerken. Tiere haben eine einzigartige Mischung aus besonderen Habitatansprüchen (intakter Wald, feuchte Wiese, sauerstoffreiches Wasser ...) und hochsensiblen Sinnen, die dazu führen, dass sie auch kleine, kurzzeitige Veränderungen – zum Beispiel bei Luftdruck oder Windstärke – mit hoher räumlicher Auflösung wahrnehmen und auf sie reagieren, indem sie fliehen oder sich aktiv auf etwas zubewegen, an einem Ort aufhalten und andere offensichtlich meiden. Wenn wir diese auffälligen Reaktionen der Tiere mit Sensoren zeitnah feststellen können und diesen Sensoren dann auch noch Daten zu Flughöhe, Luftdruck, Luft- und Meerestemperatur, Salinität, Windrichtung und Stärke sammeln, haben wir vieles, was wir für gute Vorhersagen von Wetter, Klima, Erdbeben oder Tsunamis brauchen. Und anders als Satelliten liefern Tiere auch Daten, wenn der Himmel wolkenverhangen ist.

Tierische Seismographen

Am Morgen des 8. März 1966 wurde Xingtai, eine Stadt 125 Kilometer südlich von Peking, von einem starken Erdbeben heimgesucht. Etwa 8000 Menschen starben und mehr als 30.000 wurden verletzt. Zeitzeugen berichteten von Auffälligkeiten im Verhalten von Tieren im Vorfeld des Bebens. Das war Anlass für die Errichtung der ersten Tierbeobachtungsstation für die Vorhersage von Erdbeben. Hunde, Affen, Hühner und Mäuse machten es zu einer Art kleinem Zoo. Allerdings herrschte kalter Krieg, seismologische Forschung war militärisch relevant und China war nicht willens, wissenschaftliche Ergebnisse auf diesem Feld zu teilen, daher wissen wir wenig über diese Forschung.

Die frühesten Hinweise auf ein ungewöhnliches Verhalten von Tieren vor einem schweren Erdbeben stammen aus dem Jahr 373 v. Chr. aus Griechenland. Ratten, Wiesel, Schlangen und Tausendfüßler hatten einige Tage vor einem zerstörerischen Erdbeben ihre Verstecke verlassen. Solche frühen Ereignisse lassen sich rückblickend nicht mehr wissenschaftlich untersuchen. Weil sich aber Anekdoten dieser Art immer wieder finden, besteht weiterhin seriöses wissenschaftliches Interesse, dem Geheimnis der möglichen Erdbebenvorhersage durch Tiere auf die Spur zu kommen.

Es gibt eine Reihe von Ereignissen, die Erdbeben vorausgehen und von Tieren mit ihren besonderen Sinnen detektiert werden können. Dazu gehören Neigungs-, Feuchtigkeits-, elektrische und magnetische Veränderungen der Umgebung. Dabei ist es wohl nicht so sehr die Sinnesleistung oder das Verhalten eines einzelnen Tieres, sondern das Zusammenspiel verschiedener Tiere, das als Frühwarnsystem Verwendung finden könnte.

Forscher:innen des oben schon erwähnten ICARUS-Projekts besenderten Hunde, Schafe, Kühe und Ziegen in einer Erdbebenregion in Norditalien. Alle diese Individuen hatten sich nach Angaben ihrer Besitzer vor Erdbeben in der Vergangenheit merkwürdig verhalten. Und tatsächlich, die besenderten Tiere waren in den Stunden vor einem Erdbeben ungewöhnlich unruhig. Je näher die Tiere dem Epizentrum des bevorstehenden Bebens waren, desto früher begannen sie sich ungewöhnlich zu verhalten. »Ungewöhnliches Verhalten« ist ein ziemlich ungenauer Begriff, aber durch die Verwendung eines statistischen Verfahrens, das ursprünglich zur Analyse des Anlageverhaltens von Investoren an Finanzmärkten verwendet wurde, konnte tatsächlich »ungewöhnliches Verhalten« robust genug definiert und gemessen werden.[1] Die Ergebnisse zeigen, dass ein Set von Tieren als Frühwarnsystem genutzt werden könnte, nicht aber einzelne Individuen.

Welche Veränderungen die Tiere überhaupt wahrnehmen ist noch ein Rätsel. Vielleicht können Tiere die Ionisierung der Luft, die durch den hohen Gesteinsdruck in Erdbebengebieten entsteht, mit ihrem Fell wahrnehmen. Es ist auch denkbar, dass Tiere Gase riechen können, die vor einem Erdbeben aus Quarzkristallen freigesetzt werden. Auch wenn man das alles (noch) nicht weiß, schlagen die Forscher:innen ein Warnsystem vor, das so funktionieren könnte: Ein Chip am Halsband sendet die Bewegungsdaten alle drei Minuten an einen zentralen Computer. KI analysiert diese automatisch und löst ein Warnsignal aus, wenn für

Bemerkt manche Dinge früher als wir: Bergziege in Italien

mindestens 45 Minuten eine deutlich erhöhte entsprechende Aktivität der Tiere registriert wird. Das wiederum könnte über eine Katastrophenwarn-App automatisch an die Bewohner der Region übermittelt werden. Die Forscher:innen arbeiten auch daran, dem möglichen 7. Sinn von Elefanten zur Vorhersage von Tsunamis in Südostasien auf die Spur zu kommen. Vor dem verheerenden Tsunami im Jahr 2004 hatten Elefanten rechtzeitig die später betroffenen Gebiete verlassen. Zwar gibt es heute ein gemeinsames technikbasiertes Vorwarnsystem, dessen Betriebs- und Wartungskosten sich allerdings zwischen 50 und 100 Millionen US-Dollar pro Jahr belaufen. Elefanten wissen womöglich ebenso viel, lieferten ihre Informationen allerdings kostenlos. Mal sehen, wie sich das entwickelt.

Ihre wissenschaftlichen Publikationen dazu überschrieben die Wissenschaftler:innen mit dem Glaubenssatz »in goats we trust« – das sollten wir wohl manchmal alle tun.

Dr. Doolittle

Bei all dieser Forschung sind wir auf Sensoren, große Datenmengen und verarbeitende KI-Anwendungen angewiesen, um zu sehen, was die Tiere wahrnehmen. Wäre es nicht praktischer, sie könnten uns das direkt sagen?

Sprache ist ein wesentlicher Baustein menschlicher Zivilisation. Die Entwicklung, die die Menschheit genommen hat, hängt wesentlich damit zusammen, dass wir über Ideen, Dinge und Personen sprechen können, auch wenn wir sie nicht stehen. Erlebtes und Geplantes kann ausgetauscht und wichtige Informationen können weitergegeben werden. Vor allem aber können wir über die reden, die gerade nicht da sind, und wir können Geschichten hören von Menschen, die wir noch nie getroffen haben. Damit konnten wir in der Vergangenheit, wie Yuval Noah Harari es so nett beschreibt, nicht nur Tratsch austauschen, sondern hatten die Chance, Gemeinschaften zu bilden, in denen nicht jeder jeden kennen musste, um miteinander verbunden zu sein.[2]

Wissen erben

Auch wenn die Erfindung der Schrift in vielen Gesellschaften die Gedächtnisfunktion der gesprochenen Sprache übernommen hat, gab und gibt es bis heute Gemeinschaften und Bereiche, in denen Wissen nicht schriftlich weitergegeben wird, sondern über gesprochene Sprache von einem Kopf in den anderen wandert. Der malische Schriftsteller und Ethnologe Amadou Hampâté Bâ (1900–1991), der von 1960 bis 1970 für die UNESCO tätig war, wird mit den Worten zitiert: »Wenn in Afrika ein alter Mann stirbt, brennt eine Bibliothek nieder.« Wir denken zwar, dass wir alles Wissen im Internet finden können, aber es gibt auch heute noch indigene Völker, die in langer Tradition in Eintracht mit der Natur gelebt haben und über ein unglaubliches Wissen über natürliche Zusammenhänge verfügen, das nur in ihren Köpfen existiert. Wenn wir dieses kostbare Wissen nicht hören wollen, wird es nicht weitergegeben und irgendwann für immer (aus den Köpfen und der Welt) verschwinden.

Was den *Homo sapiens* so erfolgreich machte, war nicht seine individuelle Fähigkeit zur Rationalität, sondern seine Fähigkeit, als große Gruppe zu denken.[3] Sprache ist das Gedächtnis der Generationen. Was einer erlebt, erfahren oder verstanden hat, kann weitergegeben werden und andere können darauf aufbauen, neue Ideen entwickeln, diese mit anderen teilen und gemeinsam Neues schaffen.

Weil sich Sprache in verschiedenen Gruppen unterschiedlich entwickelte, war es schon immer von Vorteil, mehr als eine Sprache zu sprechen, denn dann konnte man zwischen den Gruppen vermitteln und hatte schneller Zugriff auf das, was andere dachten oder wussten. Man konnte Missverständnisse ausräumen und somit manchen Konflikt vermeiden. Und so liegt es doch nahe, auch mit Tieren in diesen Austausch treten zu wollen. Immerhin wissen auch sie viele Dinge, die für uns wichtig oder interessant sind. Nicht umsonst haben wir Menschen den Tieren schon lange Worte in den Mund gelegt – in Märchen, Fabeln, Zeichentrickfilmen. Und wer wäre nicht als Kind gern wie Dr. Doolittle durch den Zoo gelaufen, um mit allen Tieren einen Plausch zu halten?

Lange haben wir gedacht, viele Tiere seien stumm, weil wir sie nicht hören konnten. Wer wie Pflanzen keine Ohren zum Hören und keinen Mund zum Reden hat, den hielten wir nicht nur für stumm, sondern auch für taub. Mit dem Fortschritt der Technik wurde klar, dass andere Lebewesen nicht unbedingt in dem für uns hörbarem Frequenzbereich kommunizieren und vor allem nicht nur über akustische Signale, sondern auch über Bewegungen, chemische Botenstoffe oder elektromagnetische Reize. Seit in den 1940er-Jahren bildgebende Verfahren für Schallwellen entwickelt wurden, sogenannte Sonagramme, konnte man akustische Signale sichtbar machen, auch die, die unser Ohr nicht wahrnehmen konnte. Das erklärte einiges – zum Beispiel, wie Fledermäuse im Dunkeln ihre Nahrung finden und dabei nicht gegen Bäume fliegen, oder warum Elefanten, lange bevor ein anderer Trupp am Horizont erscheint, schon genau dahin sehen, wo die Neuankömmlinge zu erwarten sind. Vor allem ließ es aber vermuten, dass da draußen deutlich mehr los war, als wir dachten.

Kaum war man in der Lage, Sonagramme zu erstellen, begann man, die Rufe aller möglichen Tierarten zu untersuchen. Bei genauem Hinsehen erkannte man, dass das Repertoire an Lauten viel größer war, als man dachte beziehungsweise mit menschlichem Ohr wahrnehmen konnte. Es gab bei vielen Arten nicht nur ein Sonagrammprofil für »Alarm«, eines für »ich habe Hunger« und eines für »Na, du Süße«, sondern viel mehr Variationen und vor allem sprach jedes Individuum ein wenig anders.

Von wegen »sagt nix, hört nix«

Bisher dachte man, dass Pflanzen über Duftstoffe oder taktile Signale untereinander oder mit Tieren kommunizieren. Forscher der Universität Tel Aviv haben nun etwas Interessantes herausgefunden.[4] Sie haben Tomaten- und Tabakpflanzen in Stress versetzt (sie dehydriert oder geschnitten) und festgestellt, dass diese Pflanzen Luftschallsignale abgeben. Je mehr Stress, umso stärker die Signale. Diese Signale konnten mit Hilfe von Modellen für überwachtes maschinelles Lernen so weit analysiert werden, dass sie anhand des Musters des abgegebenen Luftschalls Auskunft über die Art des Stresses, einschließlich des Austrocknungsgrads und der Schädigung geben. Diese Signale liegen in Frequenzbereichen, die üblicherweise auch von anderen Organismen wie Mäusen oder Motten wahrgenommen werden. Worin der evolutive Sinn der »Tomaten-Schreie« liegt, bedarf noch weiterer Forschung. Über die praktische Nutzung als Frühwarnsystem, in dem Pflanzen rufen, wenn sie Durst haben oder von Schädlingen gebissen werden, wird schon spekuliert.

Ob Pflanzen zudem auch akustisch Informationen austauschen, ist noch nicht klar, wäre aber zu erwarten, denn Pflanzen können durchaus hören. Dies zeigten andere Experimente, ebenfalls an der Universität Tel Aviv, in denen Primelpflanzen mit unterschiedlichsten Geräuschen beschallt wurden, aber nur dann eine Reaktion zeigten, wenn ihnen das Summen von Insekten vorgespielt wurde. In Sekundenschnelle begannen sie, mehr Nektar zu produzieren, um sich attraktiv für den Bestäuber zu machen.

Zu erfahren, dass andere Arten ihre eigenen Sprachen und Kommunikationsarten haben, hat unseren Blick auf sie stark beeinflusst – plötzlich kamen sie uns intelligenter, emotionsfähiger und schützenswerter vor. 1967 hörte der Walforscher Roger Payne erstmals den Gesang von Buckelwalen *(Megaptera novaeangliae)*. Er war davon so fasziniert, dass er die Walunterhaltungen wenig später als Schallplatte veröffentlichte und damit eine Welle der Aufmerksamkeit für diese damals vom Aussterben bedrohte Tierart auslöste. Dies lies ein anderes Bewusstsein für unseren Umgang mit den Meeresbewohnern entstehen und wird als wesentlicher Anstoß für das 1982 von der Internationalen Walfangkommission beschlossene Walfang-Moratorium gesehen, also das Verbot des kommerziellen Walfangs (nur Japan, Norwegen und Island haben das Moratorium nicht unterzeichnet und betreiben noch Walfang).

Nummer eins der Hitparaden

Den Walgesang entdeckte der Zoologe Roger Payne eher zufällig. Als er sich 1967 auf einer Forschungsreise auf den Bermudas befand, zeigte ihm ein US-Marineoffizier Aufnahmen seltsamer Unterwassergeräusche, die aufgezeichnet wurden, als sein Schiff eigentlich auf der Suche nach sowjetischen U-Booten war. Zusammen mit dem Ingenieur Scott McVay analysierte er die Aufnahmen und stellte fest: Das waren keine zufälligen Geräusche, das waren komplexe Tonmuster in sich wiederholenden Sequenzen – der Gesang von Walen. Payne war tief berührt. 1970 veröffentlichte er eine Schallplatte mit den Liedern der Buckelwale, die unter dem Titel »Songs of the Humpback Whale« zu einem Riesen-Hit wurden, Platinschalplatten einspielten und in Ausschnitten sogar auf der Golden Record der Voyager-Raumsonde mit ins All geschickt wurden. Die Golden Records (es gibt zwei) enthalten Aufzeichnungen von Tönen und Bilddaten, die die Vielfalt des Lebens und der Kultur auf der Erde darstellen sollen. Sie sind als Grußbotschaft für intelligente außerirdische Lebensformen gedacht, die sie im All finden könnten. Wer weiß ... sollte die Golden Record jemals in die Hände außerirdischer Zivilisationen kommen, sprechen die ja vielleicht lieber mit den Walen als mit uns.

Es gibt bestimmte Arten, bei denen war der Versuch, mit ihnen in Kommunikation zu treten, besonders naheliegend, weil sie als besonders intelligent gelten (Krähen), weil ihr Stimmapparat virtuos ist (Papagei) oder weil sie uns einfach insgesamt sehr ähnlich sind (Affen). Schon lange versuchten Forscher:innen, diesen Tieren nicht nur Worte beizubringen, sondern diese auch zu kombinieren, um ihre Fähigkeit zu komplexem oder abstraktem Denken zu testen. Das wäre eine gute Voraussetzung für die Fähigkeit, Gedanken in Sprache auszudrücken.

Ein beeindruckendes Beispiel war Kanzi, ein männlicher Bonobo, der in den 1990er-Jahren Aufsehen erregte. Forscher:innen, die mit ihm arbeiteten, schätzten, dass er etwa 3000 englische Worte verstand. Affen ist es zwar unmöglich, menschliche Laute zu imitieren, aber über bestimmte Bildzeichen (Lexigramme[5]) konnte Kanzi wohl mehrere Hundert dieser Worte aktiv einsetzen. Seine Trainerin Sue Savage-Rumbaugh berichtete zum Beispiel von einem Waldspaziergang, bei dem Kanzi auf die Symbole für »Marshmellow« und »Feuer« zeigte. Als ihm Marshmellows und Streichhölzer gegeben wurden, sammelte er Zweige, zündete sie an (er war auch handwerklich sehr geschickt)

Kanzi 2006 mit der Forscherin Sue Savage-Rumbaugh vor einer Tafel mit Lexigrammen.

und röstete Marshmellows. Das war nicht nur sehr gemütlich, sondern ziemlich beeindruckend, sagte es doch viel über die kognitiven Fähigkeiten von Bonobos aus, oder zumindest über die von Kanzi. Am 18. März 2025 ist Kanzi im Alter von 44 Jahren gestorben. Sein Leben als Sprachtalent hat ihm zu einer gewissen Berühmtheit verholfen und Sue Savage-Rumbaugh im Jahr 2011 auf die Liste der 100 einflussreichsten Menschen des Time Magazine gebracht.

Auch wenn Kanzi mit seiner Intelligenz beeindruckte: Die Versuche sagten relativ wenig über die eigene Sprache dieser Menschenaffenart aus, denn was hier versucht wurde, war, dem Affen Menschensprache beizubringen, nicht »Bonoboisch« zu lernen. Das ist aber erklärtes Ziel heutiger Sprachforschung bei Tieren.

Warum sagst Du denn nichts?

Bonobos *(Pan paniscus)* und Schimpansen *(Pan troglodytes)* sind unsere engsten noch lebenden Verwandten. Anatomisch, aber auch im Hinblick auf ihr Verhalten ähneln sie uns sehr. Sie können kurze Strecken aufrecht gehen, Werkzeuge benutzen, Koalitionen bilden und brechen und sich gegenseitig kitzeln, um sich zum Lachen zu bringen. Aber auch nach langem und intensivem Training lernen sie nicht zu sprechen. Lange Zeit dachte man, das läge in der Anatomie ihres Stimmapparats begründet. Neue Untersuchungen deuten allerdings darauf hin, dass die Gründe im Gehirn liegen. Die Verbindungen zwischen verschiedenen Gehirnbereichen sind für die Entwicklung bestimmter Fähigkeiten relevant. So ist die stabile Ausbildung eines Neuronenbündels, des sogenannten *Fasciculus Articuatus*, dafür entscheidend, ob ein Primat sprechen kann und ab wann. Bei Kleinkindern und Menschenaffen ist diese Ausbildung schwach. Komplette Sätze können daher weder verstanden noch gebildet werden. Während sich das bei Kleinkindern im Laufe ihrer weiteren Entwicklung ändert, verhindert die dauerhaft schwache Ausbildung des »Nervenbündels« bei Affen trotz jahrelangem Training, selbst einfachste Sätze zu bilden, obwohl andere erforderliche Hirnareale und anatomische Voraussetzungen zum Sprechen vorhanden sind.

Die uns umgebenden ökologischen Krisen sind auch Ausdruck unserer Entfremdung von der Natur. Die Hoffnung, die viele Forscher im Bereich der tierischen Sprachforschung antreibt, ist, dass, wenn wir unsere nichtmenschlichen Mitbewohner besser verstehen, auch unser Respekt für sie und ihre Bedürfnisse wächst und wir wieder zu einem gesünderen Verhältnis kommen, zu ihnen und zu der Welt, die uns alle umgibt.

> Wenn wir unsere nichtmenschlichen Mitbewohner besser verstehen, wächst hoffentlich auch unser Respekt für sie.

Wenn man überlegt, welche Sprünge sich in den letzten Jahren in der KI gerade bei Modellen zur Sprachverarbeitung ergeben haben, dann liegt natürlich der Gedanke nahe, diese auch in der Tierwelt einzusetzen. Allerdings klingt das einfacher, als es ist. Mindestens zwei Dinge machen die Decodierung von Tiersprache schwieriger als die simultane Übersetzung von Schwedisch in Französisch oder von Amtsdeutsch in Umgangssprache. Der erste große Unterschied ist, dass es für menschliche Sprachen bereits Wörterbücher gibt. Die ersten Übersetzungsprogramme waren sogenannte regelbasierte Modelle und sie machten nichts, was der Mensch nicht auch schon konnte, nur schneller und in mehreren Sprachen, dafür noch etwas holprig, weil ihnen Semantik und ein großer Teil der Grammatik verschlossen blieb (jeder von uns hat mindestens eine lustige Gebrauchsanweisung zu einem Haushaltsgerät zuhause liegen, die damit entstanden ist). Das wurde ein bisschen besser mit den statistischen Modellen, die immer das nächste Wort mit der höchsten Wahrscheinlichkeit vorschlugen (die frühen Google-Translate-Modelle), und noch ein bisschen besser, als neuronale Netze ins Spiel kamen. Aber auch sie brauchten eine Art Wörterbuch – die KI-Forschung spricht vom Stein von Rosetta (Rosetta Stone) –, um übersetzen zu können. Genau das fehlt uns bei der Tiersprache, daher waren diese Modelle keine große Hilfe.

2017 horchten Tierforscher auf, als die Large-Language-Modelle mit der Transformer-Technologie auftauchten. Sie kommen, wie wir im ersten Kapitel beschrieben haben, ohne im klassischen Sinne gelabelte Daten aus. Mit ihnen war es erstmals möglich, Modelle zu trainieren, die zwei Sprachen ineinander übersetzten, ohne dabei ein »Wörterbuch« zu benutzen. Das klang nach genau dem, was man für Tiersprachen brauchte.

Übersetzung unplugged

Während des napoleonischen Feldzugs in Ägypten fiel französischen Soldaten im Jahr 1799 in der Stadt Rosette (heute Rasheed) eine etwa ein Meter hohe Steintafel mit einer Inschrift auf. Entsprechende Untersuchungen zeigten, dass in den Stein dreimal der gleiche Text gemeißelt war. Oben in ägyptischen Hieroglyphen, darunter in der ägyptischen Gebrauchsschrift Demotisch und unten in Altgriechisch. Während Übersetzungen aus dem Altgriechischen ins Deutsche, Englische oder Französische im 19. Jahrhundert möglich waren, stellten ägyptische Hieroglyphen damals noch das sprichwörtliche Buch mit sieben Siegeln dar. Der Fund und die Erforschung des Steins von Rosetta wurden damit zu einem echten Heureka-Moment der Sprachforschung, da es durch ihn möglich war, die Hieroglyphen zu entziffern.

Aber nichts ist umsonst: Diese Modelle kommen um den Preis noch größerer benötigter Datenmengen. Schon die früheren Übersetzungsmodelle brauchten viele Daten zum Trainieren, aber diese brauchten richtig, richtig viele. Für menschliche Sprache steht das ganze Internet zur Verfügung. Für Tiersprachen hatten und haben wir deutlich weniger Aufzeichnungen. Tiere schreiben keine Bücher und hinterlassen auch keine Voice Messages auf Smartphones. Also müssen wir das, was sie an Kommunikation von sich geben, erst noch sammeln, und das kann mühsam sein. Manche Arten sind selten, viele leben in schwer zugänglichen Gebieten, manche sagen nicht viel und andere reden so viel durcheinander, dass man die einzelnen Stimmen kaum unterscheiden kann. Wenn man sich überlegt, dass das erste ChatGPT mit 570 GB Daten gefüttert wurde (die passen ungefähr in 1,2 Millionen Bücher), ChatGPT 4.0 bereits mit 1 bis 2 Terabyte (4 bis 8 Millionen Bücher), dann muss man ganz schön lange Wölfen und Fröschen zuhören, bis so ein Modell läuft.

Bevor wir aber auf ein universelles Dr.-Doolittle-Modell schielen, schauen wir erst einmal auf das, was auf dem Weg dahin mit Hilfe der KI schon an Erkenntnis gewonnen werden kann. Die erste Aufgabe ist, die Kommunikation der Tiere wahrzunehmen und aufzuzeichnen. Wir können schon länger akustische Kommunikation mit Sonagrammen festhalten, auch die, die wir selbst nicht hören. Diese Sonagramme miteinander verglichen und nach Wiederholungen oder Auffälligkeiten gesucht haben Forscher auch schon vor KI. Aber ein Blick auf so ein Sonagramm macht deutlich, wie mühsam und zeitaufwendig das sein kann. Mit Hilfe von KI geht das viel schneller, genauer und sensibler. KI ist inzwischen in der Lage, auf Tonaufnahmen Individuen an ihrer Stimme zu erkennen. Sie kann Störgeräusche herausfiltern und zwischen einzelnen Tieren unterscheiden, auch wenn diese gleichzeitig

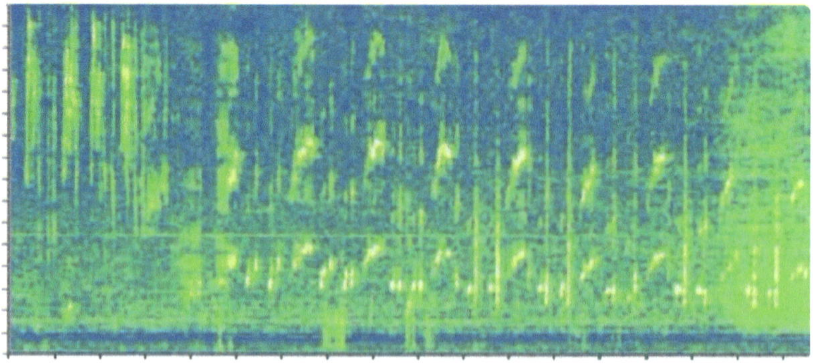

In solchen Bildern nach Mustern zu suchen, ist für den Menschen mühsam: Sonagramm eines Südkaper-Wals.

piepen, jaulen oder brüllen. Das heißt, mit KI können Aufzeichnungen genutzt werden, die vorher für Menschen nicht zu entschlüsseln waren. Gleichzeitig kann KI viel mehr dieser Daten verarbeiten und somit auch komplexere oder abstraktere Muster entdecken, die uns optisch verborgen bleiben.

Das ist zum Beispiel hilfreich, wenn man Elefanten studiert, die ein akustisch sehr komplexes Rufmuster haben. Dank immer ausgefeilteren Analysemethoden konnte neuere Forschung anhand dieser Rufe inzwischen belegen, dass Elefanten individuelle Laute nutzen, wenn sie ihre Artgenossen ansprechen.[6] Sie geben ihnen also quasi Namen, mit denen sie sie ansprechen, und zwar nicht, indem sie die Laute imitieren, die der Artgenosse selber macht, um seine Anwesenheit zum Ausdruck zu bringen, sondern sie denken sich neue aus, die ihr Gegenüber offensichtlich auch versteht. Dieses Verhalten macht durchaus Sinn, wenn man bedenkt, dass Elefanten in Herden leben, sich diese Herden aber je nach Umweltsituation (Nahrungsverfügbarkeit, Wetterlage) durch-

»Wie soll er denn heißen, der Kleine?«

aus einmal in Größe und Zusammensetzung ändern können, weil sich Herden oder Teile von ihnen vorübergehend mischen. Wird ein Tier in diesem Prozess von einem engen sozialen Kontakt getrennt, kann es über eine gewisse Distanz gezielt nach ihm rufen, in sehr tiefen Frequenzen im Infraschallbereich und über sehr große Entfernungen. Das Nutzen von Namen stärkt auch die Beziehungen. Wir kennen es von uns selbst: Wenn wir jemanden wiedertreffen, und er erinnert sich an unseren Namen, haben wir gleich eine positivere Haltung, verspüren eine Art Vertrautheit. Aber vor allem ist dieses Verhalten ein weiterer Beleg für die kognitiven Fähigkeiten dieser Tiere – zeigt es doch, dass sie in der Lage sind, Laute auf konkrete Objekte zu beziehen, also symbolisch und abstrakt zu denken. Und wer weiß: Wenn sie für ihren Kumpel einen Namen haben, dann vielleicht auch für ihr Lieblingsessen oder den Löwen von nebenan. Zu der Frage, ob diese Namen auch von dritten aufgenommen werden, gab es in der Studie übrigens noch keine eindeutigen Ergebnisse.

Ein anderes faszinierendes Forschungsprojekt in diesem Bereich ist die Cetacean Translation Initiative (CETI), bei der sich Expert:innen aus Linguistik, Robotik, KI und Meeresbiologie zusammengeschlossen haben. Ihnen geht es um die Entschlüsselung der Kommunikation der Pottwale *(Physeter macrocephalus)* mit Hilfe von KI – quasi die Fortsetzung des »Plattenprojekts« von Roger Payne (der auch Teammitglied von CETI war) – mit dem Ziel, den Text zum Song der Wale zu liefern. Es ist kein Zufall, dass die Forscher sich den Pottwal als Studienobjekt ausgesucht haben: Pottwale sind sehr soziale Tiere (darum reden sie viel miteinander), sie haben ein hoch entwickeltes Gehirn (das hilft beim Sprechen) und die Laute, die sie von sich geben, sind akustisch relativ klar (also gut zu analysieren). Anders als Buckelwale kommunizieren Pottwale genau wie Delfine und Orkas mit kurzen Klicklauten. Diese Klicklaute dienen nicht der Echoortung, sondern der Kommunikation. Innerhalb der Klicklaute lassen sich mit maschinellem Lernen verschiedene wiederkehrende Sequenzen isolieren, sogenannte Codas, die sich in Anzahl der Klicks, in Rhythmus und Tempo unterscheiden. Die Forscher erkennen sogar, wie in der Musik, so etwas wie Rubato und Verzierungen – kleine, individuelle Variationen, die der Musik Ausdruck verleihen.

Pottwal-Clan: Hier wird viel erzählt.

Wenn man diese Codas vergleicht, sieht man, dass die Clans, in denen die Wale zusammenleben, unterschiedliche Dialekte, also leichte Variationen nutzen. Die Hoffnung oder Vermutung ist, dass die Codas nicht nur die Zugehörigkeit zu einem Clan signalisieren, sondern sich in ihrer Kombination gewisse semantische Bedeutungen verbergen. Nach diesen sucht das Team. Wenn wir keinen Stein von Rosetta für die Sprache von Tieren haben, dann ist ein erster Schritt, das, was sie »sagen«, mit dem zusammenzubringen, was sie tun, wie sie sich bewegen und wo sie sich gerade befinden. Dazu nimmt das Projekt multimodale Daten auf (über Ortungssender, Drohnen und Mikrophone) und bringt Laute und Verhalten in einen zeitlichen Kontext, in dem KI dann nach Mustern sucht, die sich interpretieren lassen, zum Beispiel als: »Ich tauche auf«, »komm mit« oder »hier ist es mir zu laut«.

Sollte es gelingen, aus den akustischen Signalen zu erfahren, worüber sie sich austauschen, wie es ihnen geht und wie sie die Welt erleben, dann dürfte das nicht nur unsere Haltung, sondern auch unseren Umgang mit ihnen ändern. Würden wir Wale verstehen, könnten wir ihnen auch konkret helfen. Ein Phänomen, das verschiedene Walarten betrifft und bisher Rätsel aufgibt, sind die Massenstrandungen, die immer wieder an verschiedenen Stellen der Welt vermeintlich gesunde Tiere an Stränden sterben lassen. Würde man verstehen, was sie während ihrer Strandung kommunizieren, würde man die Gründe vielleicht verstehen und könnte sie beseitigen Denkbar wäre auch, ihren ausgeprägten Gemeinschaftssinn zu nutzen und sie durch den fingierten Hilferuf eines Jungtiers von der Küste wegzulocken. Der Fantasie sind kaum Grenzen gesetzt. Noch läuft unser Walsprachkurs. Wir sind gespannt.

Die aktuelle Playlist

Wenn männliche Buckelwale in ihrer Clique durch die Weltmeere ziehen, dann immer mit ein paar gemeinsamen Lieblingsmelodien im Gepäck, ihrer »Playlist«. Dieser Gesang verbindet, er ist Ausdruck ihrer Kultur und sie entwickeln ihn jedes Jahr ein wenig weiter. Auf ihrer jährlichen Reise gen Osten nehmen die Wale diese Gesänge mit. Treffen sie auf andere Gruppen, und die hören etwas Neues, das ihnen gefällt, dann übernehmen diese es. Und so tragen sich Variationen in der Musik ein bisschen wie »Stille Post« jedes Jahr durch die Meere. Nun haben Forscher entdeckt, dass Wale nicht nur kleine Variationen vornehmen, sondern manchmal auch ganz neue Gesänge komponieren, und auch die konnten (wenn sie das Potenzial zum Ohrwurm hatten), Schritt für Schritt in weiter östlichen Populationen gehört werden.[7] Bisher konnte dieser kulturelle Austausch im Pazifik beobachtet werden – ob er sich über den ganzen Globus erstreckt, ist noch Gegenstand der Untersuchung.

Noch ambitionierter wird es, wenn die KI-Modelle sich nicht auf einzelne Arten spezialisieren, sondern sich mehr als Generalist für Tiersprache verstehen. Das Earth Species Project (ESP), gegründet 2021, will mit Hilfe von KI ganz allgemein die Sprache der Tiere, und zwar am liebsten aller Tiere, entschlüsseln. Dazu wurde das NatureLM-audio, das weltweit leistungsfähigste »multi-Arten«-Sprachmodell für Bioakustik, entwickelt, das nicht nur mit sehr großen Mengen an Tondokumenten ganz verschiedener Tiere trainiert wurde, sondern auch mit menschlichen Stimmen, Geräuschen und Musik. Das Modell ist ein sogenanntes Foundation-Modell, also ein Modell, das einen breiten Anwendungsbereich abdeckt und mit vergleichsweise geringerem Aufwand an spezifischere Aufgaben angepasst werden kann. So soll einer großen Gruppe von Forschern und Forscherinnen die Nutzung von ansonsten sehr kostspieligen KI-Technologien erleichtert werden.

Langfristig hat das Projekt die Vision, eine universelle Repräsentation von Tiersprachen zu finden, so wie es den Large-Language-Modellen für menschliche Sprache gelungen ist. Nochmal kurz zur Erinnerung: Was den LLMs gelungen war, ist, semantische Zusammenhänge zwischen Tokens (Worten oder Satzteilen) in geografische Zusammenhänge zu überführen. Die Zusammenhänge kann man sich als Vektoren vorstellen, deren Länge ausdrückt, ob Tokens eng miteinander verbunden sind oder fern. So ließ sich für jede Sprache ein (sehr) hochdimensionales Gebilde schaffen, in dem Tokens ihren bestimmten Platz hatten. Das Erstaunliche war, dass sich die Gebilde für verschiedene Sprachen ziemlich stark in Deckung bringen ließen, so dass man darauf schließen konnte, dass Tokens (oder Worte), die am gleichen Ort in diesen Gebilden waren, auch etwa die gleiche Bedeutung hatten. Es wurde also ein universelles Konzept menschlicher Sprache entdeckt. Genau das erhoffen sich die Forscher des ESP auch für Tiersprachen.

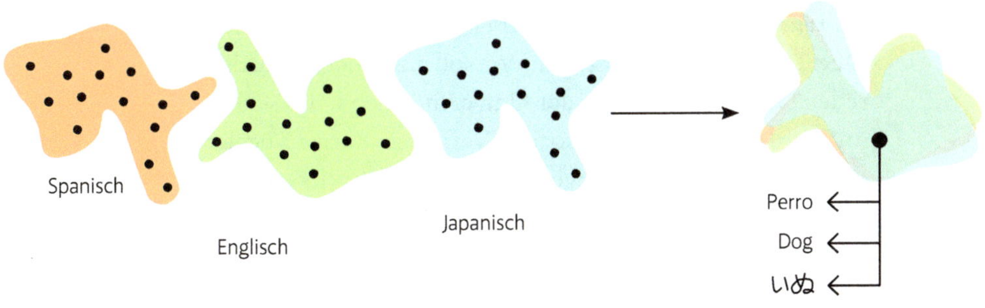

Vereinfachte Darstellung der Sprachgebilde: Die Punkte stehen für Worte.

Würde man am Ende tatsächlich Überlappungen zwischen der menschlichen Sprachwolke und einer tierischen Sprachwolke entdecken, auch wenn sie klein wären, hätte man zumindest ein paar Seiten des Wörterbuchs gefüllt. Das wäre eine Sensation. Wahrscheinlicher ist allerdings, dass wir keine 1:1-Übersetzung von menschlichen Worten in tierische

Worte erwarten dürfen. So wie wir in der Mathematik eine universelle Logik für unsere physikalische Umwelt erkennen, so hoffen die Tierforscher auch in der Kommunikation auf eine universelle Logik, die sie mit KI zu entschlüsseln hoffen. Bis dahin ist es aber noch ein Stück, denn wie gesagt, es braucht Daten, Daten und noch mehr Daten.

Die Forschung sucht in der Kommunikation eine universelle Logik, die sie mit KI zu entschlüsseln hoffen.

Der Weg dorthin ist auch schon ziemlich spannend: Mit NatureLM-audio können auf Aufnahmen Tierstimmen isoliert, gezählt und Tausende von Arten identifiziert werden. Auch Stimmen, die das Modell noch nie gehört hat, kann es isolieren und zumindest als »unbekannte Art« klassifizieren. Mittlerweile konnte das Modell z.B. für Vogelstimmen so fein eingestellt werden, dass es nicht nur die Art des Gesangs bestimmt (Balzruf, Alarm etc.), sondern auch die Lebensphase (jung, erwachsen, alt) der Vögel. Alles gute Voraussetzungen, um Tiere in Gruppen zu studieren.

Krähen sind besonders redselig und intelligent und damit ein beliebtes Forschungsobjekt der Sprachwissenschaftler:innen. Normalerweise werden Jungvögel von ihren Eltern aufgezogen. Rabenkrähen *(Corvus corone)* sehen hierin aber eine koordinierte Gemeinschaftsaufgabe. Da fragt man sich schon: Wie soll das gehen, ohne miteinander zu reden? Ein Forscherteam der Universität Leon, das schon seit langem im Norden Spaniens das soziale Verhalten dieser Vogelart erforscht, sammelt gerade jede Menge Daten zu Vokalisation und Verhalten der Krähen und versucht mit Hilfe des Earth Species Project Teams und NatureLM-audio die Zusammenhänge zwischen beidem zu entschlüsseln. Was für eine faszinierende Vorstellung, dass Krähen sich gegenseitig vermitteln, was sie bereits an Kinderprogramm erledigt haben, was noch an Arbeit ansteht und wer das tun soll. Das wäre jede Menge TI – tierische Intelligenz.

Wie gesagt ist die Bioakustik bereits in der Lage, die Eigenheiten in den Stimmmustern von Individuen genau zu erkennen. Das, was damit bei menschlichen Stimmen möglich ist, nämlich aus einem wenige Sekunden langem realen Sprachmuster eine künstlich generierte Sprachsequenz zu erstellen, die nicht von der Originalstimme zu unterscheiden ist, gelingt mittlerweile auch für einige Tierarten. Das heißt, man kann mit dem, was man über die Stimmmuster eines Tiers weiß, Tonsequenzen generieren, die ein Tier, dem man sie vorspielt, nicht von einem echten Artgenossen unterscheiden könnte. Damit kann man theoretisch glaubhafte Klangmuster schaffen, also quasi zu den Tieren sprechen, bevor man versteht, was man sagt. Da steckt viel Sprengstoff drin – wir hoffen, dass man mit dem »Babbeln« wartet, bis man weiß, was man sagt.

> Wir können jetzt schon glaubhafte Imitationen indivdueller Tierstimmen erzeugen, ohne zu wissen, was wir sagen.

Das bringt uns zu einer nicht ganz unberechtigten Frage: Wem nutzt das Ganze? Ist es nur unsere grenzenlose Neugier? Haben die Tiere uns darum gebeten, ihnen Mikros auf den Rücken zu kleben, sie beim Schlafen zu filmen oder ihre Liebesgesänge zu belauschen, geschweige denn mitzuschneiden und auszuwerten? Könnten Tiere ein Interesse daran haben, dass wir sie verstehen? Wir sind eigentlich gerade kein gutes Beispiel für zwischenmenschliches Kommunizieren, sollten wir da auch noch das Tierreich mit hineinziehen? Und das alles vor dem Hintergrund des enormen Energiebedarfs der KI-Technologie? Kann das wirklich Natur retten?

Keine der KI-Anwendungen, die wir hier im Buch vorstellen, ist eine Silver Bullet. Aber alle haben, verantwortungsvoll umgesetzt, das Potenzial, einen positiven Beitrag zum Schutz von Natur zu leisten. So auch das Doolittle-Projekt. Erklärtes Ziel der Forschung in diesem Bereich ist nicht, den Tieren zu sagen, was sie tun oder glauben sollen, sondern die Wesen und Systeme um uns herum besser zu verstehen. Wir haben den Kontakt zu ihnen verloren und der soll wiederhergestellt werden. Die Hoffnung ist, dass die Menschen wieder mehr Respekt für die Natur entwickeln, wenn sie sehen, welch ein Bewusstsein und welche kognitive Leistung sich in deren Sprache ausdrückt. Die Erfahrung aus der Entdeckung der Walgesänge, die eine große Walschutzbewegung initiierte, ist ein Beispiel dafür.

Die Erforschung der Tiersprache soll der Natur eine Stimme geben, nicht nur passiv in der Bilanz, auch aktiv in Verhandlungen. Natürlich wäre es großartig, wenn man irgendwann die Tiere selbst nach ihren Bedürfnissen fragen könnte (wir kommen hierauf im nächsten Kapitel zurück). Aber neben dieser fast philosophischen Hoffnung kann die Decodierung von Tierkommunikation durch KI auch ganz praktische Auswirkungen auf Tier- und Naturschutz haben.

Zunächst sind da die Vorteile, die sich durch die Auswertung akustischer Aufnahmen gegenüber Beobachtungen oder Besenderungen für das Monitoring von Populationen ergeben. Stimmen können unabhängig von Licht- und Sichtverhältnissen großflächig aufgenommen werden und sind insbesondere in schwer zugänglichen Regionen wie Meeren oder Urwäldern optischen Aufnahmen überlegen. Die Besenderung von Tieren wiederum gibt Auskunft über den Standort des zuvor besenderten Exemplars. Die Analyse von Stimmaufzeichnungen hingegen ist nicht invasiv und kann KI-gestützt Informationen über Anzahl, Alter, Individuen und sogar deren Gesundheitszustand liefern. Veränderungen in Populationen und Ökosystemen lassen sich so früher erkennen.

Es gibt aber auch ganz konkrete Anwendungsideen für Tiersprache – optimistisch, aber alles nicht ganz abwegig. Wenn zum Beispiel irgendwann entschlüsselt würde, wie Wale in der Gruppe ihre Zugrouten »besprechen« oder das Kommando zum langsamen Auftauchen austauschen, dann könnte man diese Pläne an die Schifffahrt melden und Kollisionen, die heute immer noch ein echtes Problem für den Walschutz sind, somit verhindern. Akustische Signale könnten flächendeckend alle Tiere detektieren und ankündigen, ob sie auftauchen oder nicht.

Wo gesungen wird, da lass dich nieder

Gesunde Korallenriffe sind wahre Orchester der Meere. Die Vielfalt an Organismen geben den Riffen eine typische Klangkulisse, die über weite Strecken hörbar ist. Fische und wirbellose Tiere, die auf der Suche nach Nahrungsgründen und Fortpflanzungsplätzen sind, fühlen sich vom Klang gesunder Korallenriffe angezogen, bieten die ihnen doch den besten Lebensraum. Hier finden sie reichlich Nahrung und geschützte Plätze für Eiablage und Jungenaufzucht. Das von den Fischen ausgeschiedene Ammonium stimuliert wiederum das Korallenwachstum – eine tolle Gemeinschaft.

Zum Glück werden weltweit zahlreiche Anstrengungen unternommen, Korallenfragmente zu züchten und in den zerstörten Regionen neu auszubringen, damit die Korallenriffe wieder zum Leben erweckt werden. Ein internationales Forscherteam hat nun am Great Barrier Reef in der Nähe solcher »Aufforstungsbemühungen« Lautsprecher im Wasser installiert, die den Soundtrack eines gesunden Korallenriffs abspielen. Danach wurden doppelt so viele Fische von diesen Stellen angezogen (und blieben auch dort) wie an Stellen ohne Ton. Es waren Fische aller trophischen Ebenen anwesend – einige, die sich von Algen und Plankton ernähren, und andere, die beispielsweise andere Fische fressen. Ihre Anwesenheit trug dazu bei, dass das Ökosystem wieder komplex und schillernd wurde. Diese Technik, die als akustische Anreicherung bezeichnet wird, ist ein sehr hoffnungsvolles Instrument für Projekte, die weltweit an der Wiederherstellung von Korallenriffen arbeiten. Gleichzeitig kann somit dank KI der akustische Fingerabdruck der Riffe genutzt werden, um Anwesenheit und Abundanz von Arten zu erkennen und so deren Zustand zu verfolgen.

Wo Korallen geschädigt sind, herrscht traurige Stille. Der Klang intakter Riffe hingegen zieht Leben an.

Auch beim Auswildern von Arten kann KI uns helfen, die Sprache der Tiere zu kennen. Die Hawaiianische Krähe *(Corvus hawaiiensis)*, von Einheimischen »Alala« genannt, galt seit 2002 auf Hawaii offiziell als ausgestorben. Weil der Niedergang der Art so dramatisch war, hatte man die letzten überlebenden Hawaiikrähen gefangen und in der San Diego Zoo Wildlife Alliance nachgezüchtet. Erste Versuche, diese Tiere auszuwildern, begannen bereits in den 1990er-Jahren, aber leider ohne Erfolg. Im Jahr 2020 mussten die verbliebenen Vögel dann wieder in menschliche Obhut genommen werden. Mittlerweile untersucht das Earth Species Project die Rufe der Krähen. Die Vermutung ist, dass Tiere, die über mehrere Generationen in Gefangenschaft gelebt haben, ihr Vokabular über die Zeit angepasst haben und ihnen eventuell wichtige »Worte« zum Beispiel für Fressfeinde verloren gegangen sind. Forscher:innen vergleichen nun die Rufe der gefangenen Krähen mit zum Glück noch existierenden Aufnahmen der wilden Krähen. Sollten Sequenzen fehlen, denen ein relevanter Kontext zugeordnet werden könnte, dann könnten in Zukunft vielleicht »Sprachkurse« für auszuwildernde Exemplare deren Überlebenschancen und damit den Erfolg solcher Auswilderungsprogramme deutlich erhöhen.

Also: Das Projekt Dr. Doolittle ist noch ganz am Anfang. Was mit Blick auf die Fähigkeiten von KI aber möglich scheint, ist faszinierend und lässt viel Raum zum Träumen. Klar ist, dass den Menschen hier ein weiteres sehr mächtiges Werkzeug in die Hand gelegt wird, das – mal wieder – das Potenzial hat, sich in ökologische Prozesse einzumischen und sie arg durcheinanderzubringen. Es wird keine 1:1-Übersetzung von menschlichen in tierische Worte geben. Es wird immer um das Deuten ihrer Sprache gehen. Jane Lawton, ihres Zeichens Director of Impact beim Earth Species Project, also »Chefin für Auswirkungen«, weist immer wieder darauf hin, dass wir uns nicht nur von unserer Sicht der Welt leiten lassen dürfen. »Jede Spezies nimmt die Welt auf eine völlig andere Weise wahr. Bienen sehen ultraviolettes Licht, Wale nutzen die Echoortung, um im Meer zu navigieren. Wir können nicht wissen, wie es ist, die Welt so zu erleben, wie

Es wird keine 1:1-Übersetzung von menschlichen in tierische Worte geben.

sie es tun. Wenn wir also versuchen, die Kommunikation von Tieren zu ›übersetzen‹, müssen wir sicherstellen, dass wir das erfassen, was sie meinen, und nicht das, was wir vermuten.«[8]

Bedenkt man, wie wesentlich die Kommunikation der Tiere untereinander für das Funktionieren ihrer Gemeinschaft und damit auch für das Funktionieren des sie umgebenden Ökosystems ist, dann ahnt man, was alles schief gehen kann, wenn wir mit den falschen Botschaften in diese Gemeinschaften eingreifen. Selbst wenn wir meinen, zu wissen, was wir sagen, und unterstellen, dass Naturschützer ihren moralischen Kompass auf »Tierwohl« eingestellt haben, bleibt immer noch die Frage, wie wir verhindern, dass dieses Werkzeug absichtlich oder aus Dummheit zum Schaden der Tiere eingesetzt wird. So könnten zum Beispiel Wilderer Tiere mit »Fake News« in Richtung ihrer Fangeinrichtungen locken oder gedankenlose Touristen auf der Suche nach Unterhaltung »Delfin- oder Walsätze« ins Meer schallen und dort für Stress oder Streit sorgen. Für all diese Gefahren müssten Menschen einen Verhaltenskodex entwickeln, der die Interessen der Natur an oberste Stelle setzt. Bis es so weit ist, können wir nur hoffen, dass sich alle Beteiligten dieser Verantwortung bewusst sind und erst mal schweigen.

Birke vor Gericht

Unser Thron wackelt. Wie wir uns der Natur gegenüber verhalten haben, hat viel damit zu tun, dass wir uns als Spezies besonders gefühlt haben, kognitiv, emotional und sozial überlegen. Wir dachten, wir sind die Einzigen, die Empathie empfinden, Werkzeuge entwickeln, eine Sprache und Kultur haben. Wir haben uns sogar eingeredet, Schmerzempfinden sei etwas Menschliches, bis uns die Forschung in all diesen Punkten widerlegte. Wir haben im zweiten Kapitel gesehen, dass Tiere ein viel feineres Gespür für das haben, was in der Natur vor sich geht. Sie sind sehr wohl in der Lage, Informationen auszutauschen und abstrakt zu denken, und sie haben über Millionen Jahre Kulturen entwickelt, in denen sie Wissen angesammelt haben, von dem wir kaum etwas ahnen. Auch Natur als Ganzes haben wir unterschätzt, missachtet und verdrängt. Jetzt merken wir, dass wir die grandiosen Leistungen der Natur (die Ökosystemleistungen) nicht im Ansatz selber erbringen können. Es ist Zeit, von unserem Thron herunterzusteigen und unser Zusammenleben auf diesem Planeten gehörig zu überdenken. Es geht nicht um die Rettung der Welt, sondern schlicht um unser eigenes Überleben.

Wenn wir (die beiden Autorinnen) an dieser Stelle von »wir« sprechen, dann meinen wir weder nur uns beide, noch meinen wir alle Menschen, die auf dem Planeten leben oder in letzter Zeit gelebt haben. Es gibt bis heute Gruppen, die die gleichberechtigte Rolle des Menschen im System Natur schon immer verstanden haben und, soweit sie noch können, auch entsprechend leben: die indigenen Völker dieser Erde *(das ist ein bisschen wie bei Asterix: Ganz Gallien ist von den Römern besetzt. Ganz Gallien? Nein! Ein von unbeugsamen Galliern bewohntes Dorf ...)*. Während sich das Überlegenheitsgefühl der »zivilisierten Welt« auch auf diese Völker erstreckte, waren sie es, die seit jeher für den respektvollen Umgang mit der Natur eingetreten sind. In ihrer Weltanschauung ist Natur, sind Flüsse, Wälder und Berge lebendige Mitbewohner, die eigene Rechte besitzen. Eine Idee, die mittlerweile auch in der vermeintlich zivilisierten Welt immer mehr Unterstützer findet.

Der Beginn der Bewegung »Rights for Nature« (Rechte der Natur) wird gemeinhin dem US-amerikanischen Juristen Christopher D. Stone zugeschrieben, der 1972 in seinem Aufsatz »Should Trees Have Standing« die Frage stellte, ob nicht auch natürliche Einheiten wie Wälder oder Flüsse als juristische Person anzuerkennen seien, so wie Unternehmen oder Stiftungen, um ihrer Rolle für den Planeten Rechnung zu tragen und ihre Rechte auch vor Gericht zu stärken.[9] Zu seiner Zeit löste dieser Vorschlag neben ein bisschen Empörung erst mal nur theoretische Diskussionen aus, aber die führten über die Jahrzehnte zu immer konkreteren Bestrebungen, den rechtlichen Status der Natur wirklich zu stärken.

2006 verabschiedete erstmals eine Gemeinde in Pennsylvania (USA) eine lokale Verordnung, die den Ökosystemen der Gemeinde Tamaqua ein Recht auf Existenz und gesunde Entwicklung zusprach. Ecuador war 2008 der erste Staat, der das Recht der Natur auf Existenz, Erhalt und Regeneration in seine Verfassung aufnahm. Das führte 2021 erstmalig dazu, dass dort Pläne zum Kupfer- und Goldabbau gestoppt wurden. Das Land führt damit eine weltweite Bewegung an, die das Existenzrecht der Natur verteidigen will. Bolivien folgte 2010 mit dem »Ley de Derechos de la Madre Tierra«, dem Gesetz der Rechte von Mutter Erde. Den nächsten Schritt ging 2017 Neuseeland, indem es nicht nur allgemeine Rechte der Natur gewährte, sondern einem Ökosystem, dem *Whanganui River*, den Status einer juristischen Person verlieh. Andere Staaten folgten: 2018 erklärte der Oberste Gerichtshof Kolumbiens den kolumbianischen Teil des Amazonas zu einer juristischen Person. Das erste europäische Land, das der Natur Rechte gab, war Spanien, genauer gesagt die Gemeinde Los Alcázares, die 2022 die Lagune Mar Menor als juristische Person anerkannte.

In Deutschland gibt es bisher keine Anerkennung von Ökosystemen als juristische Person. Nun könnte man denken: Ok, aber wir haben ja bereits Umweltschutzgesetze (Umweltschutz wurde bereits 1994 als Staatsziel ins Grundgesetz aufgenommen, 2002 folgte der Tierschutz), wo ist da der Unterschied? Es gibt mindestens einen ganz wesentlichen: Im Umweltschutzgesetz geht es darum, die Natur zum Wohle des Menschen und folgender Generationen zu schützen. Sie hat nicht ihrer selbst Willen einen Anspruch auf Schutz. Wenn Menschen vom Schaden an der Umwelt betroffen sind, können sie also dagegen Klage einreichen. Wenn sie selbst nicht von der Umweltschädigung betroffen sind, können sie auch nicht klagen. Wenn konkret gegen Auflagen eines Gesetzes verstoßen wird, zum Beispiel Grenzwerte überschritten oder Richtlinien nicht eingehalten werden, dann können klageberechtigte Stakeholder, die ebenfalls in dem Gesetz spezifiziert sind (zum Beispiel anerkannte Umweltverbände), Verfahren anstrengen. Tut das aber keiner, weil die Umweltbelastung in keiner Verordnung geregelt ist oder der Nachweis für die unmittelbare Schädigung von Menschen schwierig ist, dann ist die Umwelt auch nicht geschützt. Hat ein Wald oder ein Fluss aber eine eigene Rechtspersönlichkeit, kann er selbst, besser gesagt seine eingesetzten Vertreter, für seinen Schutz vor Gericht gehen, egal ob Menschen betroffen sind oder nicht.

Eine strikt menschenzentrierte Sichtweise trägt der universellen Bedeutung von Ökosystemleistungen nicht Rechnung.

Verdammt langer Atem

Der Whanganui-Fluss ist eine der wichtigsten Naturressourcen Neuseelands. Von seiner Quelle in den schneebedeckten Bergen des aktiven Vulkans Mount Tongariro schlängelt er sich fast 300 Kilometer weit durch die Landschaften der Nordinsel Neuseelands bis in die Tasmanische See. Die Maoristämme dieser Region betrachten sich selbst seit jeher als Teil dieser Landschaft und den Fluss als lebendige, unteilbare und gleichberechtigte Einheit an ihrer Seite.

Nachdem in den späten 1830er-Jahren immer mehr europäische Aussiedler auf die Insel kamen und es zu Auseinandersetzungen zwischen Siedlern und Indigenen um Land und Ressourcen kam, sah sich die Britische Krone (die bereits Australien in Besitz genommen hatte) gezwungen, einzuschreiten, um Einfluss auf die Siedler zu haben, die Maori zu schützen und gleichzeitig die wirtschaftlichen Interessen der Krone zu sichern, denn auch Frankreich zeigte Interesse an der Übernahme Neuseelands. In wenigen Tagen wurde ein Vertrag entworfen, der den Maori gewisse Landrechte zubilligte, aber im

Wesentlichen die Hoheit Englands über die Insel besiegelte. Eine übereilte Übersetzung – der Text wurde in nur einer Nacht von einem britischen Missionar vom Englischen ins Maori übersetzt – und sehr unterschiedliche Ideen davon, was Natur, Besitz oder Souveränität bedeuten, führten dazu, dass die Maori am 6. Februar 1840 ein Papier unterschrieben, über dessen Inhalt sie ein völlig anderes Verständnis hatten als die Britische Krone. Seitdem währte der Kampf um die Auslegung dieses Vertrags, auf dessen Weg indigene Gruppen aus ihrer Heimat vertrieben und von Kultur und Tradition getrennt wurden. Der Fluss wurde besiedelt, umgeleitet, gestaut und verschmutzt. Nach fast 180 Jahren Petitionen, Demonstrationen und Verhandlungen hat die neuseeländische Regierung 2017 als erstes Land der Welt einen Fluss, den Whanganui River, zu einer juristischen Person erklärt und damit der Weltsicht der Maori Rechnung getragen.

Das mag in Deutschland oder Österreich wie ein überschaubares Problem wirken. Deutlicher wird es, wenn wir in weniger dicht besiedelte Gebiete der Erde schauen. Denken wir uns einmal in den Amazonas oder die Wälder des Kongo und stellen uns vor, ein großes Agrarunternehmen plante die Abholzung von Regenwald, um Sojapflanzen anzubauen. Die Einwohner eines angrenzenden Dorfs werden finanziell entschädigt und es wird ihnen Arbeit im Unternehmen angeboten. Alle willigen ein. Wer nun noch für den Erhalt des Regenwaldes eintreten will, müsste im Prinzip vor Gericht belegen, welche konkrete Auswirkung die Abholzung gerade dieses Stücks Regenwaldes für das eigene Wohl hat. Man müsste belegen, dass die Rodung genau dieses Waldstücks so auf Biodiversität und zukünftiges Klima wirkt, dass man selbst davon auf eine Weise betroffen wäre, die sich nicht ergäbe, wenn dieses konkrete Stück Wald nicht abgeholzt würde. Das Problem von Klimawandel und Biodiversitätsverlust ist aber eben, dass man einer einzelnen gerodeten Waldfläche nicht eine exakte Menge an Verlust von menschlichem Wohl zuordnen kann. Und ein vages »wir brauchen Biodiversität zum Leben und Klimawandel ist gefährlich« zieht dann oft den Kürzeren, wenn gegenüber konkreten wirtschaftlichen Interessen abgewogen wird.

Ist das Recht eines Ökosystems auf Existenz und gesunden Fortbestand aber in der Verfassung festgeschrieben, dann dreht sich die

Beweislast um und das Unternehmen müsste belegen, warum das einzelne Wirtschaftsinteresse die Aufhebung eines Grundrechts begründen sollte. Das gibt den Interessen der Natur erheblich mehr Gewicht. Gewicht, das einigen auch zu weit geht: Nachdem in den USA zunächst zum Beispiel auch im Bundesstaat Ohio gewisse Rights of Nature für den Lake Erie anerkannt wurden, sind diese in einem späteren Schritt von Gerichten wieder aufgehoben worden. Andere Staaten greifen dem vor, indem sie »Anti-Rights of Nature Bills« auf den Weg bringen, Gesetze, die es staatlichen Behörden ausdrücklich verbieten, »Gewässern, Land, Pflanzen, nichtmenschlichen Tieren und anderen Kategorien (…) die Rechtspersönlichkeit zu verleihen«.[10] In Utah wurde ein solches Gesetz 2024 verabschiedet, Staaten wie Florida und Ohio arbeiten an ähnlichen Vorlagen.

Gegnern der Rights-for-Nature-Bewegung ist die Natur nicht zwangsläufig egal. Ihre Befürchtung ist eher, dass die Erklärung von Rechten für eine unbegrenzte Klasse von »Nicht-Menschen« dazu führt, dass menschliche Interessen zurückgedrängt werden. Um es vereinfacht auszudrücken: Die Angst ist, dass irgendwann kein Baum mehr gefällt und kein Fisch mehr geangelt werden darf, weil damit sein Recht auf Existenz verletzt würde und darüber berechtigte menschliche Interessen missachtet würden. Den rechtlichen Diskurs hierüber können wir an dieser Stelle nicht erschöpfend wiedergeben (dafür reicht weder unsere Fachkenntnis noch der Platz), uns sind aber zwei Anmerkungen wichtig. Zum einen scheint es uns (derzeit) in der Bewegung nicht darum zu gehen, jeder individuellen Pflanze das Recht auf Unversehrtheit zu garantieren, sondern vielmehr darum, besonders wichtige Ökosysteme als Ganzes zu erhalten. Zum anderen geht es auch nicht darum, das Recht der Natur über das des Menschen zu stellen. Genauso wie es zwischen zwei menschlichen Parteien zu sich widersprechenden Interessen kommen kann, die dann gegeneinander abgewogen werden müssen, so müsste auch immer zwischen Rechten der Natur auf Existenz und gesunde Entwicklung und den Rechten der Menschen auf Existenz und gesunde Entwicklung abgewogen werden. Aber die Abwägung wäre eben nicht mehr nur innerhalb von Verwaltungen und staatlichen Behörden zu treffen, sondern zivil- oder verfassungsrechtlich vor Gerichten.

Es ist natürlich keine unbedeutende Veränderung der Weltsicht, wenn plötzlich Interessen vor Gericht berücksichtigt werden müssen, über die man bisher die Entscheidungshoheit hatte. Aber, und darauf hat schon Stone 1972 in seinem Aufsatz hingewiesen, wir sollten nicht vergessen, dass es noch gar nicht wirklich lange her ist, dass die Weltsicht der westlichen Gesellschaft es ebenso nicht für selbstverständlich gehalten hat, Frauen gleiche Rechte zuzugestehen wie Männern.[11] Aus der damaligen Sicht waren Frauen zwar ein wichtiger Bestandteil der Gesellschaft und ihr Wohlergehen war grundsätzlich zu schützen (so wie es wohl die meisten auch für die Natur unterschreiben würden), aber gleiche Rechte schien dennoch eine absurde Vorstellung – wo sollte es denn hinführen, wenn Frauen Wahlrecht hätten oder selber entscheiden könnten, ob und welchem Beruf sie nachgingen? Aber, man höre und staune, auch das hat die Gesellschaft überstanden.

Abgesehen davon ist diese Weltsicht so neu auch nicht. Indigene Völker haben schon immer anerkannt, dass Umwelt nicht nur den physischen Kontext für das Leben der Menschen liefert, sondern der Mensch in einer Beziehung zu allen lebenden und nichtlebenden natürlichen Dingen steht, und sie haben daraus schon immer Rechte der Natur abgeleitet.

Unser Konzept der Rechtspersönlichkeit ist übrigens auch so flexibel, dass wir Unternehmen oder Schiffe als juristische Personen anerkennen und sogar diskutieren, ob KI-Agenten als Rechtspersonen gelten und im eigenen Namen Geschäfte tätigen können sollten. Dabei würde ein KI-Agent ein vom Menschen gesetztes Ziel verfolgen, aber eigenständig vorgehen: Er sammelt selbständig Daten, wählt geeignete Aktionen aus und interagiert mit seinem Umfeld. Vielleicht ist es also gar kein so verrückter Gedanke, das Gleiche für unsere lebende Umwelt zu fordern?

> Wir erkennen Unternehmen, Schiffe und bald vielleicht auch KI-Agenten als juristische Personen an. Warum nicht auch ein Ökosystem?

Wenn wir den Schirm der Rechtspersönlichkeit über diese Objekte öffnen, dann ist es vielleicht gar kein so verückter Gedanke …

…mit allen Rechten und Pflichten?

Wenn ein Fluss die Rechte einer juristischen Person erlangt, hat er dann nicht auch Pflichten? Ist er dann nicht auch verantwortlich für den Schaden, den er bei Hochwasser anrichtet?

Unser spontanes Bauchgefühl sagt schon, dass das wenig Sinn machen würde. Und tatsächlich scheint auch die rechtliche Auffassung hier keine »Sorgfaltspflicht« des Flusses zu sehen. Zumindest das deutsche Bürgerliche Gesetzbuch (BGB) hält in seinem allgemeinen Teil fest, dass die Übernahme von Pflichten die Zurechenbarkeit und Handlungsfähigkeit der (juristischen oder natürlichen) Person voraussetzt. Das trifft für Ökosysteme nicht zu, weil sie ihre Handlungen nicht willentlich ausführen. Damit sind sie auch juristisch raus aus der Verantwortung.

Egal, ob wir über spezielle Rechte der Natur oder eine eigene Rechtspersönlichkeit reden: Die »Birke vor Gericht« wird vermutlich nie selber sprechen, das werden wieder Menschen für sie tun. Damit das für die Birke gut ausgeht, sollten diese Menschen möglichst genau wissen, was denn überhaupt im Interesse der Birke beziehungsweise der Natur ist. Und da kommt wieder KI ins Spiel. Moderne Sensortechnik und maschinelles Lernen erlauben es bereits jetzt und in Zukunft immer besser, in Echtzeit den exakten Zustand der Erde bis auf wenige Quadratmeter genau festzustellen. Immer komplexere KI-gestützte Prognosemodelle werden immer besser darin, Ökosystemzusammenhänge abzubilden und die Konsequenzen unseres Handelns auf Individuen, Populationen, Arten, Ökosysteme und deren Leistungen vorherzusagen – wir denken an den digitalen Zwilling von Al Gore. Wie wäre es, wenn die rechtlichen Vertreter der Natur so einen digitalen Zwilling für das ihnen anvertraute Ökosystem hätten? Dieser Zwilling würde Alarm schlagen, wenn irgendwo etwas passiert, was sein Recht auf Existenz und Wohlergehen verletzt. Dann ginge es ab ins Gericht – im besten Fall, bevor das Ökosystem unwiederbringlichen Schaden davonträgt.

Einen ähnlichen Effekt erhoffen sich auch Akustik-Forschungsteams, wie das des CETI-Projekts mit den Walen. Ihre Hoffnung:

Ach nee: Doch 'ne Birke vor Gericht.

Würde man Wale hören, wie sie Belastung oder sogar Schmerz über den Lärm im Meer artikulieren, dann könnte das vor Gericht als Beweis dafür dienen, dass Lärm ihren Schutzstatus verletzt. Denn Walen darf eigentlich auch unter bestehendem Recht (Gesetze zum Tier- und Artenschutz) kein Schaden zugefügt werden – nur wird der Schaden, der ihnen durch Lärm zugeführt wird, oft ignoriert, obwohl er ihnen physisch Schmerzen zufügen, manchmal sogar tödlich sein kann, und alle Aspekte ihres Lebens beeinträchtigt: Jagd, Kommunikation, Partnersuche, Gruppenidentifikation und die Interaktion von Mutter- und Jungtier. Gäbe es Tondokumente für ihr Leiden, würde das die Lage vor Gericht sicher stärken und Schutzmaßnahmen könnten leichter eingefordert werden.

KI-Optimisten träumen schon von multimodalen KI-Agenten, die nicht nur den digitalen Zwilling und den Dolmetscher in sich vereinen, sondern auch noch ein juristisches Staatsexamen abgelegt haben und gleich den ganzen Prozess führen könnten, einschließlich Urteilsspruch. Ein mitreißendes Schlussplädoyer wie in Hollywood wäre unnötig. Kein Traum, den wir Autorinnen teilen – aber mehr dazu im nächsten Kapitel.

Wenn wir jetzt aber schon bei »Agenten-Geschichten« sind, wollen wir schnell noch eine andere spannende Idee anschauen, nämlich die von Interspecies Money. Wenn wir davon sprechen, dass Ökosysteme oder Arten eigene Rechte haben sollten, warum dann nicht auch ein Konto? Vater des Konzepts des Interspecies Money und Mitbegründer der Organisation Tehanu ist der Technologe, Autor und Futurist Jonathan Ledgard. Kern seiner Idee ist es, bedrohten Tierarten digitale Identitäten zu verleihen, mit denen sie ein Konto eröffnen können. Mit einem (gespendeten) Startkapital ausgestattet, sollen sie dann ganz nach ihren Bedürfnissen für Dienstleistungen bezahlen, die Menschen zu ihrem Schutz erbringen. Das Charmante an dem Ansatz ist, dass bedrohte Arten sehr oft in der Nähe von Menschen leben, denen es ebenfalls (zumindest wirtschaftlich) nicht besonders gut geht. Sie haben vielleicht erzwungenermaßen Interesse daran, Elfenbein zu handeln oder großen Betrieben ihr Land zu verkaufen. Wenn sie aber von den Waldelefanten dafür bezahlt werden, dass sie ihren Lebensraum schützen und nicht jagen, dann ist allen Seiten gedient: der lokalen Bevölkerung, den Elefanten und, das ist besonders wichtig, allen anderen Arten,

Die technischen Voraussetzungen hierfür sind schon weitgehend vorhanden. Bilderkennungssoftware kann Tiere individuell am Gang, an Gesichts-, Fell- oder Flossenmerkmalen erkennen. Blockchain-Technologie kann die Gelder verwalten und sichere Zahlungsvorgänge garantieren. Und all die KI-Technologien, die wir in den vorangegangenen Kapiteln beschrieben haben, könnten von (die bedrohte Art vertretenden) KI-Agenten genutzt werden, um die sinnvollen »menschlichen Dienstleistungen« zu identifizieren, die den Bedürfnissen der Art entsprechen. Die Finanzierung sieht das Team von Tehanu derzeit noch bei philanthropischen Organisationen, multilateralen Institutionen und Regierungen des globalen Nordens. Zur Verwaltung dieser Ressourcen soll es, so wie derzeit Gelder von der Weltbank in Entwicklungsprojekte fließen, eine »Bank for other Species« (Bank für andere Arten) geben.

Gorillas mit Girokonto

Der Volcanoes Nationalpark in Ruanda liegt in einer der biologisch wertvollsten Regionen Afrikas. Er erstreckt sich vom Meeresspiegel bis auf 4507 Meter Höhe, umfasst fünf der »schlafenden« Vulkane Ostafrikas und ist Heimat der ruandischen Berggorillas. Lange war die Art unmittelbar vom Aussterben bedroht. Mittlerweile hat sie sich dank länderübergreifender Schutzaktivitäten stabilisiert und gilt »nur noch« als stark gefährdet. Symbol der Bemühungen um diese Bergbewohner ist die seit 2005 jedes Jahr stattfindende Kwita-Izina-Zeremonie, ein Fest, bei dem allen neugeborenen Gorillas ein Name gegeben wird, als Ausdruck der Wertschätzung. In den letzten 19 Jahren waren das immerhin 397 Babytaufen.

Bald mit eigener Kreditkarte?

Die Organisation Tehanu hat den finanziellen Wert der Gorillapopulation auf fast 1,4 Milliarden Dollar geschätzt – etwa 10 Prozent des ruandischen BIP. Darin enthalten sind Einnahmen aus Tourismus, aber auch der monetäre Wert, den Gorillas als Stabilisatoren für die Funktion des Ökosystems des Nationalparks haben. Im August 2024 startete Tehanu das Interspecies-Money-Projekt. Durch tägliche Rangerbesuche, DNA-Proben, Kamerafallen und KI-Gorilla-Gesichtserkennung wurden die Mitglieder einer Berggorillafamilie identifiziert, ihnen eine digitale Identität und ein eigenes Konto gegeben. Menschliches Know-how und jede Menge Daten wurden in KI-Modellen kombiniert, um die relevanten Bedürfnisse der Gorillas zu identifizieren. Anschließend wurde ein Blockchain-basiertes System entwickelt, mit dem Anrainer mobile Zahlungen für Dienstleistungen im Sinne der Gorillas, wie zum Beispiel die Beseitigung von Wilderer-Schlingen, erhalten konnten.

Vielleicht wäre es auch denkbar, Teile der durch Ökosysteme oder die bedrohten Arten generierten Werte wieder an diese zurückzuüberweisen und so deren Konten zu füllen. Das Konzept ist noch in der Pionierphase. Es müssen daher noch viele Details ausgearbeitet werden, um das Modell in großem Stil auszurollen. So braucht es zuverlässige Auswahlverfahren für die beteiligten menschlichen Dienstleister:innen, die Eigentumsverhältnisse müssen klar sein, wenn Anspruch auf Vergütung für den Schutz einer Fläche beansprucht, die Rechte der Gorillas dürfen nicht die Rechte anderer Arten (zum Beispiel das Recht des Leoparden, Gorillas zu jagen) verletzen und vieles mehr. Aber die Idee, den Wert der Natur nicht nur als Maßeinheit für unseren menschlichen Nutzen zu sehen, sondern als Einkommensquelle für bedrohte Arten zu nutzen und damit lokale artübergreifende Interessengemeinschaften zu etablieren, hat durchaus seinen Reiz.

TEIL III

Der Haken an der Sache

Fast wie Zauberei mutet an, was mit KI so alles möglich ist. Es ist ziemlich verlockend, sie sich zur Seite zu holen – für den Naturschutz genauso wie für die nächste Steuererklärung. Damit wir nicht enden wie Goethes Zauberlehrling (»Die ich rief, die Geister, werd ich nun nicht los«), heißt es aber Obacht geben.

KAPITEL 7

Der Blick auf die Stromrechnung

Der Motor von KI-Modellen liegt in ihrer wahnsinnigen Rechenleistung. Mit dem öffentlichen Auftauchen generativer KI-Modelle wie ChatGPT & Co. haben die einen schneller, die anderen etwas langsamer für sich die Bequemlichkeit entdeckt, Antworten auf Fragen nicht mehr selbst zu recherchieren, sondern innerhalb von Sekunden geliefert zu bekommen. Dieser Service ist möglich, weil das Large-Language-Modell im Hintergrund in Sekundenschnelle je nach Komplexität der Frage Millionen, Milliarden oder Billionen von Rechenschritten vollzieht. Zu Zeiten von »einfachen« Google-Anfragen hat unser an Effizienz nicht zu schlagendes Gehirn einen Großteil dieser Leistung erbracht (und dafür vielleicht mal einmal ein Gummibärchen verbrannt). Im Falle von CHatGPT tun das riesige, strombetriebene Rechenzentren.

> Wenn wir googeln, leistet unser effizientes Gehirn die Arbeit, wenn wir prompten, tun das riesige, energieintensive Rechenzentren.

Aber nicht nur das Nutzen von KI-Modellen beschäftigt die Rechenzentren. Bereits ihr Training ist Hochleistungssport, und je mehr die Modelle bieten, je multimodaler sie werden, umso mehr müssen sie trainieren. So wurde das 2019 veröffentlichte GPT-2 mit schätzungsweise vier Milliarden Token trainiert, was ungefähr drei Milliarden Wörtern entspricht (zum Vergleich: das deutsche Wikipedia umfasst derzeit ungefähr zwei Milliarden Worte). Das 2023 veröffentlichte GPT-4 hingegen brauchte bereits fast 13 Billionen Token, was etwa 9,75 Billionen Wörter wären, also gut 3000-mal so viele.[1]

Es gibt durchaus Schätzungen dazu, wie viel Energie die KI-Branche benötigt, wie viel Strom ein Prompt frisst oder was ein Training kostet. Um ehrlich zu sein, sind diese aber sehr hypothetisch, weil die KI-Branche sich mit Details verständlicherweise bedeckt hält, weil sich

KI-Aufgaben stark unterscheiden und weil alle Annahmen morgen schon wieder überholt sein können. Damit wir aber wenigstens ein vages Bild bekommen, hier doch ein paar – sagen wir mal – Annäherungen:

Nach eigenen Angaben hat ChatGPT Ende 2024 die Marke von 300 Millionen Nutzern pro Woche überschritten, die täglich zusammen eine Milliarde Anfragen stellten. Diese Zahlen sind mit Erscheinen unseres Buchs bereits fast ein Jahr alt und beziehen sich nur auf ein einziges Modell. Sie werfen daher einen kleinen Lichtstrahl auf das, was die Welt Ende 2025 gern alles von KI-Modellen wissen möchte. Wenn wir uns umschauen, wie viel selbstverständlicher es Tag für Tag wird, KI selbst zu Dingen des Alltags zu befragen, und was noch an zukünftigen Anwendungen prognostiziert wird, dann ahnt man, dass dort eine Menge gerechnet werden muss.

Das Beratungsunternehmen McKinsey geht aktuell davon aus, dass sich in Europa der Energiebedarf für Rechenzentren bis 2030 verdreifachen wird, im Vergleich zu 2024.[2] Goldman Sachs Research sagt einen weltweiten Anstieg um 165 Prozent (Basis 2023) bis 2030 voraus.[3] Die Internationale Energie Agentur (IEA) spricht von einer erwarteten weltweiten Verdopplung des Energiebedarfs von Rechenzentren von 460 TWh im Jahr 2022 auf über 1000 TWh im Jahr 2026, was ungefähr dem Energiebedarf Japans entspricht.[4] Irgendwo dazwischen liegt vielleicht die Wahrheit.

Natürlich beschäftigen sich Entwickler:innen von KI mit diesem Problem und arbeiten intensiv und mit Erfolg an der Effizienzsteigerung ihrer Modelle. Während wir dieses Buch schreiben, schafft es das chinesische KI StartUp DeepSeek in die internationalen Schlagzeilen, weil es einen Chatbot auf den Markt gebracht hat, der angeblich mit deutlich weniger Daten und Rechenbedarf auskommt als die Großen aus dem Silicon Valley. Was genau dahintersteckt, wissen wir nicht, aber was wir verstehen, ist, dass DeepSeek nicht mit einem großen Wissensmodell arbeitet, sondern mehrere »kleine Experten« kombiniert, die nur aktiv werden, wenn die Anfrage auch in ihr Fachgebiet fällt. Hört sich schon mal nach keiner dummen Idee an. Zudem scheinen die Algorithmen wesentlich weniger Rechen- und Speicherkapazität zu benötigen, weil an verschiedenen Stellen mit weniger Nachkommastellen gerechnet wird. Das klingt einfach, scheint aber wohl eine große Kunst zu sein, wenn man nicht an Präzision verlieren will. Des Weiteren hat DeepSeek einen OpenSource-Ansatz gewählt, damit der Quellcode von jedem Programmierer für eigene Zwecke modelliert werden kann, wodurch das Modell schneller breit genutzt und weitere Verbesserungsschritte zügiger durchlaufen werden konnten. So entstanden angeblich klüger formulierte Architekturen und Algorithmen, die im Training und Betrieb weniger Rechenaufwand bedeuten. Damit braucht das Modell auch weniger Computerchips (was den historischen Aktiensturz des bis dato so hochgehandelten Chipherstellers NVIDIA am Tag der Veröffentlichung von DeepSeek erklärt). Wie sich das alles entwickelt, was tatsächlich hinter den euphorischen Erklärungen steckt, ob das Unternehmen wirklich ohne wesentliche Staatssubventionen in früheren Entwicklungsphasen ausgekommen ist und wie es um den Datenschutz bestellt ist, können wir sicher nicht und vermutlich auch erfahrenere IT-Experten zu diesem Zeitpunkt nur bedingt beurteilen. Aber die etablierte KI-Welt ist in jedem Fall ordentlich durchgerüttelt worden.

Neben effizienteren Modellen wird auch die IT-Hardware immer leistungsstärker. Seit den ersten Computern hat ihre Leistungsfähigkeit sich alle 18 Monate ungefähr verdoppelt. Trotzdem ist der Energieverbrauch der Branche zu keinem Zeitpunkt gesunken, weil sich die Rechenanforderungen unserer Apps und Anwenderprogramme im gleichen Tempo erhöht haben. Obwohl zum Beispiel unsere Mobiltelefone heute mit wesentlich effizienteren Chips und Batterien ausgestattet sind, reicht uns ein Ladevorgang heute auch nicht länger als vor 15 Jahren, weil wir einfach immer mehr mit dem Telefon machen. Das Gleiche gilt für die großen Sprachmodelle, die LLMs. Wenn man bedenkt, dass ChatGPT in seinen neuen Versionen nicht nur Sprache, sondern auch Videos und Akustik verarbeiten kann, ist klar, dass mit jeder neuen Version auch der Rechenaufwand und mit ihm der Energiebedarf steigt.

Mobiltelefone sind heute mit wesentlich effizienteren Chips und Batterien ausgestattet, trotzdem reicht uns ein Ladevorgang heute auch nicht länger als vor 15 Jahren.

Wasser nicht vergessen

Rechenzentren brauchen für den Betrieb ihrer IT-Systeme übrigens nicht nur viel Strom, sondern auch viel Wasser, denn diese künstlichen Hirne laufen bei ihrer Arbeit im wahrsten Sinne des Wortes heiß und müssen permanent gekühlt werden – und das passiert mit Wasser. Entweder wird in großen Kühltürmen Frischwasser aus Grundwasser oder offenen Gewässern verdampft, um die Verdunstungskühle zu nutzen. Dieses Wasser steht dann lokal nicht mehr als Frischwasser zur Verfügung. Die andere Möglichkeit ist, Frischwasser aus offenen Gewässern zu entnehmen und in einem geschlossenen Rohrsystem an den zu kühlenden Anlagen entlangzuführen. Das stark erwärmte Wasser wird dann in der Regel wieder in das Gewässer abgelassen. Es geht damit zwar nicht verloren, es führt aber natürlich dazu, dass sich das Gewässer ebenfalls erwärmt, mit zum Teil fatalen Folgen für Ökosysteme und ihre Bewohner.

Laut Studien der Cornell University dürfte das Training von ChatGPT3 allein für die Kühlung der dazu nötigen Server und Speicher im Microsoft-Rechenzentrum 700.000 Liter Frischwasser verbraucht haben.[5] Das stellt insbesondere ein Problem dar, wenn die Rechenzentren sich in Regionen befinden, in denen Wasserknappheit herrscht. Microsoft, Google, Amazon und Co. haben zum Beispiel große Rechenzentren im Silicon Valley (Kalifornien) und im Bundesstaat Nevada, beides Staaten, die ein erhebliches Wasserverfügbarkeitsproblem haben – auch da sollte man sich in Zukunft besser etwas einfallen lassen.

Die KI-Konzerne versuchen durchaus, etwas am steigenden Energieverbrauch ändern – auch, weil sie versprochen haben, ihren CO_2-Abdruck zu verringern. Zum einen geht es um die Reduzierung von Emissionen durch die Verwendung erneuerbarer Energien, entweder durch deren Einkauf oder durch den Bau eigener Anlagen zur Erzeugung von Strom aus Solar-, Wind-, Wasser- oder Thermalkraft. Google und Microsoft setzen stark auf Kernenergie, um ihren Stromverbrauch von fossilen Brennstoffen zu befreien. Für Microsoft wird ein stillgelegter Reaktor im US-Atomkraftwerk Three Mile Island wieder hochgefahren (der 1979 wegen eines Störfalls vom Netz genommen wurde). Google hat einen Vertrag über sogenannte »Mini-Atomkraftwerke« mit dem US-Unternehmen Kairos

Power abgeschlossen, das erste soll 2030 ans Netz gehen. Der andere Weg ist die Verringerung des Energiebedarfs durch klügere Algorithmen und verbesserte Hardware – was bisher noch nicht gelungen ist, weil die Effizienzsteigerungen durch ein Mehr an Rechenbedarf aufgefressen werden.

Einen Durchbruch in punkto Effizienz erhofft sich die Branche durch eine völlig neue Generation von Computerchips, die sich »Tricks« der Funktionsweise von Gehirnen zum Vorbild nehmen. Dazu gehört zum Beispiel, dass nur Informationen weiterverarbeitet werden, die auch wirklich hilfreich sind. Es wird auch an sogenannten Bioprozessoren geforscht, bei denen lebende Neuronale Netze, die einen Bruchteil des Energiebedarfs digitaler Prozessoren haben, in Computerchips eingearbeitet werden (siehe Kasten).

Echtes Computerhirn

Wer erinnert sich noch an das Computerspiel Pong? Zwei vertikale Balken, die einen Ball hin und her schubsen. Auf dieses Spiel trainierte das australische Start-up Cortical Labs 2021 einen Biocomputer, für dessen Prozessor aus Stammzellen gezüchtete menschliche Hirnzellen auf eine Siliziumoberfläche gebracht wurden. Während ein »herkömmliches« KI-Modell das Spiel damals in einer Stunde lernte, brauchte der Biocomputer nur fünf Minuten. Auf der diesjährigen internationalen Technologiekonferenz MWC in Barcelona konnte das Unternehmen den ersten kommerziellen biologischen Computer präsentieren. Dank der lebenden Zellen soll das Computerhirn ähnliche Eigenschaften wie das neuronale Netzwerk des Menschen haben, und schneller und flexibler lernen können. Allerdings ist die Lebensdauer der Zellen begrenzt. Nur einige Monate können sie innerhalb des Systems durch eine Nährlösung am Leben gehalten werden. Dann ist Schluss. Wer keinen kurzlebigen Computer kaufen will, kann die biologische Computerpower online über die Cloud-Plattform der Firma ausprobieren.

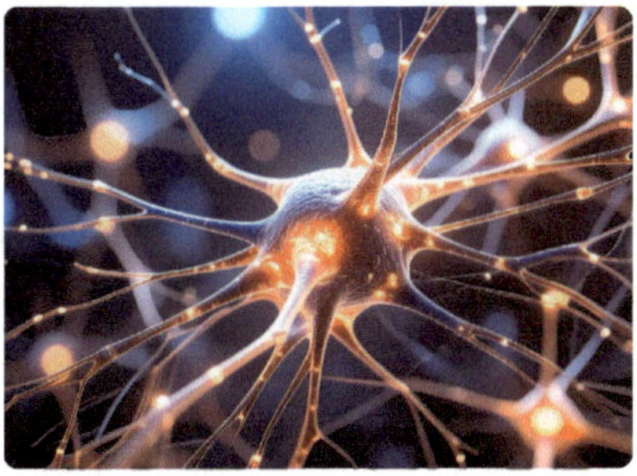

Grenzen verschoben: Neuronale Netze

Die versprochenen Einsparungen dieser »BioChips« sind gigantisch und würden das Energieproblem der KI eventuell wirklich lösen. Welche neuen Probleme sie kreieren und welche ethischen Fragen sich stellen, wollen wir an dieser Stelle mal offenlassen, aber nicht, weil sie unerheblich wären – eher, weil man dazu ein eigenes Buch braucht.

Schätzungen über den Energieverbrauch der gesamten KI-Branche sind wie gesagt schwierig. Dazu noch auszurechnen, welcher Anteil der Nutzung für Naturschutz zuzurechnen ist, ist noch schwieriger. Natürlich braucht nicht jedes Naturschutzprojekt ein neues, großes, multimodales »High End«-KI-Modell. Vieles kann auf bereits Bestehendem aufbauen und muss nicht von null auf neu lernen. Auch insgesamt wird der Bedarf der Naturschutzgemeinde vermutlich nicht an den KI-Durst der Alltagsnutzer:innen heranreichen. Aber viele der Einsatzbereiche im Naturschutz sind gerade erst am Anfang.

Rechenzentrum in den Niederlanden

Wie wir gesehen haben, denkt auch der Naturschutz groß, mit hochdimensionalen Prognosemodellen, multimodalen Agenten, digitalen Erden und universellen Dolmetschern. Allein die Sammlung und Aufarbeitung der riesigen Menge an Daten, die für das Training solcher KI-Modelle benötigt werden, dürften große Serverleistungen erfordern. Und letztlich: Sich immer damit rausreden, dass andere noch viel schlimmer sind, gilt ja nicht – Kleinvieh macht auch Mist.

> Jedes Naturschutzprojekt muss sich fragen, wie der Fußabdruck seiner KI-Nutzung mit Blick auf das Projektziel zu bewerten ist.

Somit muss sich schließlich auch jedes Naturschutzprojekt fragen, wie der Fußabdruck seiner KI-Nutzung mit Blick auf das Projektziel zu bewerten ist, damit der gute Wille am Ende nicht mehr schadet als er nutzt. Es muss um effiziente Algorithmen gehen, um einfache Anpassungsmöglichkeiten, sinnvolle Datenverwaltung, und um Kooperation und Austausch, damit unnötige Dopplungen vermieden werden können. Die Hoffnung ist, dass der chronische Geldmangel im Naturschutz als Nebenwirkung einen sparsamen Umgang mit Rechenleistung mit sich bringt.

KAPITEL 8

Früher war mehr

Während die Softwareentwicklung und Nutzung von KI im Hinblick auf den Wasserverbrauch und die CO_2-Emissionen eher indirekt auf Biodiversität einwirken, hat die KI-Hardware einen ganz direkten Einfluss auf biologische Vielfalt, denn für ihren Bau werden reichlich mineralische Rohstoffe gebraucht. Ob es sich nun um Silizium handelt, das die Grundlage von Mikrochips bildet, um Kobalt, das in Speichern Verwendung findet, oder um Seltene Erden, die Hochleistungsmagnete und Halbleiter antreiben: Alle diese Rohstoffe haben ihren Ursprung in (oft noch intakter) Natur. Um an sie zu gelangen, wird in natürliche Ökosysteme eingegriffen, oft bis hin zu ihrer kompletten Zerstörung. Dabei anfallende Abfall- und Giftstoffe belasten Ökosysteme zusätzlich.

Die Digitalisierung und die Verbreitung von KI-Anwendungen benötigten altbekannte Schätze wie Gold, Silber, Platin oder Kupfer, aber auch Elemente, von denen kaum einer bisher gehört hat, wie Terbium, Yttrium, Europium oder Gadolinium. Was klingt wie die Nachbardörfer der Heimat von Asterix und Obelix, sind sogenannte »Seltene Erden«, von denen es auf unserem Planeten 17 verschiedene gibt. Sie sind ein wichtiger Teil des Rückgrats der Digital- und KI-Branche. Seltene Erden sind nicht per se selten, kommen aber nicht frei vor, sondern in verschiedenen Erzen. In diesen Erzen sind sie aber nur »Spurenelemente« (also quasi selten), womit einhergeht, dass in Zukunft enorme Mengen dieser Erze abgebaut und verarbeitet werden müssen, um ausreichende Mengen an seltenen Erden zu gewinnen.

Auch der Bedarf an »herkömmlichen« mineralischen Rohstoffen wird steigen. Die Internationale Energieagentur (IEA) prognostiziert für das Jahr 2030 folgenden Mehrbedarf bei wichtigen mineralischen Rohstoffen:[1]

42 Prozent mehr Kobalt (heute circa 170.000 Tonnen)
50 Prozent mehr Kupfer (heute circa 10,9 Millionen Tonnen)
50 Prozent mehr Lithium (heute 2,1 Millionen Tonnen)
37 Prozent mehr Nickel (heute 2,2 Millionen)

Um den Rohstoffhunger für KI zu stillen, werden riesige natürliche Areale in Tagebauflächen umgewandelt (siehe den folgenden Kasten zu Aluminium) – oft intakte Regenwälder. Eine aktuelle Studie offenbarte, dass bis zu einem Drittel der Menschenaffen in Afrika durch Bergbauaktivitäten gefährdet ist.[2] Insbesondere in Westafrika überschneiden sich zahlreiche Abbaugebiete mit den ohnehin schon fragmentierten Lebensräumen von Gorillas, Bonobos und Schimpansen.

Selbst, wenn die Abbaugebiete klein sind, reicht ihr Schaden auf Menschenaffen weit über die Mine hinaus. Negative Effekte auf die Tiere, so fanden die Forscher:innen heraus, konnten in einem Umkreis von 50 Kilometern nachgewiesen werden. Neben dem großen Flächenverbrauch (der zu Landnutzungsänderungen und damit dem Verlust von Lebensräumen führt) wirkt der Abbau von Rohstoffen auch noch auf einen weiteren der fünf Treiber des Verlusts der Biodiversität: Er befördert den Eintrag von Umweltgiften – und zwar massiv. Bei der Gewinnung von einer Tonne Seltener Erden fallen 2.000 Tonnen giftiger Müll an, darunter 75 Kubikmeter Abwasser und eine Tonne radioaktiver Abfall. Bei der Herstellung von Aluminium sind es jeweils drei Tonnen Abraum und die gleiche Menge hochgiftiger Rotschlamm.

30 Prozent der noch im Boden vorhandenen mineralischen Rohstoffe befinden sich unter den Lebensräumen afrikanischer Menschenaffen.

Insgesamt befinden sich etwa geschätzte 30 Prozent der noch im Boden vorhandenen mineralischen Rohstoffe unter den Lebensräumen von Menschenaffen. Bei weniger als 5 Prozent dieser Rohstofflager hat der Abbau bereits begonnen – viel Potenzial also für die Zerstörung oder den Erhalt von Biodiversität, je nachdem, in welche Richtung das Pendel ausschlägt. Denn nur 15 bis 20 Prozent aller Menschenaffen leben in Schutzgebieten, und auch deren Status besteht oft nur auf dem Papier.

In den letzten zehn Jahren haben die Bestände aller Menschenaffenarten (inklusive der asiatischen Orang-Utans und mit Ausnahme des Berggorillas) zwischen 20 und 50 Prozent abgenommen. Arten, die nicht in Zoos gehalten werden, wie Berggorillas, werden bald vielleicht komplett vom Antlitz der Erde verschwunden sein.

Tagebau zerstört komplette Ökosysteme.

Ein besonders trauriges Beispiel für all das ist die Demokratische Republik Kongo, eines der biodiversitätsreichsten Länder der Erde und gleichzeitig der größte Kobaltproduzent der Welt. Die Demokratische Republik Kongo hat 10 Prozent der globalen Kupferreserven, die größten Coltanreserven und signifikante Vorkommen von Gold, Mangan, Tantal und Wolfram. Der monetäre Wert dieser Rohstoffe beträgt geschätzte 24 Billionen US-Dollar. Viele dieser Rohstoffe werden bereits gefördert. Das Land sollte daher eigentlich eines der wohlhabendsten Länder Afrikas sein (und sich den Schutz von Biodiversität und menschlichem Wohlergehen leisten können). Aber genau das Gegenteil ist der Fall: Fast Dreiviertel der Menschen dort leben unterhalb der Armutsgrenze, also von weniger als 2,15 US-Dollar pro Tag. Unter manchmal sklavenartigen Verhältnissen arbeiten auch Kinder in ungeschützten (Kleinst-)Minen.

Server statt Schimpanse

Einer unseren engsten wilden Verwandten ist der Schimpanse *(Pan troglodytes)*. Insgesamt gibt es schätzungsweise noch 170.000 bis 300.000 dieser Menschenaffen in freier Wildbahn, wobei ihr Bestand immer weiter sinkt. Der Westafrikanische Schimpanse *(Pan troglodytes verus)*, mit einer geschätzten Population von nur 10.000 bis 50.000 verbleibenden Tieren, gilt als unmittelbar vom Aussterben bedroht. Guinea gilt als besonders bedeutend für den Fortbestand von Schimpansen in Westafrika. Es ist leider aber auch das Land mit der größten Bauxitreserve, dem Rohstoff, aus dem Aluminium gemacht wird.

Weil Aluminium bei gleicher Festigkeit leichter als andere Stoffe ist, wird es in vielen Hardware-Bauteilen wie elektronischen Leiterplatten verwendet. Das sind die Platten, auf denen elektronische Bauteile befestigt und miteinander verbunden werden. Aluminium ist zudem ein sehr guter Strom- und Wärmeleiter und eignet sich daher ideal, um Wärme effizient von Servern und anderen Bauteilen abzuleiten. Nach Angaben der Bundesanstalt für Geowissenschaften und Rohstoffe werden fast 81 Prozent des Aluminiums aus Roherzen gewonnen, der Rest entfällt auf recyceltes Aluminium (Daten von 2017). Um eine Tonne Aluminium zu produzieren, müssen etwa neun Tonnen Erde bewegt werden, wofür 800 Hektar Land zerstört werden müssen. »Zerstört« ist hier der richtige Ausdruck, da die Erden im Tagebau abgebaut werden, wobei aller Regenwald und damit der komplette Lebensraum von Schimpansen und einer Vielzahl anderer Arten unwiederbringlich vernichtet wird. So klebt am Ende leider an jedem Server auch ein bisschen Schimpansenblut.

Der Handel mit Gold, Tantal, Zinn und Wolfram trägt seit über 20 Jahren zur Finanzierung von gewalttätigen Konflikten im Osten der Republik bei, in die mehr als 120 bewaffnete Gruppen involviert sind. Das ist nicht nur dramatisch für die lokale Bevölkerung, sondern auch eine fortwährende Bedrohung für die Biodiversität. Allein 2023 hat das Land 59.300 Hektar Waldfläche verloren und damit unzählige Individuen, Populationen und wahrscheinlich auch Arten von Tieren, Pflanzen,

Pilzen und Mikroorganismen. Darunter vielleicht auch solche, die uns bei der Heilung von Krebs oder Alzheimer den entscheidenden Schritt weitergebracht hätten. Während die meisten der Arten vermutlich unerkannt von der Erde verschwanden, geht es auch allseits bekannten und charismatischen Arten wie Okapis, Gorillas, Leoparden oder majestätischen Mahagonis an den Kragen.

Da fragt man sich schon, ob uns Alexa und Siri wirklich lieber sind als Gorilla, Schimpanse, Bonobo und Co. Ob wir Technik toller finden als Tiere, Tropenwälder und Tante Tina (denn uns trifft der Verlust von Biodiversität ja genauso).

Ob legaler oder illegaler Bergbau betrieben wird, ist am Ende für die Biodiversität der betroffenen Gebiete egal. Während aber legale Abbaugebiete zumindest in ihrem Flächenverbrauch begrenzt werden und Auflagen zum Umgang mit Giften, der Nachnutzung oder zu Kompensationsmaßnahmen gemacht werden können, fehlt beim illegalen Bergbau jede Regulation.

Die hohe Nachfrage, das begrenzte Angebot und die Regulierungslücken begünstigen zum Beispiel nachweislich den illegalen Abbau Seltener Erden in Malaysia. Auch Malaysia gehört zu den Ländern mit besonders hoher Biodiversität. Etwa 16.000 Tonnen Seltene Erden, die nach Übersee exportiert wurden, stammen aus illegalen Bergbaubetrieben in Waldreservaten Malaysias und damit aus wichtigen Lebensräumen für gefährdete Arten wie den Asiatischen Elefant *(Elephas maximus)*, den Tiger *(Panthera tigris)* oder den Malaiische Tapir *(Tapirus indicus)*. Die Empfehlung von Expert:innen lautet, dass Malaysia mit seinen Nachbarländern zusammenarbeiten sollte, um den illegalen Markt zu beseitigen, und von internationalen Akteuren verlangen sollte, dass sie keine illegal abgebauten Seltenen Erden kaufen. Brasilien und Frankreich haben kürzlich vereinbart, bei der Bekämpfung des illegalen Goldabbaus in Französisch-Guayana zusammenzuarbeiten. Ihre Bemühungen könnten ein Modell für Malaysia sein.

Aber nicht nur an Land ist Bergbau ein Problem. Immer mehr gerät der Bergbau in der Tiefsee in den Fokus von Industrie und Naturschutz. Als Jules Verne vor über 150 Jahren seinen Roman *20.000 Meilen unter dem Meer* veröffentlichte, war die Tiefsee für Menschen noch ein unerreichbarer Ort. Anders als Jules Verne nahm die Wissenschaft an, dass es dort unten in der ewigen Dunkelheit und Kälte kein Leben gäbe. Inzwischen hat sich unser (Natur-)Bild der Tiefsee fundamental geändert.

Als Tiefsee bezeichnet man alle Meeresgebiete, die tiefer als 200 Meter liegen. Diese Marke wurde festgelegt, weil ab 200 Metern kein Licht mehr eindringt und damit keine Photosynthese möglich ist. Heute wissen wir, dass sich der tiefste Punkt des Meeres im Marianengraben in einer Tiefe von etwa 11.000 Metern (zwar keine 20.000, aber immerhin 6.800 Meilen unter dem Meer) befindet, und dass die Tiefsee keinesfalls öde, tot und leer ist. Inzwischen schätzen Expert:innen, dass bis zu 10 Millionen Arten in der Tiefsee vorkommen könnten. Damit ist die Tiefsee der größte und artenreichste Lebensraum der Erde.

Bewohner einer Gegend, die uns fast komplett verborgen bleibt: der Ein Tiefseeanglerfisch.

Die weltweit steigende Nachfrage nach Metallen hat ein beispielloses Interesse an Tiefseelebensräumen und ihren Bodenschätzen geweckt. Denn in der Tiefsee befinden sich riesige Mengen an Rohstoffen, die in Form von Manganknollen, die auf dem Meeresboden liegen, relativ leicht abgebaut werden können. Das größte Gebiet, in dem Abbauaktivitäten stattfinden, ist die etwa 6 Millionen Quadratkilometer große und in über 4.000 Metern Tiefe gelegene Clarion-Clipperton-Zone (CCZ) im Pazifik. In der CCZ befinden sich besonders viele Manganknollen. Klingt eigentlich super: Wir lassen die Regenwälder in Ruhe und sammeln die Rohstoffbomben in der Tiefsee ein.

wertvolle Tiefseekartoffeln

Auf dem Meeresboden der CCZ befinden sich Felder von Manganknollen. Diese kartoffelgroßen Rohstoffknollen sind reich an wertvollen Metallen. Ihren Anfang nimmt die Bildung einer Knolle an einem Kristallisationskeim. Das kann ein kleiner Muschelsplitter oder ein Haifischzahn sein. An diesem Festkörper lagern sich im Meerwasser gelöste Metalle an. Das Wachstum einer Manganknolle beträgt wenige Millimeter in einer Million Jahre – und sie wachsen nur an Stellen, an denen die Umweltbedingungen über diese langen Zeiträume konstant waren. Eine Knolle von nur zehn Zentimeter Durchmesser kann also schnell mal zehn Millionen Jahre alt sein. Manganknollen sind aber nicht nur Rohstoffbomben, sondern auch essenzielle Lebensräume für marine Organismen, die nur an ihnen vorkommen. Zu diesen besonderen Lebewesen gehören unter anderem Seegurken, Seeigel, Seesterne, Korallen, Schwämme, Moostierchen, Fadenwürmer, Krebse und Anmonen. Schon kleinste Veränderungen können erhebliche Folgen für diese Lebewesen haben. Weil Manganknollen wie Kartoffeln auf einem Feld mit einer Art Kartoffelroder abgebaut werden, werden diese einzigartigen Lebensräume beim Abbau für immer zerstört.

Mangan-Knolle aus dem Pazifik (aus einer Tiefe von etwa 4000 Meter) zwischen Hawaii und Mexiko (Clarion-Clipperton-Gebiet).

Die CCZ liegt, wie 64 Prozent der Meere, in internationalen Gewässern. Sie kann also nicht von einem Staat unter Schutz gestellt werden. Das soll sich mit einem Internationalen Hochseeabkommen ändern, dem High Seas Treaty & Biodiversity Beyond National Jurisdiction. Damit es in Kraft tritt, muss es von 60 Ländern ratifiziert werden. Obwohl von 136 Länder unterzeichnet, sind bis zum Juni 2025 erst 50 Ratifizierungen zusammengekommen. Diese Schutzinstrument hängt also noch in der Luft. Fast 90 Prozent der Arten, die dort nachgewiesen wurden, waren der Wissenschaft unbekannt. Und weil diese Arten, unter anderem aufgrund des geringen Nahrungsangebots, ausnahmslos selten, dafür aber sehr langlebig sind und sich nur sehr langsam reproduzieren, ist der Abbau von Bodenschätzen in der Tiefsee besonders schädlich für Biodiversität. Die Internationale Meeresbodenbehörde (International Seabed Authority, ISA), die durch das Seerechtsübereinkommen der Vereinten Nationen (UNCLOS) bevollmächtigt ist, die Erkundung und Ausbeutung von Bodenschätzen am Meeresboden zu regeln und zu überwachen, soll dafür sorgen, den Lebensraum Tiefsee langfristig besser zu schützen.

Vernünftiges Recycling von Elektroschrott klappt leider selten.

Es ist also ein echter Haken an der Sache, wenn die immer weitere Verbreitung von KI-Anwendungen so viele Ressourcen (ver-)braucht, dass immer mehr Biodiversität, sprich Natur, verloren geht. Weil wir von dieser Natur und ihren Leistungen absolut abhängig sind, müssen wir andere Lösungen finden.

Ein absolutes Muss ist die Förderung der Kreislaufwirtschaft für diese Stoffe. Die Recyclingquote Seltener Erden liegt bisher bei nur einem Prozent, dabei stapeln sich in unseren Haushalten alte Handys, Tabletts und Computerfestplatten, die genau diese gefragten Rohstoffe enthalten. Mehr Urban Mining für ein funktionierendes Kreislaufsystem könnte eine ganz tolle Nachricht für Mahagonis, Waldelefanten, Graupapageien und Gorillas sein.

Die Recyclingquote Seltener Erden liegt bei nur einem lächerlichen Prozent.

KAPITEL 9

Schwierige Datenlage

Wenn der Motor der KI ihre Rechenleistung ist, dann sind die Daten ihr Treibstoff. Die Intelligenz der KI beruht momentan ja noch auf ihrer Fähigkeit, wirklich unvorstellbar gigantische Mengen an Daten in wahnsinnig kurzer Zeit zu verarbeiten. Aber, wie man in der Computerwelt so schön sagt: »Garbage in equals garbage out« (Müll rein ergibt Müll raus). Das heißt, ein KI-Modell kann nur so gut sein wie die Daten, die es hinterlegt bekommt. Und hier existiert ein nicht zu unterschätzendes Risiko bei der Verwendung von KI, auch im Naturschutzbereich.

Ein Modell, das in Daten Muster suchen soll, die Zusammenhänge der realen Welt wahrheitsgemäß abbildet, aber mit Daten trainiert wird, die fehlerhaft, unvollständig oder veraltet sind, sieht dann falsche Muster, übersieht sie oder findet unter Umständen welche, die gar nicht wirklich existieren.

> Ein KI-Modell kann nur so gut sein wie die Daten, die es bekommt.

Wenn beispielsweise ein Modell zur Erkennung von Arten hauptsächlich mit Bildern von häufigen und leicht zu erkennenden Arten trainiert wurde und Bilder von seltenen oder kryptischen Arten unterrepräsentiert waren (weil es eben von diesen weniger Aufnahmen gibt oder sie auf den Trainingsdaten nicht richtig gelabelt wurden), dann wird es die selteneren Arten auch seltener richtig auf Bildern entdecken. Wird es jetzt in einem Gebiet eingesetzt, dessen naturschutzlicher Wert im Hinblick auf Artenvielfalt bestimmt werden soll, dann wird es nicht alle vorkommenden seltenen Arten registrieren.

Husky im Wolfspelz?

Als Beispiel für eine mangelhafte Datengrundlage wird manchmal ein Modell zitiert, das IT-Studenten der University of California zur Unterscheidung zwischen Husky und Wolf trainiert hatten.[1] Der erste Testlauf mit einer Reihe neuer Bilder von Huskies und Wölfen brachte zunächst tolle Ergebnisse. Aber dann stellte sich heraus, dass Bilder von Huskies beim Winterspaziergang immer als Wolf klassifiziert wurden. Das Modell war mit Bildern gefüttert worden, auf denen Wölfe überwiegend im Schnee und Huskies mit ihren Besitzern beim Spaziergang abgebildet waren. Das Modell hatte offensichtlich gelernt, Schnee zu erkennen und mit Wölfen zu verbinden, aber nicht die Merkmale von Huskies und Wölfen herausgearbeitet, weil die fehlenden Bilder von Huskies im Schnee und Wölfen im Sommer das Modell auf die falsche Fährte geführt hatten.

In so einem Fall könnten zwei Dinge passieren: Dient die Untersuchung zum Beispiel einer Umweltverträglichkeitsprüfung (um über eine Landnutzungsänderung oder Ausgleichsmaßnahmen zu entscheiden), entsteht der Eindruck, seltene Arten kommen hier nicht vor und Schutzmaßnahmen seien nicht notwendig, obwohl tatsächlich vielleicht hochbedrohte Arten präsent sind. Geht es bei der Untersuchung aber darum, sinnvolle biodiversitätsfördernde Maßnahmen für ein Gebiet zu bestimmen, und man weiß, dass eine bestimmte sehr scheue Art hier vertreten war (zum Beispiel durch das Wissen indigener Bevölkerung), das Modell meldet aber gerade keine Sichtung, dann wird die Art vielleicht fälschlicherweise als bedroht eingestuft, und es werden knappe Mittel für ihren Schutz ausgegeben, obwohl das Geld in anderen Maßnahmen besser investiert wären.

Wenn man nun als Entwickler:in den naheliegenden Impuls hat, diese mangelhafte Datenlage durch ein komplexeres Modell mit mehr Ebenen zu kompensieren, also quasi das Modell immer genauer hinschauen zu lassen, dann steht man schnell vor der nächsten Problematik, die die Fachleute »overfitting« nennen, also das »Überanpassen«. Dabei lernt das Modell eher die Muster der Trainingsdaten auswendig, als die zugrunde liegenden Zusammenhänge zu verstehen. Es ist dann so stark an die spezifischen Eigenschaften der Trainingsdaten angepasst, dass es bei neuen, unbekannten Daten versagt.

Ein sehr aktuelles Problem für die Qualität der zum Training verwendeten Daten stellt die Tatsache dar, dass die allgemein zugänglichen KI-Modelle in der Regel mit öffentlich verfügbaren Daten aus dem Internet gefüttert werden. Nun ist das Internet allerdings durch den Erfolg der generativen KIs inzwischen geflutet mit künstlich erzeugten Inhalten, die mehr oder weniger gute Qualität haben, manchmal sogar erdacht sind. Das heißt originär menschlicher Input nimmt im Verhältnis ab und KI schreibt in neuen Trainingsrunden quasi immer mehr von sich selbst ab. Eine 2024 in der Zeitschrift Nature veröffentlichte Studie zeigte, dass sich eventuelle Fehler oder Verzerrungen in diesen synthetischen Quellen über mehrere Trainingsgenerationen verstärken, zu immer schlechteren Ergebnissen und sogar zum Kollaps der Modelle führen.[2]

Da LLMs so souverän klingen (auch wenn sie Quatsch erzählen), ist es immer schwerer, synthetische Quellen zu erkennen und auszusortieren. Manch einer in der Fachwelt spricht schon vom »Peak Data«, also dem Zustand, an dem wir den Moment der höchsten durchs Netz verfügbaren Datenqualität erreicht haben – ab jetzt geht es demnach nur noch bergab mit der Qualität hier trainierter Modelle. Dieses Problem bezieht sich auf Modelle, die mit offenen Systemen wie dem Internet arbeiten. Für geschlossene Systeme, zum Beispiel KI-Modelle, die Unternehmensabläufe steuern und nur mit internen Daten trainiert und betrieben werden, ist das kein Problem.

Die KI schreibt immer mehr von sich selbst ab.

Im Bereich des Naturschutzes dürften sich die KI-Anwendungen zum Glück oft in geschlossenen Systemen abspielen, also auf Forschungsdaten auf den Servern von Instituten, Universitäten, Staaten oder Forschungsinitiativen. Viele Projekte wie Ikarus, Ceti oder ESP (siehe Kapitel 2) arbeiten ohnehin noch an der Sammlung eigener, verlässlicher Daten, mit denen KI trainiert werden kann. Problematisch wird es aber auch hier, wenn zusätzlich offene Systeme genutzt werden, wenn zum Beispiel Literaturrecherchen aus dem Netz einfließen oder Daten aus Social-Media-

Kanälen, wo nicht mehr zwischen echten und synthetischen Quellen unterschieden werden kann. Hier ist Vorsicht angesagt.

Aber selbst wenn die Daten autenthisch (also nicht künstlich generiert) sind, können sie fehlerbehaftet und damit problematisch sein, im Training und in der Nutzung. So finden Daten aus sogenannten Citizen-Science-Projekten zunehmend Eingang in Datenbanken. Auch hier schleichen sich Fehler ein, wenn zum Beispiel Urlaubsbilder im Nachhinein mit Datum und Koordinaten der Sichtung versehen werden. Da kann das Bild einem falschen Ort zugeordnet werden oder auch mal ein Tier falsch gelabelt werden – man denke nur an die Aufregung, die eine bei Nacht im Berliner Grunewald fotografierte Löwin ausgelöst hatte, die sich später als großes Wildschwein entpuppte. In der Regel gleicht die schiere Anzahl an Datenpunkten, die durch Citizen Science erschlossen werden, die (idealerweise wenigen) Fehler aus.

Kann offensichtlich nachts schon mal als Löwin durchgehen.

Neben diesen »unschuldigen« Fehlern können Daten auch böswillig manipuliert werden. Systeme können gehackt, ihr Inhalt gestohlen oder Satelliten gestört werden. Und öffentlich gespeiste Datenbanken müssen gegen Trolle und fake-bots geschützt werden, die zum Beispiel falsche Bilder generieren und in großem Stil in Trainingsdaten einspeisen, um die Ergebnisse von KI-Modellen gezielt zu manipulieren.

Es ist durchaus vorstellbar, dass Akteure, die ihr Geld mit der Zerstörung von Natur verdienen, wie dem illegalen Wildtierhandel, der Zerstörung von Regenwald oder der Überfischung der Meere, in Zukunft Ressourcen darin investieren, offene Datenquellen mit Falschmeldungen zu fluten, um Fangquoten oder Gesetze in ihrem Interesse zu beeinflussen. Wenn ChatGPT eines Tages sagt, dass Nashörner eine Plage sind, Haie Tausende Surfer fressen und die Regenwaldfläche wächst, werden weniger Menschen an Schutzmaßnahmen interessiert sein – auch wenn das alles gar nicht stimmt.

Wilderer könnten Überwachungssoftware zudem knacken, um nicht nur ihre eigenen Spuren zu verwischen, sondern auch Informationen über Aufenthaltsorte seltener Tiere zu erlangen. Manipulierte digitale Zwillinge könnten die Generierung von Ökosystemleistungen vorspiegeln und Zertifikate für die Bindung von CO_2 ausstellen, das gar nicht gebunden wurde. Oder man stelle sich vor, ein Betrieb (oder ganze Länder) verlassen sich bei der Pflege landwirtschaftlicher Aussaaten auf Smart-Farming-Modelle, die »heimlich« mit falschen Wetterdaten gefüttert wurden und dann ganze Ernten durch zu viel oder zu wenig Bewässerung ruinieren. Denkt man an all das, was wir in anderen Bereichen über Cyberattacken und hybride Kriege hören, dann sind der Fantasie hier keine Grenzen gesetzt.

Ein anderes Problem mit den Daten ergibt sich aus dem sogenannten »Datenbias«. Bias heißt Verzerrung und steht dafür, dass die zum Training genutzten Daten eine bestimmte Tendenz haben. Forscher der CSIRO Australien (Commonwealth Scientific and Industrial Research Organisation) haben im Februar 2024 eine Studie durchgeführt zu den Antworten, die ein Chatbot auf Anfragen zum Thema Renaturierung gab.[3] Sie fanden heraus, dass mehr als zwei Drittel der Antworten auf dem Fachwissen männlicher Akademiker von US-Universitäten basierten, während nur 7 Prozent auf Erkenntnissen aus Ländern mit niedrigem und mittlerem Einkommen beruhten und Erfahrungen Indigener und in Renaturierungen erfahrener Gemeinschaften sogar nur zwei Prozent ausmachten. Dementsprechend lag der Fokus auf Pflanz- und Wiederaufforstungstechniken, wie sie in Ländern der Nordhalbkugel durchgeführt werden, die aber für die Tropen ungeeignet sind. Ganzheitliche Ansätze für Nicht-Wald-Ökosysteme, wie sie sich in Ökosystemen wie Savannen oder Feuchtgebiete anbieten, waren kaum thematisiert. Natürlich forschen auch Universitäten in Südamerika, Afrika und Asien zu Biodiversität, von dem lokalen Wissen von NGOs und Indigenen gar nicht zu sprechen. Aber ihre Veröffentlichungen erfahren nicht zuletzt wegen der Sprachbarrieren deutlich weniger Aufmerksamkeit. Der Fortschritt in den Sprachübersetzungsmodellen könnte hier einen Beitrag zu mehr Repräsentanz und weniger Bias leisten und KI so der Welt auch dieses Wissen erschließen.

Das alles klingt hoch problematisch – und das ist es auch. Was wir aber nicht vergessen dürfen, wenn wir uns über Datenlücken, Fehler und Datenbias bei KI beschweren, ist, dass das bei uns Menschen gar nicht anders ist. Wir treffen ständig Entscheidungen, ohne alle Bedingungen zu kennen, und sind selten wirklich neutral, darum suchen wir uns ja Hilfe bei der künstlichen Intelligenz. Der Unterschied ist aber, dass wir zumindest manchmal so aufgeklärt sind zu wissen, dass wir Fehler machen, und quasi damit rechnen – Irren ist schließlich menschlich. Aber bei Computern rechnen wir nicht mit Fehlern. Computer können vielleicht nicht alles, aber Fehler machen sie nicht. Tun sie im eigentlichen Sinne ja auch nicht, aber wenn sie mit schlechtem Input gefüttert werden, dann bringen sie eben auch schlechte Ergebnisse hervor. Im menschlichen Kontext fallen Fehlentscheidungen oft auf, weil jemand anderes draufschaut und skeptisch ist und fragt »Warum hast du das so gemacht?« und dann erklärt man. Computer fragt man das nicht. Was nicht passieren sollte ist, dass Spender, Investoren und staatliche Stellen in Zukunft nur noch Geld in Naturschutzprojekte geben, die KI verwenden, weil das so fortschrittlich und fundiert klingt. Das wäre auf jeden Fall ein Fehler, denn oft genug sind Erfahrung und guter Menschenverstand der KI im Schutz der Natur überlegen.

Was das Entdecken falscher oder verzerrter KI-Ergüsse unter anderem so schwierig macht, ist die fehlende Transparenz – wir erinnern uns daran, wie intransparent künstliche neuronale Netze funktionieren. Das Neue an diesen Modellen ist ja gerade, dass man sie nicht mehr »programmiert«, sondern sie sich ihren Lösungsweg selbst ableiten. Genau das macht es sehr schwer, nachzuvollziehen oder auch nur zu erahnen, welche Schritte das Modell in seinem Inneren vollzieht, um zu seiner Entscheidung zu kommen. Das »Husky-Wolf-Modell« aus dem Kasten von vorher war noch relativ überschaubar – der Fehler ist aufgefallen und mit ein wenig »Rumprobieren« konnte man auch das dahinterliegende Problem finden. Aber je komplexer diese Modelle werden, umso weniger verstehen selbst deren Entwickler:innen, was sich zwischen Eingabe- und Ausgabeebene abspielt. Wir haben es mit einer echten Blackbox zu tun.

Nicht zu wissen, wie ein System zu seiner Entscheidung kommt, gleichzeitig aber auf Basis dieser Entscheidungen zu handeln, erfordert ein ziemliches Vertrauen. Und das haben wir anscheinend – ein ausgeprägtes Technikvertrauen – denn sonst würden wir uns nicht in ein Flugzeug setzen. Aber zum Glück reicht das nicht allen. Ein ganzer Forschungszweig der KI beschäftigt sich damit, zu verstehen, was in der Blackbox vor sich geht. Wir haben ihn schon erwähnt: Explainable AI (XAI) oder Interpretable AI (erklärbare bzw. interpretierbare KI). Sie versuchen, mit verschiedenen mathematischen »Tricks« herauszufinden, was da in einem Modell so vor sich geht. Eine dieser Mehtoden ist, das Programm dazu anzuhalten, die zu lösende Aufgabe in kleinere Unteraufgaben zu zerlegen, um den Gedankengang besser nachvollziehen zu können. Man nennt dieses Vorgehen »reasoning«, also »begründen«. Das ist so ähnlich, wie von Schüler:innen in der Matheklausur zu verlangen, nicht nur das Ergebnis, sondern auch den Lösungsweg aufzuschreiben. Wo das nicht reicht, gehen Entwickler:innen tiefer in die Programme. Interessant ist, dass sie bei dem Versuch, die Blackbox zu ergründen, oft mit anderen Experten – Philosoph:innen, Jurist:innen und Sozialwissenschaftler:innen – zusammenarbeiten, denn beim Interpretieren der Ergebnisse scheint es hilfreich zu sein, interdisziplinär zu denken.

Wir haben ein ausgeprägtes Technikvertrauen, sonst würden wir uns nicht in ein Flugzeug setzen.

Hat man ein verlässliches KI-Modell zum Einsatz gebracht, bedarf es ständiger Pflege, denn idealerweise beruhen seine Ergebnisse immer auf den aktuellen Umweltbedingungen. Diese ändern sich jedoch schnell und auch wenn in Echtzeit Daten erhoben werden, heißt das nicht, dass der Algorithmus permanent aus ihnen lernt. Mit neuen Daten muss ein Modell unter Umständen neu trainiert werden. Das ist kostspielig und bedarf hochqualifizierte Expert:innen, wie übrigens alle oben angesprochenen Anforderungen an eine seriöse Datenlage.

Teure Technologie: Naturschutz bald nur noch für Reiche?

Es braucht naturschutzfachliches Personal, das sich in KI, aber auch zu Fragen des Copyrights und des Datenschutzes auskennt – vor allem, wenn Kameras auch Menschen überwachen können. Zudem muss die Hardware (IT-Systeme und technische Geräte, wie Kameras, Messgeräte etc.) gepflegt und aktualisiert werden. Das alles ist kostenintensiv und für manch eine Organisation nicht stemmbar. Umgekehrt könnte wichtige praktische Expertise künftig immer weniger entstehen, wenn immer mehr Feldforschung und -arbeit nicht mehr vor Ort von Menschen, sondern ferngesteuert von KI übernommen wird.

Naturschutzexperten wie Chris Sandbrook von der University Cambridge vermuten, dass die fortschreitende Implementierung hochleistungsfähiger, kostenintensiver KI im Naturschutz zu einer weiteren Zentralisierung von Naturschutzarbeit auf reiche Länder oder sogar eine kleine Gruppe von großen Softwarefirmen führen wird.[4] Es kann natürlich sein, dass diese Firmen ihre geballte Macht erfolgreich zum Wohle von Mensch und Natur einsetzen. Kontrollieren oder beeinflussen lässt sich das aber zunehmend weniger. OpenSource-Ansätze könnten hier dezentralisierend wirken und der Gesellschaft ein Stück Kontrolle über Inhalt und Richtung der Entwicklungen zurückgeben.

Es gibt verschiedene Versuche, Regeln für eine »ethische KI« zu formulieren – in Unternehmen (Microsoft, Google und Co.), aber auch durch Staaten und Staatengemeinschaften (G7, EU oder UN). Sie enthalten alle Forderungen nach Datenqualität, technischer Sicherheit, Nicht-Diskriminierung, Transparenz, Erklärbarkeit und »Human-in-the-loop«, das ist der Anspruch auf menschliche Handlungsfähigkeit und Aufsicht. Im Kern ähnelt das den Regeln, die sich in langer Tradition in den Wissenschaften für seriöse Forschung herausgebildet haben:

- Achte auf Datenqualität
- Sei auf Fehler vorbereitet
- Sei kritisch
- Sei transparent, damit andere nachvollziehen können, wie Du auf Dein Ergebnis gekommen bist
- Sei offen und im Austausch mit anderen

Sicher ist ein großer Teil der Forschenden im KI-Bereich auch diesem Geist verpflichtet. Aber der enorme Wettbewerb des Sektors im Rennen um die führenden Technologien und die größte Marktabdeckung lässt oft zu wenig Raum und Zeit für die Abwägung, Prüfung oder Selbstbeschränkung. Auf Freiwilligkeit beruhende Ethikgrundsätze bedeuten für die, die sie beachten, oft einen Wettbewerbsnachteil gegenüber denen, die sie weniger eng auslegen. Weil sie alle in diesem Dilemma stecken, wird nicht selten sogar von KI-Entwickler:innen der Ruf nach klareren Reglementierungen laut.

Ein Versuch zur Klärung ist der im August 2024 in Kraft getretene EU AI Act, das Europäische Gesetz zur künstlichen Intelligenz, das den Gebrauch von KI in der EU regelt. Nach Willen der EU soll das Gesetz sicherstellen, »dass die in der EU eingesetzten KI-Systeme sicher, transparent, nachvollziehbar, nichtdiskriminierend und umweltfreundlich sind. KI-Systeme sollten von Menschen und nicht von der Automatisierung überwacht werden, um schädliche Ergebnisse zu verhindern.«[5] Dabei unterteilt das Gesetz die KI-Anwendungen in unterschiedliche Risikogruppen: inakzeptables Risiko, hohes Risiko, begrenztes Risiko und minimales Risiko. Für die Gruppe mit inakzeptablem Risiko (zum Beispiel Social Scoring, manipulative Techniken oder bestimmte Gesichtserkennungssoftware) gilt im Prinzip ein Anwendungsverbot (Ausnahmen sind geregelt). Unter hohes Risiko fallen alle Anwendungen, die signifikante Auswirkungen auf die Sicherheit, die Grundrechte oder das Leben von Menschen haben können, zum Beispiel Verkehrssysteme, technisches Spielzeug oder Bewertungs- und Auswahlsysteme (etwa im Personalbereich, bei Banken oder der Strafverfolgung). Diese Anwendungen müssen die oben aufgezählten Anforderungen erfüllen und sie müssen so gestaltet sein, dass dem Nutzer klar ist, dass er es mit einer KI zu tun hat. Anwendungen mit begrenztem Risiko sind zum Beispiel Chatbots, die mit Menschen in Kommunikation treten. Diese müssen sich als KI zu erkennen geben und über die Art und Weise informieren, auf denen Entscheidungen und Empfehlungen basieren. Minimales Risiko wird zum Beispiel bei Spamfiltern, Musik-Apps oder Kunden-Chatbots erwartet. Für sie gelten keine bestimmten Auflagen. Die Modelle mit hohem oder begrenztem Risiko müssen einer Konformitätsprüfung unterzogen werden. Bei Verstoß gegen Auflagen können erhebliche Strafen verhängt werden. Zur Durchsetzung sollen die Länder bis zum August 2025 eine nationale KI-Aufsichtsbehörde benennen (in Deutschland wird diese Rolle die Bundesnetzagentur übernehmen). Wie die nötigen Überprüfungen praktisch von der Behörde umgesetzt werden, muss sich zeigen. Da es sich um ein Gesetz handelt, können aber auch private Personen bei der Behörde Beschwerden einlegen (vielleicht ja auch bald der eine oder andere Fluss) oder, wenn sie einen Schaden erlitten haben, eine zivilrechtliche Klage anstreben.

Auch in anderen Ländern gibt es Regulierungen zum Umgang mit KI. Der EU AI Act ist aber weltweit der umfassendste und detaillierteste Ansatz. Befürworter sehen in ihm einen notwendigen Schritt zum Schutz von Grundrechten und der Sicherheit von Bürgern. Kritiker sehen in strengen Vorschriften eine übermäßige regulatorische Belastung für Unternehmen, insbesondere für KMUs und Start-ups, die die Innovations- und Wettbewerbskraft der EU schwächen. Ob die Regelungen der EU ausreichen oder sogar zu weit gehen, werden die nächsten Jahre zeigen.

Ein Plädoyer zum Schluss

»KI ist wahrscheinlich das Beste oder das Schlimmste,
was der Menschheit passieren kann.«
STEPHEN HAWKING

Bei der ganz großen Frage, ob KI der Heilsbringer oder das Ende der menschlichen Zivilisation ist, geht es schon lange nicht mehr darum, ob wir uns auf sie einlassen sollen oder nicht, sondern eher darum, wie wir mit ihr umgehen. Mit KI haben wir etwas wirklich Mächtiges geschaffen, ein Werkzeug, das Gesellschaft und Natur massiv verändern kann.

Wir haben an vielen Beispielen gezeigt, dass KI den Naturschutz besser informiert, präziser, effektiver, schneller und gerechter machen kann. Wir haben auch gesehen, wo die Fallstricke der KI liegen und was passiert, wenn Daten nicht stimmen oder mutwillig manipuliert werden.

Technikgläubigkeit und gedankenloses Vorpreschen haben uns schon in so mancher Sackgasse enden lassen. Um das bei der Anwendung von KI zu vermeiden, müssen Regeln gelten. Die Welt müht sich gerade, diese für die gesamte Branche zu formulieren. Uns scheint eine Regel besonders wichtig – auch oder vielleicht gerade im Naturschutz: Wer sich der KI bedient, der muss auch die Verantwortung für die Folgen übernehmen. Seien es die Umweltauswirkungen des Wasser- oder Energieverbrauchs, die Zerstörung von Ökosystemen durch Rohstoffabbau, die Gefahr des Missbrauchs oder die Folgen des Versuchs, mit der Natur in Kommunikation zu treten – wer immer hier einwirkt, muss diese Folgen vorher abschätzen und am Ende für sie verantwortlich gemacht werden. So wie wir für Medikamente eine Testphase haben, bevor wir sie in den Verkehr bringen, sollten auch für KI-Anwendungen im Naturschutz im Vorfeld Risiken und Nebenwirkungen bedacht und immer die Frage gestellt werden: Ist das alles im Sinne der Natur?

Wenn wir das schaffen, dann lesen wir in 10 Jahren kurz vor Weihnachten vielleicht folgendes Policy-Briefing bei den Vereinten Nationen:

Am 28. November 2035 feierte die Royal Society in London ihren 375. Geburtstag. Zu den Feierlichkeiten reisten Menschen aus aller Welt an.

Aus Deutschland kamen Vertreter:innen der Grundertal AG, einem Unternehmen, das sein Geld mit regenerativer Landwirtschaft und dem Verkauf von Ökosystemleistungen ihrer Flächen erwirtschaftet. KI hilft dem Unternehmen nicht nur, Biodiversität und Ökosystemleistungen zu messen, sondern ist auch Teil ihres ausgeklügelten Produktions- und Liefersystems, das Lebensmittelvernichtung zu einem Thema der Vergangenheit gemacht hat. Wie ihre landwirtschaftlichen Partnerbetriebe in den Tropen wird auch ihr Hof nicht nur für die Produktion von Obst, Gemüse, Getreide und tierische Produkte bezahlt, sondern auch für den Erhalt und die Förderung von Ökosystemleistungen. Wasserhaltefähigkeit der Böden, Kohlenstoffspeicherung und Artenreichtum sind nur drei der Parameter, die in das KI-gestützte Echtzeitsystem einfließen. Diese Daten werden größtenteils von KI-Programmen in Berichte überführt, die die Steuerbehörden ebenso informieren wie Investor:innen und Kund:innen.

Aus der DR Kongo reiste eine Delegation indigener Völker an, die für den Schutz der Gorillafamilie um den Silberrücken Matumbo und der einzigartigen Okapis seit Jahren über ein Crowdfunding-System bezahlt werden. Hinzu kommen Zahlungen von Staaten des globalen Nordens für den Erhalt der Ökosystemleistungen des Kongobeckens, wie die Regulierung globaler Wasserkreisläufe und die Stabilisierung des Klimas. Basierend auf dem Wissen dieser Menschen werden 90 Prozent der Wälder im Kongo- und Amazonasbecken inzwischen so gemanagt, dass der Erhalt von Biodiversität und Ökosystemleistungen, und damit der Lebensgrundlage aller Menschen, oberste Priorität hat. KI-gestützte Übersetzungshilfen erlauben es nicht nur, das Wissen von Menschen anzuzapfen, die seltene Sprachen sprechen, es erlaubt ihnen auch den direkten Austausch auf Veranstaltungen wie der Feier in London.

Ein Forscherteam aus Asien berichtete auf der zugehörigen Konferenz vom weitreichenden Rückgang der Wilderei in den Regionen mit der höchsten Biodiversität weltweit, weil Menschen in entlegenen Gebieten mit hoher Biodiversität dank neuer KI-gestützter Finanzierungssysteme so viel Geld mit dem Schutz seltener Arten und der Bereitstellung von Ökosystemleistungen verdienen, dass kein geschütztes Nashorn, kein Elefant, kein Tiger und keine Seegurke mehr um ihr Leben fürchten müssen. Ein System, das bedrohte Arten in Echtzeit und punktgenau vor sich nahenden Wilderern warnt, während es gleichzeitig Wildhüter mit hochpräzisen Bewegungsdaten dieser Banden versorgt, und nebenbei schon einen Schriftsatz für die anstehende Klage vor Gericht vorbereitet, soll die Reste organisierter Kriminalität zurückdrängen.

Vertreter der Ernährungs- und Landwirtschaftsorganisation der Vereinten Nationen berichten, dass für die Produktion von Lebensmitteln und anderen natürlichen Ressourcen weniger Flächen als noch 2025 ausreichen, obwohl die Weltbevölkerung leicht gestiegen ist. Dies wurde möglich gemacht durch Smart-Farming-Praktiken, die Förderung von Agroforstsystemen und KI-gestützte massive Reduktion des Verlusts von Lebensmitteln. Die Kolleg:innen der Weltgesundheitsorganisation (WHO) berichten, dass das Internet der Tiere weltweit die Vorhersage der Ausbreitung von Krankheiten, Insektenkalamitäten und Extremwetterereignissen deutlich präziser gemacht hat.

Wie die IUCN berichtet, konnten erneut 20 Wirbeltierarten von der Liste der bedrohten Tier- und Pflanzenarten genommen werden. Die Renaturierung degradierter Flächen schreitet weiter voran und ist in verschiedenen Ländern zu einem wichtigen Wirtschaftszweig geworden.

Kann KI die Natur retten? Nein, das müssen wir schon selber tun. Aber KI kann eine der mächtigsten Helferinnen sein, die wir haben werden. Wir sollten sie mit Intelligenz nutzen.

Anmerkungen

EINLEITUNG

1 https://www.forschung-und-lehre.de/forschung/aufrechter-gang-sehr-frueh-in-der-geschichte-der-menschheit-4952

KAPITEL 1

1 Kolbe, Jason et al.: Experimentally simulating the evolution-to-ecology connection: Divergent predator morphologies alter natural food webs, in: PNAS 120(24), //www.pnas.org/doi/epub/10.1073/pnas.2221691120

KAPITEL 2

1 https://brockhaus.de/ecs/enzy/article/intelligenz-psychologie

KAPITEL 3

1 Man kann diese Zahl auf Grund der Dynamik und Komplexität des Spiels nicht mathematisch ableiten. Es gibt Stellungen mit wenigen möglichen Zügen und andere mit einer Vielzahl von Optionen. Es gibt auch Varianten, die unendlich weitergehen können, wenn beide Spieler immer wieder die gleichen Züge wiederholen. Daher wurde sich bisher nur mit Schätzungen dieser Zahl angenähert. Siehe hierzu: https://schachlich.de/schach-in-zahlen/

2 Strümke, Inga (2024): Künstliche Intelligenz. Wie sie funktioniert und was sie für uns bedeutet, Rheinwerk Verlag, S. 41.

3 Silver, D. et al. (2017): Mastering Chess and Shogi by Self-Play with a General Reinforcement Learning Algorithm; DeepMind, 6 Pancras Square, London N1C 4AG. arxiv:1712.01815v1 [cs.AI] 5 Dec 2017

4 Heuristiken sind Methoden, die mit unvollständigem Wissen und begrenztem Aufwand dennoch zu Aussagen kommen, die mit akzeptabler Wahrscheinlichkeit stimmen oder zu praktikablen Lösungen führen. Beispiele sind Trial and Error oder das Ausschlussverfahren.

5 Strümke, Inga (2024): Künstliche Intelligenz. Wie sie funktioniert und was sie für uns bedeutet, Rheinwerk Verlag, S. 70.

6 Vaswani, Ashish et al. (2017): Attention is all you need, in: arXiv.org, überarbeitet 02.08.2023, arXiv:1706.03762v7 [cs.CL] 2. August 2023

7 Zewe, Adam (2023): Computers that power self-driving cars could be a huge driver of global carbon emissions, MIT News Office, 13.01.2023, https://news.mit.edu/2023/autonomous-vehicles-carbon-emissions-0113

KAPITEL 5

1 Stearn, William T. (1959): The Background of Linnaeus's Contributions to the Nomenclature and Methods of Systematic Biology, in: Systematic Zoology, 8(1), März 1959, S. 4–22.

2 Badirli, Sarkhan et al. (2023): Classifying the unknown. Insect identification with deep hierarchical Bayesian learning, in: Methods in Ecology and Evolution 2023(14), https://besjournals.onlinelibrary.wiley.com/doi/epdf/10.1111/2041-210X.14104

3 https://www.digitalearth-isde.org/

4 Chen, Assaf et al.: Using computer vision, image analysis and UAVs for the automatic recognition and counting of common cranes (Grus grus), in: Journal of Environmental Management 2023(328), https://www.sciencedirect.com/science/article/pii/S030147972202521X?via%3Dihub

5 Araújo, Voncarlos M. et al. (2022): Machine-Learning Approach for Automatic Detection of Wild Beluga Whales from Hand-Held Camera Pictures, in: Sensors 2022 22(11), https://www.mdpi.com/1424-8220/22/11/4107 6 Kuruppu, Sachini (2023): AI System to Protect Endangered Animal Population and Prevent Poaching Threats using Weapon Detection, in: International Journal of Innovative Science and Research Technology 2023 8(9), https://ijisrt.com/assets/upload/files/IJISRT-23SEP506.pdf

7 Arzoumanian, Zaven et al. (2005): An astronomical pattern-matching algorithm for computer-aided identification of whale sharks *Rhincodon typus*, in: Journal of Applied Ecology 2005 42, https://besjournals.onlinelibrary.wiley.com/doi/epdf/10.1111/j.1365-2664.2005.01117.x

8 Lawson, Jenna et al. (2023): Automated acoustic detection of Geoffroy's spider monkey highlights tipping points of human disturbance, in: Proceedings of the Royal Society B, 15.03.2023, https://royalsocietypublishing.org/doi/10.1098/rspb.2022.2473

9 https://www.ecosolve.eco/

10 The State of Food Security and Nutrition in the Worlds 2024, https://openknowledge.fao.org/server/api/core/bitstreams/39dbc6d1-58eb-4aac-bd8a-47a8a2c07c67/content/state-food-security-and-nutrition-2024/key-messages.html - gsc.tab=0

11 Ranganathan, Janet et al. (2018): How to Sustainably Feed 10 Billion People by 2050, in 21 Charts, World Resources Institute, 05.12.2018, https://www.wri.org/insights/how-sustainably-feed-10-billion-people-2050-21-charts

12 Savary, Serge et al. (2019): The global burden of pathogens and pests on major food crops, in: Nature Ecology & Evolution 2019 3(3), S. 430–439, https://pubmed.ncbi.nlm.nih.gov/30718852/

13 Rockström, Johan (2024): Investing in Nature, Paneldiskussion auf der DLD Nature, München 2024.

14 Dasgupta, Partha (2021): The Economics of Biodiversity. The Dasgupta Review, HM Treasury.

15 https://www.weforum.org/press/2020/01/half-of-world-s-gdp-moderately-or-highly-dependent-on-nature-says-new-report/

16 World Economic Forum (2020): Half of World's GDP Moderately or Highly Dependent on Nature, Says New Report, 19.01.2020, https://reports.weforum.org/docs/WEF_Investing_in_Mangroves_2025.pdf

17 Blarel, Benoit (2019): The real costs of illegal logging, fishing and wildlife trade: $1 trillion – $2 trillion per year, World bank Blogs 29.10.2019, https://blogs.worldbank.org/en/voices/real-costs-illegal-logging-fishing-and-wildlife-trade-1-trillion-2-trillion-year

KAPITEL 6

1 Max Planck Gesellschaft (2020): The sixth sense of animals: an early warning system for earthquakes?, 03.06.2020, https://www.mpg.de/15126191/earthquakes-animals

2 Harari, Yuval Noah (2015): Eine kurze Geschichte der Menschheit, Deutsche Verlags-Anstalt.

3 Harari, Yuval Noah (2018): 21 Lessons for the 21st Century, Jonathan Cape, S. 218.

4 Khait, Itzhak et al. (2023): Sounds emitted by plants under stress are airborne and informative, in: Cell 186, 1328–1336.e1–e4, https://www.cell.com/action/showPdf?pii=S0092-8674%2823%2900262-3

5 Lexigramme sind Bildzeichen, die nicht unbedingt etwas mit dem Objekt zu tun haben, das sie beschreiben (ähnlich wie chinesische Schriftzeichen). Diese hier wurden speziell für die Forschung mit Affen entwickelt.

6 Pardo, Michael A. et al. (2024): Afrikan elephants address one another with individually specific name-like calls, in: Nature Ecology & Evolution 2024 8(7), S. 1353–1364, https://pubmed.ncbi.nlm.nih.gov/38858512/

7 Schulze, Josephine N. et al. (2022): Humpback Whales Almost 9,000 Miles Apart Have Been Caught Singing The Same Song, in: The Royal Society, 31.08.2022, https://royalsocietypublishing.org/doi/full/10.1098/rsos.220158

8 Lawton, Jane (2025): AI, decoding animal communications, and rights for nature, in: Chatham House 11.03.2024, https://accelerator.chathamhouse.org/article/ai-interpreting-meaning-and-rights-for-nature

9 Stone, Christopher D. (1972): Should Trees Have Standing? Towards Legal Rights for Natural Objects, in: Southern California Law Review (1972) 45, S. 450–501.

10 Debele, Madeleine et al. (2024): Utah Advances Anti-Rights of Nature Bill with Implications for Artificial Intelligence, Earth Law Center, 28.02.2024, https://www.earthlawcenter.org/blog-entries/2024/2/utah-advances-anti-rights-of-nature-bill-with-implications-for-ai

11 Die Weimarer Verfassung von 1919 stellte erstmals fest, dass Männer und Frauen grundsätzlich dieselben staatsbürgerlichen Rechte und Pflichten haben. Das Wahlrecht für Frauen galt erst ab 1918. Das Grundgesetz von 1949 schreibt erstmals eine allgemeine Gleichheit aller Menschen vor dem Gesetz fest.

KAPITEL 7

1 Samborska, Veronica (2025): Scaling up: how increasing inputs has made artificial intelligence more capable, in OurWorldinData.org, 20.01.2025, https://ourworldindata.org/scaling-up-ai

2 Granskog, Anna et al. (2024): The role of power in unlocking the European AI revolution; Mc Kinsey & Company 2024, https://de.scribd.com/document/808447149/McKinsey-The-role-of-power-in-unlocking-the-European-AI-revolution

3 Goldman Sachs Research (2025): AI to drive 165 % increase in data center power demand by 2030, 04.02.025, https://www.goldmansachs.com/insights/articles/ai-to-drive-165-increase-in-data-center-power-demand-by-2030

4 International Energy Agency (2024): Electricity 2024 – Analysis and Forecast to 2026, überarbeitet Januar 2024, https://iea.blob.core.windows.net/assets/6b2fd954-2017-408e-bf08-952fdd62118a/Electricity2024-Analysisandforecastto2026.pdf

5 Li, Pengfei et al. (2025): Making AI Less »Thirsty«: Uncovering and Addressing the Secret Water Footprint of AI Models, Cornell University, überarbeitet 26.03.2025, https://arxiv.org/abs/2304.03271

KAPITEL 8

1 International Energy Agency (2022): The Role of Critical Minerals in Clean Energy Transitions. World Energy Outlook Special Report.

2 Junker, Jessica et al. (2024): Threat of mining to African great apes, in: Science Advances, 10, 03.04.2024, https://www.science.org/doi/epdf/10.1126/sciadv.adl0335

KAPITEL 9

1 UCI Beall Applied Innovation: Husky or Wolf? Using a Black Box Learning Model to Avoid Adoption Errors, 24.08.2017, https://innovation.uci.edu/2017/08/husky-or-wolf-using-a-black-box-learning-model-to-avoid-adoption-errors/

2 Shumailov, Ilia et al. (2024): AI models collapse when trained on recursively generated data, in: Nature 631 (2024), S. 755–759. https://doi.org/10.1038/s41586-024-07566-y

3 Urzedo, Danilo et al. (2024): AI chatbots contribute to global conservation injustices, in: Humanities and Social Sciences Communications 11, 204 (2024). https://doi.org/10.1057/s41599-024-02720-3

4 Sandbrook, Chris (2024): Beyond the Hype: Navigating the Conservation Implications of Artificial Intelligence, in: Conservation Letters 18 (1), 2024, https://doi.org/10.1111/conl.13076

5 European Parliament (2025): AI Act: different rules for different risk levels, https://www.europarl.europa.eu/topics/en/article/20230601STO93804/eu-ai-act-first-regulation-on-artificial-intelligence#ai-act-different-rules-for-different-risk-levels-6

Bild- und Grafiknachweis

S. 10 Hafidhulkarim60, stock.adobe.com · **S. 12** Art Event, stock.adobe.com · **S. 15** Staffan Widstrand, stock.adobe.com · **S. 21** Yuval Helfman, stock.adobe.com · **S. 25** commons.wikimedia.org · **S. 28** Elenathewise, stock.adobe.com · **S. 30** Salvador Manaois III, stock.adobe.com · **S. 32** Wild Chimpanzee Foundation · **S. 40** Frauke Fischer · **S. 42** Lencer, CC BY-SA 3.0, wikipedia.org · **S. 44** dennisjacobsen, stock.adobe.com · **S. 45** oekom, nach Wiebke Elbe · **S. 46** Es sarawuth, stock.adobe.com · **S. 53** nach https://ki-berufsausbildung.de/wp-content/uploads/2022/05/Katze-1280x598.png · **S. 54** nach https://d1g9li960vagp7.cloudfront.net/wp-content/uploads/2022/01/WP_neuronales-netz-beispiel-1024x576.png · **S. 59** CNN (Convolutional Neuronal Network) · **S. 61** oben: pasakorn, stock.adobe.com; unten: eigene Darstellung · **S. 68** Unkas Photo, stock.adobe.com · **S. 76** Andrey Kuzmin, stock.adobe.com · **S. 79** Yuichi Oba · **S. 81** Vincent Jiang, stock.adobe.com · **S. 84** Mps197, stock.adobe.com · **S. 87** See less, shutterstock.com · **S. 88** mickey_41, stock.adobe.com · **S. 90** Wageningen University · **S. 92** Rolf Müller, stock.adobe.com · **S. 93** Tony, stock.adobe.com · **S. 95** Ollie, stock.adobe.com · **S. 98** Erni, stock.adobe.com · **S. 106** dieter76, stock.adobe.com · **S. 109** Mike Mareen, stock.adobe.com · **S. 114** oekom, nach WRI: The Global Benefits of Reducing Food Loss and Waste, and How to Do It; 20.04.23 · **S. 117** Rhönbergfoto, stock.adobe.com · **S. 119** Frauke Fischer · **S. 123** Global Footprint Network 2025, www.overshootday.org und www.footprintnetwork.org · **S. 124** oekom, nach Richardson et al. 2023 · **S. 128** makieni, stock.adobe.com · **S. 130** jaco, stock.adobe.com · **S. 132** KrumpyOne, stock.adobe.com · **S. 134** Johannes D. Mayer, stock.adobe.com · **S. 136** Diego Ellis-Soto, Martin Wikelski & Walter Jetz · **S. 138** David, stock.adobe.com · **S. 141** jjfarq, stock.adobe.com · **S. 145** Tomas, stock.adobe.com · **S. 146** © W. H. Calvin, Wikimedia Commons (CC BY-SA 4.0) · **S. 149** Bennphoto, stock.adobe.com · **S. 150** uploaded by Fannie W. Shabangu, researchgate.net · **S. 151** Aggi Schmid, stock.adobe.com · **S. 153** willyam, stock.adobe.com · **S. 155** oekom nach Raskin, A. (2023): Using AI to Decode Animal Communication with Aza Raskin; Summit Series, Summit At Sea in May 2023 · **S. 159** frantisek hojdysz, stock.adobe.com · **S. 164** Dario Da Garda/Wirestock Creators, stock.adobe.com · **S. 169** firefly.adobe.com · **S. 171** Christian, stock.adobe.com · **S. 174** engel.ac, stock.adobe.com · **S. 179** firefly.adobe.com · **S. 180** Sepia100, stock.adobe.com · **S.183** tgordievskaya, stock.adobe.com · **S. 185** Mario Hagen, stock.adobe.com · **S. 188** F.masayuki, stock.adobe.com · **S. 189** Björn Wylezich, stock.adobe.com · **S. 190** ToRyUK, stock.adobe.com · S. 192 hkuchera, stock.adobe.com · **S. 196** WildMedia, stock.adobe.com · **S. 200** Alexey Yuzhakov, stock.adobe.com

Über die Autorinnen

Die promovierte Biologin **Frauke Fischer** gründete 2003 die Agentur »auf!«, die erste deutsche Unternehmensberatung mit einem Fokus auf Biodiversität. Sie ist ist keynote-Speakerin und Hostin des Podcasts »tierisch!«.

Hilke Oberhansberg ist promovierte Wirtschaftswissenschaftlerin, studierte Interdisziplinäre Umweltwissenschaften und arbeitet nach vielen Jahren in internationalen Konzernen nun im Bereich Umweltbildung und -beratung.

Im oekom verlag haben die beiden bereits »Was hat die Mücke je für uns getan?« und »Wal macht Wetter« publiziert.